KB097890

탈북 마케팅

탈북 마케팅

누가 그들을 도구로 만드는가

문영심 지음

오월의봄

일러두기

1. 단행본, 신문, 잡지 등의 매체는 겹화살괄호(《 》)로, 영화, TV 프로그램, 기사 등은
   홑화살괄호(〈 〉)로 표기했다.
2. 인터뷰이의 말 가운데 독자의 이해를 돕기 위한 부가 설명은 대괄호([ ])로 표기했다.
3. 인용한 자료는 본문의 표기 원칙과 관계없이 본 자료의 표기를 따랐다.

차례

머리말

이 책은 조국의 품에서 따뜻한 밥을 먹어보겠다는 희망을 안고 탈북 열차에 올랐던 사람들이 지옥의 플랫폼에 내려서 겪은 악몽을 이야기한다. 나는 누군가가 이 지옥의 탈북 열차를 부정할 수 있는 증거를 제시해주면 오히려 기쁘겠다. 그럴 가능성은 전혀 없을 것이다. 이 증언은 너무도 생생하고 부정할 길 없는 증거들로 가득해서 차라리 절망적이다.

굶주림을 면해보려고, 혹은 자유를 꿈꾸며 목숨을 걸고 북-중 국경을 넘었던 사람들이 있다. 그들은 중국에서 또 한 번 위험을 무릅쓰고 제3국의 국경을 넘어서 한국에 도착했다. 북한이탈주민이라는 이름으로 불리게 된 그들은 또 하나의 조국인 대한민국이 자신을 따뜻하게 맞아주리라는 희망을 품고 고단한 탈북 열차의 시간들을 견뎠다. 그러나 그중 많은 사람들이 그 희망의 플랫폼에서 얼떨떨한 상태로 조리돌림을 당했던 기억을 가지고 있다. 그 기억은 지옥과 다름없는 악몽이었다.

그 과정에서 몇몇 사람들에게는 '간첩'이라는 낙인이 찍혔다. 간신히 지옥의 문지방을 넘어선 사람들도 낯설기 짝이 없는 무한경쟁의 자본주의 사회에 적응하지 못해서 고통을 겪고 있다. 그들이 떨리는 목소리로 탈북 과정에서 겪었던 일들과 한국 사회에서 일어났던 일들을 세세히 증언했다.

내가 탈북민 문제에 관심을 가지게 된 것은 2014년에 출간한 《간첩의 탄생》을 쓰면서부터였다. 북한에서 살다가 2004년 한국에 온 유우성 씨는 2013년에 간첩 혐의로 구속되어 재판을 받다가 1심, 2심에서 무죄 판결을 받고, 2015년에 대법원에서 최종적으로 무죄가 확정되었다. 한국에 정착해서 사회복지학을 전공하고 대학원에서 공부를 계속하면서 탈북민 최초로 서울시 공무원이 되어 성공한 탈북민으로 불리던 유우성 씨는 3년여에 걸친 재판 과정에서 말로 다하지 못할 고통을 받았다. 국정원 중앙합동신문센터(이하 '합신센터')의 강압적인 조사 과정에서 오빠가 간첩이라고 허위자백을 했던 유우성 씨의 동생 유가려 씨 역시 심각한 내상을 입었다. 국정원과 검찰의 자백 강요와 증거 조작으로 우리를 허탈하게 만들었던 간첩 조작 사건을 책으로 쓰면서 자유를 찾아 한국을 선택한 탈북민들이 얼마나 심각한 인권 침해를 당하고 차별과 배제를 겪으면서 살아가는지 알게 되었다.

유우성 씨의 무죄 선고를 이끌어낸 '민주사회를 위한 변호사모임'(이하 '민변')의 장경욱 변호사는 탈북자들의 가장 믿음직한 기댈 언덕이다. 장경욱 변호사가 속한 비영리 민간단체 '민들레: 국가폭력 피해자와 함께하는 사람들'(이하 '민들레')의 요청으로 2018년과 2019년에 9명의 탈북민을 인터뷰했다. 국정원으로부터 간첩으로 지목되어 재판을 받았으나 무죄가 선고된 유우성 씨와 홍강철 씨, 합신센터의 조사 중 간첩이라고 자백했다가 번복해서 혐의를 벗었으나 통일부의 비보호 처분으로 정착금과 임대주택을 받지 못한 배지윤 씨, 합신센터의 조사 과정에서 간첩이라고 자백하고 유죄가 확정되어 각각 징역 3년형과 징역 4년형을 선고받고 복역하다가 만기 출소한 이혜련 씨와 김정애(가명) 씨, 2007년에 탈북해서 한국에 정착해서 살다가 2013년에 경찰청 보안수사대에 의해 국가보안법 위반 혐의 등으로 체포되어 징역 5년형을 선고받고 복역하다가 만기 출소한 김덕일 씨, 간첩 혐의를 받지 않고 합신센터와 하나원을 거쳐 한국에 정착한 조정순 씨(홍강철 씨의 어머니), 조정순 씨와 함께 탈북해서 한국에 정착한 후 홍강철 씨와 결혼한 김성실 씨, 그리고 1974년에 탈북한 북한군 장교 출신 김관섭 씨가 그들이다. 김관섭 씨는 처음 한국에 왔을 때 대성공사(국군 정보사령부가 운영하는 정보기관)와 중앙정보부에서 간첩 혐의를 받아 고문을 당하고, 혐의가 풀렸는데도 3년 6개월간이나 대성공사에 구금되어 있었다. 그는 민들레의 법률 지원을 받아 국가배상청구소송을 제기했다.

　　　　　　　　　　　　　　　　　　　　　　　　탈북 마케팅

민들레에서 그들을 인터뷰해달라고 내게 요청한 이유는 간첩 혐의로 재판을 받은 사람들의 경우, 합신센터 조사와 국정원 수사 당시 그들이 어떻게 조사받고 어떤 진술을 했는지 기록으로 남기기 위해서였다. 재판 과정에서 증거로 제출된 자료는 그들을 기소하기 위해서 국정원이나 검찰이 임의로 채택한 내용일 뿐이다. 그들이 합신센터에서 짧게는 3개월, 길게는 6개월까지 독방에 갇혀서 어떤 식으로 조사를 받고 어떤 진술을 했는지에 대한 기록은 남아 있지 않다. 그들의 변호를 맡았던 변호사들과 〈뉴스타파〉 등의 언론을 통해 알려진 사실들도 일부에 지나지 않는다. 민들레의 도움으로 더 많은 탈북민들과 접촉을 시도했으나 선뜻 인터뷰에 응하지 못하는 사람들이 많았다. 인터뷰한 내용을 정리해 자료집을 만들고 나서 이 내용을 토대로 책을 써야겠다고 생각했다. 간첩 혐의를 받았던 사람들뿐만 아니라 탈북민 전체가 경험한 석연치 않은 탈북 경로와 탈북 과정에서 일어나는 인권 침해 사례에 대해서 알아보고자 했다.

직접 만나본 탈북민들의 이야기와 탈북민이 쓴 책들과 보도자료 등을 살펴보면서 분단 체제 속에서 북한을 떠나 한국을 선택한 사람들은 일종의 '덫'에 걸린 사람들이라는 생각이 들었다. 그들은 북한을 떠나오는 순간 '국가'라는 안전망의 보호를 받지 못하는 망명자가 되는데, '또 하나의 조국'이 되어야 할 대한민국은 그들을 '탈북 마케팅'에 이용하는 소모품으로 취급하는 것이 아닐까 하는 의구심이 들었다. 내가 그런 의

구심을 품게 된 가장 큰 이유는 '탈북 브로커' 때문이다. 대부분의 탈북민이 중국을 통해서 한국에 들어온다. 예외적인 경우도 있지만 그들의 탈북 경로에는 대부분 탈북 브로커라는 존재가 등장하는데 '브로커'의 사전적 정의는 "독립된 제3자로서 타인 간의 상행위의 매개를 업으로 하는 사람"이다.*

중국을 거쳐서 한국으로 오려는 북한 주민들은 북-중 국경을 넘을 때는 북한의 탈북 브로커에게 돈을 준다. 북한 국경경비대에서 장교로 근무했던 홍강철 씨는 자신이 직접 '탈북 지원'을 했다고 했다. 북한의 법률 용어로는 사람을 넘겨주고 직접 돈을 받으면 '인신매매', 사람을 넘겨주기는 했으나 돈을 직접 받지 않고 다른 사람을 통해 받았으면 '도강 길안내'라고 한다. 대부분의 탈북 브로커는 국경경비대 중대 책임지도원을 끼고 탈북을 지원한다고 한다. 탈북 지원이건 인신매매건 북한에서 일어나는 일은 그들이 책임질 일이다.

그런데 중국으로 나온 북한 주민들이 중국에서 제3국(대부분 태국)을 거쳐 한국으로 올 때 개입하는 브로커가 있다. 이 탈북 브로커는 탈북민들이 한국에 정착할 때 정부로부터 받는 정착금의 일부(30~50퍼센트)를 수수료로 받는다. 한국에 나와 있는 탈북민이 탈북 브로커에게 미리 비용을 주고 가족들을 데려오는 경우도 있다. 대부분의 탈북민들이 이와 같은

---

* 브로커는 특정 상인에 종속하지 않는다는 점에서 대리상과 다르다. 매개가 이루어지면 매매 쌍방으로부터 균등한 수수료를 받는다. 두산백과 (doopedia.co.kr).

사실을 증언하고 있고, 탈북 의사를 가진 북한 사람들이나 중국에서 한국행을 계획하는 북한 사람들은 모두 다 이와 같은 사실을 알고 있다. 또한 탈북 브로커들이 국정원과 연계되어 있다는 것 또한 많은 탈북민들이 증언하고 있다. 탈북민 출신의 브로커가 많으며 그들 대부분이 국정원의 정보원으로 활동하고 있다는 것도 탈북민들의 증언을 통해 알려진 사실이다.

'또 하나의 조국'이라고 믿고 한국행을 선택한 탈북민들은 왜 하나같이 자신들이 받아야 할 정착금을 빼앗아가는 '브로커'에 의존해야 하는가? 국정원은 왜 브로커를 묵인하고 이용해서 탈북민들을 한국으로 데려오는 데 개입하는가? 국정원에서 이런 비정상적이고 불법적인 방식으로 북한 주민들을 데려오는 것을 알면서 통일부는 왜 묵인하는가? 나는 브로커가 개입하고 돈이 오간다는 점에서 국정원이 하는 탈북민 사업을 '탈북 마케팅'이라고 부르기로 했다.

국정원은 왜 이와 같은 탈북 마케팅을 하고 있는가? 탈북 마케팅을 통해서 한국으로 데리고 온 북한 주민들을 국정원은 어떤 식으로 활용하고 있는가? 북한을 떠나온 주민들은 국정원의 탈북 마케팅 과정에서 어떤 피해를 보고 있는가? 브로커를 통한 탈북민 유인과 유입 과정은 사람을 거래 대상으로 삼는다는 점에서 그 자체로 비인간적이고 비윤리적이다.

사회주의 체제에서 태어나고 살아온 사람들이 자본주의 체제와 국가 권력이 결합한 이런 기형적인 '사업'의 대상이 되어 겪게 되는 일들은 상상하기조차 두려운 인권 유린이다.

합신센터에서 간첩 혐의를 받고 강압적이고 폭력적인 조사를 받던 한 탈북민은 "한국은 자유 민주주의라면서 우리는 인권도 없습니까?"라고 항의하자 국정원 조사관이 "당신들은 대한민국 국민도 아니고 아무것도 아니기 때문에 인권을 존중해줄 필요가 없다. 당신이 여기서 죽어 나가도 아무도 상관하지 않는다"라고 대답했다고 증언하면서 눈물을 흘렸다.* 실제로 합신센터에서 조사를 받다가 죽은 탈북민이 있는데, 국정원은 자살이라고 발표했으나 기자들과 변호사들은 이 죽음에 의문을 표시하고 있다.**

70년 넘게 분단 체제가 계속되는 상황에서 남북관계는 겉으로는 많은 진전을 이룬 것처럼 보이지만 남북 간의 체제 경쟁과 남과 북에 살고 있는 주민들 간의 적대적인 감정은 여전히 사라지지 않았다. 외교적 수사가 필요할 때는 탈북민을 '먼저 온 통일'이라고 입에 발린 소리를 하지만 한국에 정착한 3만여 명의 탈북민들은 차별과 배제에 시달리고 있다고 입을 모은다. 자신들은 한국인, 조선족 다음으로 취급되는 3등 국

---

* 허성일 씨가 〈뉴스타파〉와의 인터뷰에서 증언한 내용이다. 허성일 씨는 2012년 7월에 입국해 합신센터 조사 과정에서 간첩 혐의를 받고 구속되어 징역 3년형을 받고 만기 출소했다. 그는 민변 장경욱 변호사와의 면담에서 강압에 의한 허위자백을 했다면서 무죄를 주장했다. 만기 출소한 후 한국에서 살기 싫다면서 미국으로 이민 가서 살고 있다.

** 2012년 2월 《문화일보》에서 〈보위사 간첩 허모 씨 자살〉이라는 제목의 짧은 기사를 내면서 처음 알려진 사건이다. 이후 〈뉴스타파〉의 취재로 사망한 사람이 한준식 씨라는 사실이 알려졌다. 국정원에서는 자살이라고 발표했으나 이 사건에 대해서 알고 있는 탈북민들과 이 사건을 조사한 기자는 조사 과정에서 일어난 의문사라고 보고 있다.

탈북 마케팅

민이라는 자조 섞인 이야기도 들려온다. 한국에 들어오는 과정에서부터 한 핏줄을 가진 동포로 대접받는 것은 고사하고 거래의 대상이 되고 잠재적 간첩으로 지목받는 상황에서 탈북민들이 '통일의 마중물'이 되기는 어렵다. 그들이 어떤 과정을 통해서 한국에 오게 되는지, 그들이 겪은 일들의 의미는 무엇인지, 그들이 살던 북한과 한국은 어떻게 다른지, 전혀 다른 사회 경험을 가지고 새로운 사회에 적응해야 하는 어려움은 무엇인지. 이런 사실들에 대한 관심이 필요하다는 생각에서 이 책을 썼다. 아래는 내가 읽은 탈북민 이야기 중 가장 가슴 아픈 대목이다.

> 2014년 오준 한국 유엔대사가 임기 마지막 연설에서 "북한 주민은 우리에게 남이 아닙니다."라고 말했다. 한국과 세계 언론들은 세계를 울린 연설이라고 극찬했다. 이를 지켜보던 한 탈북민 후배의 중얼거림이 지금껏 가슴에 남아 있다. "그럼, 우린 남일까요?"***

우리가 한반도에서 하나의 민족, 하나의 국가로 살아온 역사는 676년에 신라가 삼국을 통일한 이후, 남과 북에 각각 두 개의 정부가 들어선 1948년까지 1,272년 동안 이어졌다. 일제강점기에도 한반도의 주민들은 자신들을 조선 사람 혹은

*** 주승현, 《조난자들》, 생각의힘, 2018, 73쪽.

한국 사람이라고 생각하고 살았다. 70년이 넘게 두 개의 나라로 갈려 살아온 한반도의 주민들은 자신들이 원한 적 없는 두 개의 조국을 가지고 살아가게 되었다. 대한민국헌법 제3조는 "대한민국의 영토는 한반도와 그 부속도서로 한다"라고 명시한다. 그렇다면 북한에서 태어난 사람들도 대한민국 영토의 주민이기 때문에 태어날 때부터 대한민국 국민이라고 보아야 하지 않을까?

　내가 만나본 탈북민들은 간혹 낯선 어휘들을 구사하긴 하지만 의사소통에 아무 문제가 없는 한국인들이었다. 탈북민들은 "우리가 북한에서 태어나고 싶어서 태어난 게 아니지 않느냐? 우리가 한국을 선택한 이상 우리를 국민으로 받아들이고 남한에서 태어난 사람들과 똑같이 대해주어야 맞는 것 아니냐?"라고 물었다. 또 "여기 와서 대한민국헌법을 보니까 우리는 대한민국 영토에서 태어났으니까 원래 한국인이다. 그런데 왜 국정원이나 통일부에서 국적 문제를 가지고 우리를 압박하느냐? 탈북자들은 국적을 부여받지 못할까봐 합신센터에서 국정원이 인권을 침해하고 강압적인 조사를 해도 항의 한마디 못 한다"라고 억울해했다.

　북한 주민은 우리에게 남이 아니라고 하면서 우리나라를 선택한 탈북민들을 차별하고 함부로 대하는 이중적인 태도를 버려야 한다. 탈북민은 우리와 함께 살아가면서 북한을 이해하는 데 도움을 주고 통일 시대를 준비하는 데 꼭 필요한 사람들이다. 그들을 체제 선전의 도구로 취급하고 간첩으로 조작하며 인권을 짓밟는 짓을 멈춰야 한다. 그들이 대한민국 국민으로서 우리 곁에서 행복하게 살아갈 수 있을 때, 우리는 북한 주민들과 평화롭게 공존하는 통일을 꿈꿀 수 있을 것이다. 희망을 찾아 남쪽으로 온 이 동포들을 손잡고, 껴안고 달래주어야 마땅하다.

김관섭 : 1935년생

고향 : 평안북도 정주군

- 인민경비대군관학교를 졸업하고 개성지구 장풍군에 중대장으로 배치되었다.

- 20세에 결혼한 처가 산청에 있었는데 근무지에서 상점 책임자와의 불륜으로 '부화방탕죄(풍기문란죄)'에 걸려 진급이 안 되고 40세까지 중대장으로 복무했다.

- 군인으로서 미래가 어둡다고 판단해 1974년 8월 26일, 한국으로 가기로 결심하고 개풍군에서 바다를 헤엄쳐 강화군으로 들어왔다. 자정에 출발해 다음 날 아침 7시에 도착했다.

- 국군 정보사령부 6073부대(대방동 대성공사)로 잡혀가 28일간 밤새도록 고문당하고, "박정희 때려잡으러 왔다"라고 허위자백해서 다음 날 중앙정보부로 끌려갔다. 10여 일 전인 8월 15일 육영수 저격 사건이 있었던 여파로 귀순자로 인정받기 힘든 상황이었다.

- 중앙정보부에서 45일간 고문당하며 자백을 강요받았다. 매에 못 이겨 간첩이라고 자백했다가 정신이 들면 아니라고 하는 식으로 진술을 자꾸 번복했다. 화장실에 데려가던 헌병이 귓속말로 "왔다 갔다 하면 죽습니다. 하나로만 딱 얘기하세요"라고 귀띔해서 그날부터 간첩이 아니라고 버텼다.

- 다시 대성공사로 와서 하룻밤 또 고초를 겪다가 여기서도 헌병이 가르쳐준 대로 "대한민국 만세"를 세 번 부르고 겨우 간첩 혐의에서 벗어났다.

- 그 뒤로 대성공사에서 살면서 북한군 정보를 제공해 국방부로부터 공적조서 126건을 인정받았다.

- 1977년 7월 1일 보호 결정이 났는데도 9개월간 더 감금되었다. 1978년 3월 대방동 합신센터에서 나와 진양화학에 입사했으나 일을 할 줄도 모르고 회사에서 일을 시키지도 않아 중앙정보부에서 시키는 대로 반공 강연만 다니면서 1990년대 초까지 회사에 적을 두고 있었다.

- 한국에 와서 재혼한 부인은 아들 하나 낳고 가출했고, 두 번째로 결혼한 부인과는 이혼했다. 처음 결혼해서 낳은 아들은 중학교 때 가출했고, 믿었던 사람에게 사기당해 전 재산을 날리고 지금은 집으로 돌아온 아들과 둘이 안산의 셋방에서 기초생활수급자로 살아가고 있다.

- 평생 안보 강연을 다녔고 17년 동안 국정홍보위원을 지냈다.
- 기무사에서 계속 자신을 간첩으로 의심했다고 주장한다. 1991년 경기도 국정
  홍보위원 14명이 유럽 연수를 갈 때 김관섭 씨만 비자가 안 나와서 못 갔는데
  기무사에서 비자를 내주지 못하게 했다고 주장한다.

  여행사에 부탁해 일본 비자를 신청해봤는데 거절당하기도 했다. 1991년 11
  월 24일 남영동 대공분실에서 기무사가 영장 없이 세 시간 동안 강압 신문을
  했다(일본 비자 신청 건으로 월북하려 했다고 의심했다).
- 1970년대 말 귀순자들을 보훈 대상으로 인정해 보훈증서를 주었는데 1993
  년 법을 만들어 박탈했다. 2007년에 국가인권위원회에 보훈증서를 되돌려
  달라고 진정서를 제출했다. 기무사에 이와 같은 사실을 스스로 보고해서 기무
  사의 회유로 진정서를 취하했다. 이 일로 2015년부터 진행해온 국가배상청구
  소송에서 불리해졌다. 권리 행사를 하려고 시도한 적이 있기 때문에 채권 소
  멸시효가 지났다는 판결이 나왔다.
- 평생 반북·반공을 외치며 살아왔으나 과거에 국가기관에서 당한 가혹 행위
  에 대해서는 끝까지 사과와 배상을 받고 싶다고 했다. "선진국에서도 고문과
  인권 유린은 공소 시효가 없다는 소리를 여러 번 들었거든요. 우리 대한민국
  도 선진국이라고 보는데 이 부분에서는 후진국이라고 봅니다."

홍강철 : 1973년생 / 조정순 : 1949년생
고향 : 함경북도 무산군

- 홍강철은 부모 형제가 모두 당원이고 조정순의 아들 삼형제 모두 군 복무를 했다. 아버지는 전기 부문 사업소 비서, 어머니 조정순 씨는 의약품 관리소 배급원으로 고난의 행군 전까지는 유복하게 잘살았다.

- 1996년에 남편이 사망하고 두 아들은 갓 제대하고 막내는 아직 군에 있을 때 경제적으로 어려워져 조정순 씨는 2004년경 돈 벌러 중국으로 갔다.

- 홍강철은 신의주에서 압록강 국경경비대에서 군관으로 복무하다가 밀수 보장으로 (중국의 밀수 사업자에게 돈 받은 것을 안기부 돈을 받은 것이라고 밀고한 동료 때문에) 군 교화소에서 7개월 수감 후 제대했다. 나중에 해명되어 기업소 노동지도원으로 있다가 탈북했다.

- 홍강철은 북에서 송금 브로커도 하고 국정원 정보원 노릇도 하는 탈북민 유만호('NK지식인실천연대')를 통해 남측에 정보도 제공했다. 탈북할 때 여자와 어린이(7세)를 데리고 왔다. 중국에서 만나기로 한 유만호가 약속을 지키지 않아 혼자서 모녀를 데리고 고생하며 태국을 거쳐 한국에 왔다.

- 한국에 와서 유만호의 고발로 간첩 혐의를 받았다. 합신센터에서 허위자백하고 구속된 후, 민변 장경욱 변호사를 만나서 1심과 항소심에서 무죄 선고되어 풀려났다. 이후 중국에 있었던 어머니 조정순 씨와 연락해 탈북을 권유했고, 2016년에 어머니가 중국에서 한국으로 왔다.

- 홍강철은 북에 있을 때 군 교화소에 가게 된 일 때문에 북에 대한 원망이 많았으나 한국에 와서 간첩 혐의로 곤욕을 치르면서 자기 성찰을 하게 되었다고 한다. 사심 없이 내 일을 잘했더라면 여기까지 오지는 않았으리라고 생각했다. 일당독재에 의한 사회주의는 좋지 않다고 보지만 사회주의 시책들, 제도는 좋은 점이 많다고 이야기한다. 한국은 사람들을 돈의 노예로 만드는 자본주의 사회라고 비판했다.

- 조정순은 한국에 와서 인민반장을 찾아다녔다고 하면서 북에서는 인민반을 중심으로 공동체 생활이 잘되고 있음을 회상했다. 조정순과 홍강철은 고난의 행군이 오기 전 1980년대까지 북은 사회주의 체제가 잘 작동되어 인민들이 행복했다고 기억한다.

탈북 마케팅

- 조정순은 한국에 와서 국정원 합신센터에 있을 때 홍강철을 만나게 해주지는 않았으나 간단한 조사를 마치고 바로 자신을 하나원으로 보냈다고 한다.
- 조정순이 한국에 올 때 중국에서부터 동행한 김성실은 그 인연으로 조정순의 아들 홍강철을 만나 결혼하게 되었다. 홍강철은 대법원 판결이 확정되지 않아서* 취업하지 못하고 있으며 북한의 현실을 알리는 강연을 다니고 있다. 유튜브 채널 〈왈가왈북〉을 진행하며 극우 성향 탈북자들의 북한 비방을 비판하고 북한의 현실을 제대로 알리고자 노력하고 있다. 〈왈가왈북〉에는 북한으로의 송환을 요구하고 있는 평양 시민 김련희도 출연하고 있다.
- 조정순과 김성실은 홍강철이 한국에 와서 간첩 혐의를 받은 일 때문에 아직 트라우마가 있다. 홍강철이 강연 등으로 지방에 가거나 외출해서 늦게까지 연락이 안 되면 굉장히 불안해하고 걱정을 많이 한다.

---

* 취재 당시의 상황이며, 2020년 12월 24일 대법원 판결로 국가보안법 위반 혐의에 대한 무죄가 확정되었다. 2014년 9월에 1심에서 무죄가 선고된 지 6년도 더 지난 후에 내린 판결이다.

김성실 : 1982년생
고향 : 함경남도 함흥시

- 1998년, 17세에 고등학교(고등중학교)를 졸업하자마자 중국으로 떠났다. 1995, 1996년 무렵부터 배급이 끊기고, 1997년부터 굶주림 심해졌다. 아버지는 함흥시 용성기계공장 압연공이었는데 위염을 앓다가 김성실이 떠나고 사흘 후에 사망, 같은 해 12월에 작은 오빠도 간 질환으로 사망했다.
- 굶주림이 심해지면서 아픈 부모 대신 빵을 팔며 생계를 도맡느라 학교도 거의 못 다니고, 돈을 벌기 위해 중국으로 가려다 인신매매 브로커의 말에 속아 국경을 넘어서 흑룡강성 조선족에게 팔려서 시집갔다. 열일곱 살을 스무 살이라고 속이고 열네 살 연상의 남편 만나 딸 낳고 8년을 살았다. 매매혼으로 결혼한 남편에게 애정이 없어 한국으로 가려고 내몽고 국경을 넘다가 중국 변방대에 잡혀서 단둥으로 압송되었고, 북한의 노동교화소에서 징역 3년을 살았다.
- 어린 시절에는 아버지가 받는 배급으로 유복하게 살았고, 심장병이 있는 어머니 때문에 의사를 꿈꾸기도 하고, 군대에도 가고 싶고, 대학에도 가고 싶은 꿈 많은 소녀였다. 오빠 둘에 외동딸로 부모의 사랑을 받으며 컸다.
- 노동교화소에서 나온 후 감시와 통제가 싫어 다시 탈출해 중국 남방의 절강성에서 다시 5년 살다가, 신분 불안으로 한국으로 가기로 결심하고 2016년 3월에 떠났다.
- 쿤밍에서 조정순을 만나, 태국까지 같이 오고 난민수용소 생활을 같이 하면서 친정 어머니와 나이가 같은 조정순을 자신의 어머니처럼 생각하고 돌봐주었다.
- 함흥 사람들은 벌차고(기질이 강하고) 생활력도 강해 '함흥 얄개'라는 별명으로 불린다.
- 김성실은 함흥의 흥남제약 공장에서 빙두를 만든다고 했다. 함흥에서는 유치원 아이들도 알고 있는 사실이라고. 함흥에서 온 성실의 친구는 지금 함흥에서는 개인이 빙두를 만들어 팔고 있으며, 함흥이 경제적으로 일어서게 된 것도 빙두 때문이라고 말한다.
- 김성실의 큰오빠가 흥남제약 공장에 다녔다.

- UN이 북한에서 마약 생산하는 걸 문제 삼자, 김정은이 흥남제약 공장을 폭파했는데, 사람들은 그것이 쇼라고 생각한다. 시설은 모두 지하 갱도로 옮겼고, 흥남제약 공장 사람들은 그 전처럼 일한다고 믿고 있다.
- 김성실은 국정원 합신센터의 조사 과정이 싫었다고 말한다. 약점을 잡고, 거짓말을 하는지 알아보려고 같은 질문을 반복해서 하고, 잊고 싶은 교화소의 경험을 자세하게 물어보는 것이 스트레스였다.
- "교화소에서 나올 때, 내가 태어난 이 땅이지만 이 땅을 떠나면 다시 돌아 안 보겠다"라고 결심했다.
- 한국에 와서 주민증을 받고 신분이 안정되고 남편 홍강철을 만나 경제적으로 어려워도 딸 낳고 행복하게 사는 현재 생활에 만족한다. 한 가지 불만은 한국 사회에서 북한 사람들을 차별하는 것. 아르바이트를 할 때 그것 때문에 싸우고 일을 그만두기도 했다.
- 한국에 온 후 어머니와 큰오빠도 사망했다는 것을 알게 됐다. 김성실은 한국에서 홍강철을 만나면서 새로 형성한 가족(시어머니와 딸 포함)에게 마음을 붙이고 살아가고 있다.

배지윤 : 1966년생
고향 : 자강도 만포시 / 결혼 후 함경북도 회령군에서 생활

- 할아버지가 경북 경주 출신이다.
- 자강도 처녀들의 구호가 '개고개(높은 고개)를 넘자'라고 한다. 그만큼 오지라서 더 큰 지역으로 가고 싶어한다는 말이다. 개고개를 넘어 회령으로 시집 간 배지윤은 아들 둘을 낳고 살다가 고난의 행군 때 생활고를 겪었다.
- 2003년 12월에 돈을 벌기 위해 국경을 넘어 중국으로 갔다. 가사도우미로 취직하면 큰돈을 벌 수 있다는 인신매매 브로커에게 속아서 산동 지방의 농부에게 팔려서 시집을 갔다.
- 젖소 목장에서 일하다가 남편 지영강을 중국으로 불러 만나고 난 뒤에 가족들에게 돈을 보내려고 브로커 일을 시작했다. 중국에서 탈북 브로커를 하면서 돈을 벌었다.
- 2009년 큰아들을 중국으로 데려와 살려 했으나 한국으로 가고 싶어해 2011년에 한국에 보냈다.
- 2013년 3월, 지영강과 작은아들을 한국으로 보내고 자신도 5월에 한국에 왔다.
- 한국에서 국적을 얻으면 그때까지 9년 5개월간 중국에서 함께 살았던 중국인 남편을 데려오려고 했다. 지영강과는 자동 이혼된 상태고 지영강도 북에서 함께 살던 여자가 있어서 한국에 데려다주려고 했다.
- 국정원 합신센터에 들어가자마자 2010년에 중국에 있을 때 북한과 빙두 거래를 한 것을 문제 삼아 독방 조사가 시작되었고, 거래는 한 번뿐이었는데 2009년에도 했다고 몰아갔다. 지영강이 자백했다며 배지윤에게도 허위자백을 강요했다. 거짓말탐지기 조사에 걸렸다면서 압박해 결국 보위부(북한 국가보위성)의 간첩이라고 허위자백하고 만다. "그때 한국 공민도 아니고 북한 공민도 아니고 중국 땅에서 아무 신분이 없는 사람으로서 [마약 거래를] 했으니까 그게 그렇게 큰 문제라고 생각 안 했거든요."
- 회령 보위부장 이름이 지영수인데 이름 때문에 남편 지영강이 그와 형제간이라고 의심받았다. 지영강이 보위부 일을 해주다보니 2009년에 빙두 1킬로그램을 팔아서 보위부에 바쳤다는 것이다. "철벽[큰아들]이 아빠는 그런 사람

아니니까 보위부에서 너를 간첩 시켰다고 몰아가는 거예요. 보위부가 바보가 아닌데 얼굴도 보지 못한 저를 간첩을 시킬까요? 말도 안 되는 말을 거기서 너무 엮어가는 게 정말 이해가 안 되고요."

- 2013년 7월 중순부터 간첩으로 엮으면서 "당신이 간첩이다" 해놓고 "임무 뭐 받았어?"라고 다그치니 간첩에 대한 지식이 하나도 없어서 곤란했다. 배지윤은 스토리를 내가 만들어야 되는데 뭐라고 해야 할지 몰랐다고 했다.

- 10월 25일 본원(국정원)에서 조사 나왔을 때, 6월 15일까지 조사가 다 맞고 그 이후의 것은 100퍼센트 다 거짓말이라고, 세 시간 반 동안 울면서 호소했다. 합신센터 조사관들은 1주일의 침묵 끝에 그를 하나원으로 보냈다.

- 간첩 혐의는 벗었으나 비보호 처분으로 집, 정착금, 기초수급, 취업 등 탈북민 혜택을 일절 못 받게 되었다.

- 비보호 처분이 부당하니 철회해달라고 재판을 청구했고 재판이 진행 중이다.

- 한국 사회에서 인권의 중요성에 대해서 들을 때마다 화가 난다는 배지윤은 다음과 같이 말했다. "몰아가면 몰아가는 대로 돼요. 중국말 잘하는 것도 보위부에서 배워줬다, 묵비권을 행사한다 하니까 그것도 보위부에서 배워줬다고 하고. 제가 하나원 나와가지고 보니까 인권에 대한 것 많이 떠들더라고요. 인권은 무슨 인권이요? 그거는 인권 유린이 아니에요? 우리한테 아무 권한도 없는데, 권리도 안 주는데."

- 윤재호 감독의 장편 다큐멘터리 영화 〈마담B〉(2016)의 주인공이다.

유우성 : 1980년생
고향 : 함경북도 회령시

- 유우성은 회령에서 태어나 2004년 탈북할 때까지 회령에서 살았다. 유우성은 중국인이지만 친가, 외가 모두 4대째 북한에서 살았다. 유우성 같은 재북화교들은 중국에서 발행한 여권과 북한에서 내준 외국인등록증을 신분증으로 사용한다. 유우성의 외증조할아버지 조덕일은 중국과 북한을 오가며 항일운동을 하다가 일본군에게 처형당했다. 어머니와 외삼촌은 혁명유자녀로 북한 사회에서 우대를 받았다. 어머니는 혁명유자녀라는 자부심이 강했고 유우성 남매가 북한 국적을 취득하기를 바랐지만 유우성은 성인이 되어 중국에 왕래하면서 남한 사회를 동경하게 되어 탈북했다. 유우성은 한국인으로 살아가고 싶어서 탈북 당시 북한 국적자라고 말했고, 그것이 간첩 조작 사건의 빌미가 되었다.
- 2006년에 어머니가 갑자기 돌아가셨을 때 중국 여권을 가지고 북한에 가서 장례식에 참석하고 왔다.
- 유우성은 북한에서 경성의학전문학교를 졸업하고 준의사로 일하다가 탈북해서 연세대학교를 다녀 졸업했다. 2011년 6월, 서울시 복지정책과 생활보장팀에 계약직 공무원으로 채용되었다. 탈북자 출신 1호 공무원으로 국회에서 열리는 세미나에도 나가고 여러 대학에서 강연을 하고 대학원 공부도 시작했다.
- 아버지와 중국에 나와 있던 동생 유가려가 한국에 와서 살고 싶다고 해서 2012년 10월 30일 중국에 가서 동생을 데려왔다. 유가려가 합신센터에 들어가고 두 달이 좀 지난 2013년 1월 10일 유우성은 국정원에 의해 국가보안법 위반으로 체포되어 구속되었다. 동생 유가려가 그가 북한 보위부의 지령을 받은 간첩이라고 자백했다는 것이다.
- 당시 《동아일보》를 비롯한 언론은 사실 확인 없이 유우성이 탈북자 1만 명의 정보를 북한에 제공한 간첩이라고 보도했고 이런 보도는 재판 결과 모두 사실이 아닌 것으로 밝혀졌다.
- 유가려는 장경욱 변호사를 비롯한 민변 변호인단의 설득으로 합신센터 조사 과정에서 강압에 의해 허위자백했음을 고백했고, 유우성은 2013년 8월 1심

재판에서 무죄 선고를 받고 석방되었다. 2014년 2심에서도 무죄, 2015년 대법원에서도 국가보안법 위반에 대해서는 무죄가 확정되었다.

- 항소심 재판 과정에서 국정원이 유우성의 유죄를 입증하기 위해서 중국과 북한 사이의 출입국 기록에 관한 공문서 3건을 위조한 사실이 드러나 사회적으로 엄청난 파장과 충격을 몰고 왔다.

- 검찰은 이미 2007년에 기소유예 판결을 받은 외국환거래법 위반 혐의, 화교라는 사실을 숨기고 한국 국적을 취득한 것에 대해서 북한이탈주민의 보호 및 정착에 관한 법률 위반 혐의, 불법으로 취득한 국적으로 서울시 공무원으로 취업한 것에 대한 공무집행방해죄 등의 혐의에 대해 추가로 유우성을 기소했다.

- 유우성은 검찰을 기소권 남용으로 고소했고 그밖에도 허위보도를 한 언론에 대해서도 고소했다. 변호인단 역시 합신센터에서 유가려를 접견하지 못하도록 한 국정원을 고소했다. 그밖에 유우성은 증거를 조작한 국정원 직원과 이를 알면서도 묵인한 검사, 그리고 허위증언을 한 탈북민도 고소했다.

- 결과적으로 유우성은 2013년부터 지금까지 7년 내내 국가보안법 재판 말고도 일고여덟 건의 재판을 받으면서 '재판이 일상이 된' 날들을 살고 있다. 검찰의 보복 기소와 국가보안법 이외의 혐의에 대한 대법원의 늑장 판결로 유우성은 국적 문제도 해결하지 못하고 취업도 못하는 상태로 살고 있다.

- 유우성은 2015년에 자신의 변호인단 중 한 사람인 민변 출신의 김자연 변호사와 결혼했다. 두 사람은 현재 아들 하나, 딸 하나를 낳고 행복하게 살고 있다. 유우성은 사회복지대학원에서 석사 과정을 마쳤다.

- 변호인들은 유우성이 큰일을 해냈다고 입을 모았다. 간첩 혐의를 받고 구속된 탈북민 중 국정원의 회유와 협박에도 끝까지 허위자백을 하지 않았고 끝내 자신의 결백을 증명해 낸 용기를 칭찬한 것이다. 그는 한국이 북한에 인도적인 차원에서 의료 지원을 하게 되기를 바란다면서 자신이 남북 간의 의료 협력과 교류에서 다리 역할을 하고 싶다고 밝혔다.

이혜련 : 1975년생
고향 : 양강도 혜산시

- 아버지는 군인(항공기 무전수) 출신, 어머니가 중국에 있는 친척들 도움으로 장사해서 잘살았다고 한다. 고난의 행군도 모르고 지냈다고. 일찍 결혼해서 아들 하나 낳고 일찍 이혼, 어머니가 아들 다 키워주고 생활비도 대주어 아쉬운 것 없이 살았다고 한다. 술 마시고 놀러다니는 게 전부였다고 말했다.
- 2012년 12월, 탈북 당시 남자 친구였던 김철민이 억지로 데리고 왔다고 주장한다.
- 2013년 2월부터 5개월간 합신센터에서 조사를 받았다. 국정원의 강요로 간첩이라고 허위자백하고 재판에서 실형을 선고받아 청주여자교도소에서 복역하고 2016년 7월에 만기 출소했다.
- 이혜련은 '국정원'이 '안기부'인 줄 알았을 정도로 무지했다. 그가 국정원을 안기부라고 하자 합신센터 수사관이 "맞다, 당신이 영화에서 본 것처럼 지하실로 끌고 가서 고문할 수도 있고, 사람을 보내 북한의 가족들을 죽일 수도 있다"고 협박해서 처음에는 무서웠다고 한다.
- 이혜련은 북에 있을 때 동거했던 남자 친구 최정훈(반북 성향의 탈북자 단체 '북한인민해방전선' 사령관)을 유인·납치하려 했다는 간첩 혐의를 받았다. 같이 온 김철민과 따로따로 독방에 가둬두고 이간질하면서 허위자백을 강요했다.
- 이혜련이 계속 부인하자 거짓말탐지기 조사를 받게 했다. 거짓말탐지기 조사 결과 처음에는 허위가 아니라고 나오고 두 번째는 허위라고 나오자 계속 자백을 강요받았다. 이에 반발한 이혜련은 국정원 조사관을 골탕 먹이기 위해서, 스스로 거짓말탐지기 회피 약물이 있다고 말했다. 상처에 붙이는 밴드 모양으로 생겼다면서 그림까지 그렸다. 한국에 올 때 브래지어 속에 숨겨서 들여왔다고 자백했는데, 북한에서 입고 온 브래지어에는 그런 밴드 약물을 숨길 만한 공간이 없다.
  장경욱 변호사는 이혜련의 이런 비상식적 자백을 '되치기'라고 표현하는데, 믿기 어렵지만 이혜련은 이런 허위자백을 심각하게 받아들이지 않았고, 심지어 자백을 하고 난 뒤에도 감옥에 가는 줄도 몰랐다고 한다.

- 이혜련은 '꼽새'라는 협조 간첩의 존재도 스스로 만들어냈다. 최정훈을 유인해서 중국으로 데려가 꼽새에게 인계하는 것이 자기 임무라는 것이다.
- 이혜련의 성격이나 정신 상태를 말해주는 이야기는 또 있다. "북한에 있을 때나 한국에 와서나 정치에 관심 없었고 법도 모른다. 그저 돈이면 되니까. 살인을 해도 마약을 해도 돈만 있으면 된다." 그는 북에서 빙두를 계속했다면서 북의 필로폰은 품질이 좋아서 중독되지 않는다고 주장하기도 한다.
- 이혜련은 1심과 2심에서 유죄를 선고받고 3년을 감옥에서 살고 나왔다. 합신센터에서부터 시작된 악몽에 대한 후유증으로 우울증과 불면증을 겪으면서 약에 의존해서 살고 있다. 정신적으로 매우 불안해 보였고 일관성 없는 진술도 많았으나 합신센터에서 겪은 일들에 대해서는 간첩 조작으로 구속되었다가 풀려난 홍강철이나 배지윤과 비슷하게 증언하고 있다.
- 현재 구치소에서 알게 돼 펜팔로 사귄 남자와 결혼해 서울에서 살고 있다.
- 이혜련은 합신센터 독방에서 조사받을 때 유가려가 실랑이하는 것을 목격했다고 한다.
- 이혜련은 자신이 허세가 있다고 인정하면서 다음과 같이 말했다. "[감옥에 있을 때] 국정원 직원한테 '영치금 넣어주세요. 꼽새를 잡아줄 거예요' 이랬어요. '너도 나한테다 사기 쳤는데 나는 왜 못 치나' 국정원 사람들은 이렇게 나에게 반발심이 나게끔 만드는 거예요."

김정애(가명) : 1964년생
고향 : 평양시

- 평양 출신의 김정애는 남편이 운동선수 출신으로 체육 분야에서 고위직에 종사하고 자신은 평양 제일백화점에서 판매원으로 일했다. 시아버지는 북한의 핵심계층으로 당 고위직에 있다가 애국열사릉에 안장되었다. 그는 핵심계층 중에서도 상층부에 속해 있던 사람이다.

- 김정애는 이모부가 연변자치주에서 상당한 지위에 있고 북한 내에서도 인맥이 좋아 사사여행(개인적 용무의 해외여행) 규제가 심한데도 1997년부터 중국을 자주 드나들면서 외가 친척들의 도움을 많이 받았다. "직장생활하지 딸은 둘 있지 직업 좋지 하니까 그때만 해도 눈이 잔뜩 높잖아요. 애들 좋은 거 먹여야 되지. 고난의 행군 때 고생은 안 해봤어요. 그때 처음 중국에 가려고 생각했거든요. 이모한테 도움 좀 받으려고."

- 김정애의 잦은 해외여행에 당 비서(제일백화점 지배인)는 제동을 걸었다. "다른 사람들은 허리띠 졸라매고 고난의 행군 하는데, 김 동무는 혼자 먹고 잘살겠다고 외국에 가겠다고 하는데, 고난의 행군 끝나고 총화할 때 잘 먹고 잘살았다고 총화하겠냐고 하면서 사상 사업을 하는 거예요." 김정애의 욕망은 그런 말로 잠재울 수 없었다. 보위부에서 승인해줘도 직장에서 계속 보류 결정을 내리자, 직장까지 그만두고 이모부와 친분이 있는 보위부 과장(외사과)을 동원해서 계속 중국을 드나들었다. 자주 중국에 드나들다보니 보위부에서 정보원을 하라고 해서 정보원 교육을 받았고 여권에는 정보원이라는 보위부장의 사인이 들어 있다. 김정애는 명색만 정보원이지 한 일이 없다고 주장하지만 국정원에서 그를 간첩으로 조작하는 데 유용한 사실이었다.

- 2011년, 김정애는 늘 가던 이모 집으로 가지 않고 단동으로 가서 국정원 사람들과 접촉해 소위 '통일사업'을 했다. 돈 때문이었다. 이 사장이라는 사람에게 이력서를 보내고 북한 체제에 대한 자신의 생각, 평양에 대해 알고 있는 정보, 자신과 친분이 있는 북한의 요직에 있는 사람들에 대한 정보를 써주었다. 총정치국 강영표(육군 중장), 조창덕(경제부총리) 등이 포함되었다. 이 일이 합신센터 조사받을 때 보위부의 정보원으로서 보위부 지령을 받고 국정원 직원들의 정보를 수집했다는 간첩 혐의로 둔갑했다.

- 2013년에 단둥에서 자신과 비슷한 일을 하던 북한 여성이 북한에 돌아간 뒤 보위부에 잡혀가 처벌을 받았다는 소식을 듣고 탈북을 결심하고 자신이 정보를 준 국정원 사람들의 도움으로 한국에 왔다. 합신센터에서 5개월간 독방에 수감되어 키 높이만큼의 진술서를 쓰면서 간첩이 아니라고 부인했지만 조사관들의 집요한 추궁에 결국 허위자백으로 징역 4년을 선고받고 청주여자교도소에서 복역하다가 2017년에 만기 출소했다.
- 가족들(남편과 두 딸)의 안위를 걱정하면서 국정원과 감옥에서 얻은 병마에 시달리고 있다. 합신센터 조사의 트라우마 때문에 보호관찰관의 지시에 복종하면서 출소한 뒤에도 스스로를 감옥에 가두고 있다.

김덕일 : 1956년생
고향 : 함경북도 경원군(샛별군)

- 김덕일은 북한에서 대접받는 엔지니어였다. 중장비 운전기술, 자동차 정비기술까지 있어 나름대로 잘나갔다.
- 아버지는 당 일꾼(면당위원장)이었다. 재혼한 부모 사이의 장남이었다.
- 1990년에서 1995년까지 러시아에서 운전으로 번 돈으로 1995년부터 자동차 장사해서 남들 다 어려운 고난의 행군 때 제일 잘살았다. 보위부와 안전부(경찰서) 드나들고 그들과 상부상조하며 잘 살았는데, 보위부와 힘겨루기를 하던 검찰이 보위부의 약점을 잡으려고 김덕일을 잡아들여 신문하던 중 탈출해서 중국으로 갔다고 주장한다(그의 일방적인 주장이기 때문에 사실 여부를 확인할 수는 없다).
- 2007년 2월에 중국으로 넘어가 브로커를 접촉해 한국에 가서 돈을 준다는 각서를 쓰고 오려고 했는데, 국정원에서 그를 받지 말라 했다면서 안 데려다 주는 바람에 미얀마를 통해 고생고생하며 태국으로 들어왔다고 한다. 북한을 떠나 중국에 도착한 지 8개월 만인 2007년 10월이었다. 먼저 탈북한 사람들이 김덕일이 북에서 보위부나 안전부(경찰)와 잘 통하고 자가용 끌고 다니며 잘살던 사람이니, 한국에 올 이유가 없다고, 온다면 간첩이라고 진술했기 때문에 국정원에서 자신을 받지 말라고 했다고 한다. 본인은 이때부터 자기가 국정원의 표적이 되었을 거라고 주장하고 있다.
- 하나원에서 나와서 한국에 정착해 5톤 트럭을 몰고 있을 때 2008년에 국정원 국장이라는 자가 접근해왔다. 그가 중국에 가서 북한의 군 신문, 화보집을 갖다달라고 해서 중국으로 갔으나 국경 봉쇄가 심해서 실패했다. 이것도 함정이라고 본인은 주장한다. 재판 과정에서 이런 일들을 그가 간첩 행위를 한 것으로 뒤집어씌웠다고 한다.
- 그가 탈북한 이듬해인 2008년 1월, 아들과 처가 한국에 오려고 중국에 나왔다가 잡혀 북한으로 압송되었다. 아들은 구류장에서 매 맞은 자리가 덧나서 욕창으로 죽고, 의사였던 처는 자살했다.
- 하나 남은 딸이 2013년 10월 그에게 한국에 오고 싶다고 전화해서, 중국으로 데리러 가기로 약속(2013년 11월 5일)했다가, 10월 30일에 경기경찰청 보

탈북 마케팅

안수사대에 체포되었다.

- 경찰은 그가 북한으로 탈출하려다가 현행범으로 체포되었다고 주장하지만, 그는 여자 친구와 식당에서 밥을 먹으려다가 잡혔다. "탈북자 1,000명의 명단을 북에 넘겼다", "휴대폰 속에 200명의 탈북자 번호가 있다"라고 영장실질심사 때 검찰이 주장했으나 기소될 때는 그것이 빠졌다.

- 가까운 탈북자 한 사람이 중국에 가느냐고 물어서 딸 데리러 간다고 했을 때 무슨 약을 사다달라 한 적이 있는데, 이 자가 '탈북동지회' 회원 1,000명의 명단이 적힌 자기 수첩을 김덕일이 훔쳐갔다고 국정원에 진술했으나 법정에 끝내 증인으로 나오지 않았다.

- 국가보안법 위반 목적수행(북에 있을 때 국가안전보위국의 명령으로 탈북민을 북한으로 납치하려고 함), 국가보안법 위반 편의제공(북한으로 가려던 김만복을 인천 연안부두까지 태워다 준 것), 사기, 밀항, 출입국관리법 위반 등의 죄목으로 징역 5년을 선고받고, 2018년 10월 만기 출소했다.

- 김덕일은 자존심이 강하고 대가 센 사람이라 저항을 심하게 했다. 보호관찰관에게도 "나는 살기를 원치 않는 사람이니 뚜껑 열리게 하지 말라"라고 하면서 오지 못하게 한다.

- 자신은 무죄인데 5년 징역을 산 게 너무 억울하고 북한에 남아 있는 딸만 아니면 죽고 싶다고 말한다. 분단된 나라에서 태어나 남과 북 모두에게 버림받았다고 생각하는 김덕일은 격앙된 어조로 다음과 같이 말했다 "조선 사람으로 태어난 게 저주스럽고, 한반도가 몽땅 땅 속으로 쑥 들어가고 바닷물이 싹 돼라. 막 이러고 하늘에다 빌고 있어요, 지금."

1.

귀순용사 시대의 인권 침해

간첩 혐의로 고문당한 북한군 장교 출신 귀순용사

북한에 고향을 두고 한국에서 살고 있는 사람들을 부르는 명칭은 시대에 따라서 달라졌다. 평안북도 신의주가 고향인 나의 할아버지와 아버지는 한국전쟁 전에 한국에 와서 정착했다. 그들은 '실향민'이나 '월남자'로 불렸다. 정전협정 이후 북한을 떠나 한국에 온 사람들을 일컫는 공식 명칭은 현재 '북한이탈주민(탈북민)'이다. '탈북자', '새터민' 등으로 불리기도 한다.

통일부 자료인 〈북한이탈주민 지원정책의 변천과정〉을 보면 1962년 4월에 제정된 국가유공자 및 월남귀순자 특별원호법에 의해 귀순자에게 국가유공자와 동등한 지위를 부여하여 원호대상자로 우대하며, 최초로 체계적인 지원을 실시한 것으로 되어 있다. 1979년 1월부터는 월남귀순용사 특별보상법을 제정해 귀순자를 사선을 넘어 자유민주주의를 택한 '귀순용사'로 간주하며, 이전보다 더욱 체계화된 지원을 실시한 것으로 나와 있다.*

한국전쟁 이후 1990년까지 총 607명의 탈북민이 귀순자라는 호칭으로 한국사회에 존재했다. 이들은 남북한 체제경쟁 시대에 북한의 실상을 고발하고 남한 체제

---

*　　통일부, 〈북한이탈주민 지원정책의 변천과정〉, 통일부, 2015.

의 우월성을 선전할 수 있는 존재로 그 가치를 인정받았다. 이들은 '월남귀순자' 혹은 '귀순용사'로 불리며 국가유공자보다도 더 많은 혜택을 받았고, 후한 정착금과 복리후생, 안정적인 직업까지 보장받으며 반공 안보 선전에 활용되었다.*

귀순자에게 국가유공자와 동등한 지위를 부여하여 원호대상자로 우대하던 시절인 1970년대에 탈북한 사람들의 처지도 다 같은 것은 아니다. 1974년에 한국에 온 김관섭 씨는 이런 혜택을 받기는커녕 간첩 혐의자로 지목받아 귀순하자마자 대성공사와 중앙정보부에서 혹독한 고문을 당했다고 주장한다. 김관섭 씨는 인민경비대군관학교를 졸업하고 개성지구 장풍군에 중대장으로 배치되어 근무하다가 1974년 8월 26일, 개풍군에서 밤새도록 바다를 헤엄쳐서 일곱 시간 만에 강화군으로 넘어왔다. 그는 국군정보사령부 6073부대(대방동 대성공사)로 잡혀가 간첩죄를 자백하라고 고문을 당했다.** 2019년 1월 15일 서울에서 그를 인터뷰했다. 이 자리에는 민변의 장경욱 변호사가 함께했다. 그는 귀순 당시의 일을 회상하면서 흥분해 언성을 높였다.

---

*   주승현, 《조난자들》, 생각의힘, 2018, 68쪽.

**   6073부대란 '대성공사'라는 위장명을 썼던 국군정보사령부 소속의 부대를 말한다. 국정원의 합신센터가 생기기 전부터 귀순자들을 조사했다. 합신센터가 생긴 후에도 여기서 조사를 받은 사람들이 있다.

탈북 마케팅

내가 8월 26일 날 바다를 헤엄쳐서 목숨을 걸고 넘어왔는데 하루 딱 지나서 28일 날 나를 고문했다, 이것은 반인륜적이고 천인공노할 일, 사람이 해서는 안 되는 일입니다. 귀순한 그다음 날 간첩이 쓴 책 두 권을 나한테 갖다줬어요. 《나는 북한공작원이었다》, 《나는 여간첩이었다》. 책 이름도 잊혀지지 않아요. 그걸 갖다준 것은 이미 나를 간첩으로 만들려고 작당을 했다는 거예요.

안보 강연 알선하고 강연료 절반을 그들이 가로챘다

월남 귀순자를 국가유공자로 대접하던 1974년에 접경지역에서 중대장으로 근무하던 북한군 장교가 목숨을 걸고 남으로 넘어왔는데 귀순용사 환영식 대신 간첩 혐의를 받고 고문부터 시작했다는 것은 좀 의외였다. 그는 시기를 잘못 선택한 것이다. 그가 바다를 건너기 열흘 전인 1974년 8월 15일에 광복절 경축 행사장에서 대통령 박정희와 그의 부인 육영수가 저격당한 사건이 있었다. 육영수가 총격으로 사망했으니 당시 군 정보기관이나 중앙정보부는 비상이 걸려 있었을 것이다. 뒤숭숭한 민심을 달래고 북한에 대한 적개심과 경계심을 한층 높여줄 간첩 사건 같은 것이 필요했을지도 모른다. 김관섭 씨는 중앙정보부에서 45일간 고문당하며 자백을 강요받았다. 맨몸으로 바다를 건너온 그는 자백을 번복해서 결국 혐의를 벗었다. 그러나 다른 귀순자들의 경우처럼 떠들썩한 환영 행사나 기자회견은 없었다.

김관섭 씨는 간첩 혐의가 풀린 뒤에도 3년 6개월 동안 대성공사에서 생활했다. 법적인 근거 없이 그를 잡아둔 것이다. 그는 대성공사에서 살면서 북한군에 대한 정보를 제공해 공적조서 126건을 정부로부터 인정받았다. 1977년 7월 1일에 보호 결정이 났는데도 9개월간 더 감금시켰고, 1978년 3월에야 대성공사를 나와 한국에 정착할 수 있었다. 정부에서 일반 기업체에 취업시켜주었으나 군대 경험밖에 없는 그는 회사에 적응하지 못했고, 평생 안보 강연을 다니는 것으로 생계를 이어갔다. 김관섭 씨는 안보 강연을 하고 강연료를 받으면 그중 일부를 정보기관 사람들이 떼어갔다고 말한다.

김관섭 　정보부 애들이 강사료는 절반만 주고 절반은 자기들이 다 먹고 그랬어요.

필　자 　아, 그래요?

김관섭 　"우리도 교통비 좀 해야죠" 그런단 말이오.

장경욱 　특수활동비 가로채는 애들도 있잖아요. [합신센터에서] 유가려 담당했던 '큰삼촌'이라는 별명으로 불리던 수사관 같은 경우, 그런 걸 당연한 걸로 알았어요.

김관섭 　6073부대 애들도 강사료 많이 떼먹었어요. 정규화 심문관, 이 사람은 죽었는데, 이 아이하고도 몇 번 나갔는데 나는 강사료가 뭔지도 몰랐어요. 봉투를 이쪽에서 주고 저쪽에서 주고 하니까 그저 가져왔어요. 근데 얘들이 삥땅을 하더라고요. 강사료를 달랠 줄은 몰랐어요. 강의를 끝마치고 숙소에 들어왔는데, "김관섭이 이리 와" 그러더라고. 독방에 있는데 옆방인 자기 방로 오래요. 가니까 김창규하고 정규화하고 둘이서 앉아 있으면서 나보고 "김 선생 오늘 봉투 얼마 받았어? 그 봉투 공짜로 생긴 거 아니오. 우리가 가서 다 이렇게 해서 온 거지 그냥 봉투가 온 게 아니니까 그거 절반은 줘야 되겠어". 아, 야들이 강압적으로 나오네. 그때는 할 수 없이 [줄 수밖에 없었고].*

필　자　그때는 꼼짝 못 하고 줘야 되겠네요.

김관섭　꼼짝 못 하고 줬죠. 중앙정보부 애들도 강사료 떼먹고 대성공사 군인들도 강사료 떼먹고. 그렇게 남조선 ××들어 나쁜 ××들이 있어요.

　　　군 정보기관(6073부대)과 중앙정보부 사람들은 김관섭 씨를 고문하고 이유 없이 가둬둔 것도 모자라 강연료까지 가로챘다는 것이다. 김관섭 씨는 자신이 정부와 정보기관에 철저히 이용당했다고 가슴을 친다. 탈북민은 그들에게 보호 대상이 아니라 이용 가치를 따져보고 있는 대로 착취하는 대상

---

*　　정규화와 김창규는 김관섭 씨가 기억하는 당시 대성공사(6073부대) 소속의 수사관들이다.

이라고 분통을 터뜨렸다. 정보기관은 자신들을 인간이 아니라 도구로 본다는 것이다. 그러나 그는 40년이 넘게 한 번도 국가나 정보기관에 저항할 생각을 하지 못했다. 그는 2014년에 '유우성 간첩 조작 사건' 무죄 선고 뉴스를 보고 나서 처음으로 잘못된 것을 바로잡아야겠다는 생각을 하고 장경욱 변호사를 찾아갔다.

고문과 인권 유린에 공소시효를 따질 수 있나

간신히 간첩 누명을 벗고 민간인으로 한국 사회에 정착한 김관섭 씨의 삶은 순탄치 못했다. 두 번의 결혼도 실패로 돌아가고 한국 실정에 어두워서 여러 번 사기를 당한 그는 여든이 넘은 지금 기초생활수급자로 살아간다. 그는 대성공사를 나온 후에도 국군기무사령부(기무사)나 국가안전기획부(안기부) 등 정보기관에서 자신을 계속해서 감시하고 사찰했다고 말한다. 김관섭 씨는 한국 사회에서 한 번 간첩으로 의심받으면 낙인이 찍힌 것처럼 영원히 자유를 빼앗긴 채 살아가게 된다고 주장했다. 그의 이런 주장을 단순히 피해의식이라고 보기는 어렵다. 비슷한 이야기를 하는 다른 탈북민들도 많기 때문이다.

김관섭 씨는 4,000회가 넘는 안보 강연을 다니면서 안보의식 고취에 기여했다는 공로로 국민훈장 석류장(1992년)을 수상하고, 민주평화통일자문회의 위원으로서 평화통일 기반 조성 및 국가사회 발전에 기여한 공로로 대통령 표창(1999년)을 받기도 했다.

1970년대 말에는 김관섭 씨처럼 군사 정보를 제공한 귀순자들에게 보훈 대상자에 준하는 대우를 해준다는 증서를 주었는데, 1993년 6월에 귀순북한동포보호법이 제정되어 담당부서가 국가보훈처에서 보건복지부로 바뀌면서 이 증서가 무효화되었다.* 김관섭 씨는 2007년에 국가인권위원회에 보훈 자격이 회복되도록 해달라고 진정서를 제출했다가 기무사의 회유로 진정서를 취하했다고 말했다. 그는 2015년 8월에 국가배상청구소송을 청구했으나 권리 행사를 하려고 시도한 적이 있기 때문에 채권 소멸시효가 지났다고 해서 소송이 각하되었다. 그후 재판부가 변호인 측의 변론 재개 신청을 받아들여 다시 소송이 진행 중이다. 김관섭 씨는 민들레에서 시작한 국가폭력 피해자 법률 지원 사업의 첫 번째 수혜자다. 김관섭 씨는 비록 소송에 지더라도 자신이 국가폭력의 피해자였다는 사실을 계속해서 증언하겠다고 했다.

---

*   1962년 4월 국가유공자 및 월남귀순자 특별원호법이 제정되었다. 탈북이주민은 '귀순자'로 불렸고, 국가유공자와 동등한 지위를 부여해 국방부 산하 원호처가 이들을 맡아 원호대상자로 우대했다. 1979년 1월부터 시행된 월남귀순용사 특별보상법은 북한이탈주민에 대한 보상과 원호를 더욱 강화했다. 김영삼 정부는 1993년 6월에 귀순북한동포보호법을 제정하고 담당부서를 국가보훈처에서 보건복지부로 바꿨다. 탈북민의 지위를 '국가유공자'에서 '경제 난민'이자 '생활보호대상자'로 전환한 것이다.

그는 평생 '멸북'을 외치며 안보 강연을 다닌 사람으로서 국가관이 매우 복잡하게 형성되어 있다. 소위 극우보수주의자로 애국자를 자처하며 대한민국에서 평생을 살아온 사람이 국가를 상대로 '인권 유린'을 보상해달라고 저항하는 것이 기이하게 보일 정도다. 김관섭 씨는 40년이 더 지난 고문 사실을 입증하기 어렵다는 사실도 잘 알고 있다. 그러나 그는 공소 시효가 지났다는 말에 동의할 수 없어서 죽기 전까지 싸우겠다며 다음과 같이 덧붙였다.

　선진국에서도 고문과 인권 유린은 공소 시효가 없다는 소리를 여러 번 들었거든요. 우리 대한민국도 선진국이라고 보는데 이 부분에서는 후진국이라고 봅니다.

　　　　　　　　　　　　　　탈북 마케팅

2.

고난의 행군과
북한이탈주민

1990년대부터 달라진 북한이탈주민 지원 정책

북한에서 살다가 한국으로 온 사람들에 대한 정부의 지원은 1962년 4월에 국가유공자 및 월남귀순자 특별원호법이 제정되면서 체계를 갖추었다. 한국은 그들을 귀순자로 부르면서 원호대상자로 우대했다. 1970년대까지의 북한이탈주민은 대부분 군인 신분이었다. 1979년 1월부터 시행된 월남귀순용사 특별보상법은 군인이 아닌 북한 주민도 귀순용사로 간주해서 국가유공자에 준한 보상과 원호를 하도록 규정했다. 1987년에 입국한 김만철 씨 가족 11명이 이 제도의 혜택을 받았다. 북한이탈주민을 '자유를 찾아 귀순한' 사람으로 간주해서 체제의 우월성을 선전하기 위한 것이었다.

김영삼 정부 시절은 1993년 6월에 귀순북한동포보호법을 제정하면서 탈북민에 대한 지원체계는 완전히 다른 양상을 띠게 되었다. 이때부터 탈북민의 지위는 국가유공자에서 생활보호대상자로 바뀌고 정착지원금을 대폭 내렸다. 김영삼 정부는 대북관계를 개선하겠다는 의지가 약했던 만큼 탈북민에 대한 지원에도 소극적이었다. 1980년대 말부터 북한의 경제 사정이 악화되어 1990년대부터 탈북민에 대한 인식이 귀순용사가 아닌 경제 난민으로 바뀐 탓도 있었다.

김영삼 정부 말기인 1997년 1월에 북한이탈주민의 보호 및 정착지원에 관한 법률(북한이탈주민법)이 제정되었다. 1998년 2월에 출범한 김대중 정부는 대북관계 개선에 적극적으로 나섰고, 북한이탈주민에 대한 지원정책을 크게 확대했다. 1,500만 원 수준이던 정착지원금을 3,700만 원으로 늘렸고 1999년에는 탈북민의 정착을 돕기 위해서 하나원을 열었다. 소위 '고난의 행군'이라고 불리는 북한의 경제위기로 인해 탈북민의 숫자가 대폭 늘어나면서 탈북민에 대한 한국 정부의 지원정책도 수정될 수밖에 없었다.

고난의 행군에 대한 기억

북한 사회의 '고난의 행군'은 언제부터 시작되었을까? 흔히 알려진 바로는 1994년 7월 8일에 김일성 주석이 사망하고 김정일 위원장이 권력을 승계한 후, 1995년과 1996년의 대홍수, 그리고 1997년의 심각한 가뭄 등 3년 연속으로 이어진 자연재해로 북한의 경제적 기반이 뿌리째 흔들리면서 1990년대 후반부터 고난의 행군 시대로 들어섰다고 한다. 그러나 탈북민들과 대화를 나눠보면 실제로 1980년대 후반부터 경제난이 시작되고 1992년 무렵에는 배급이 끊겼다고 하는 사람도 있다.

2018년 12월 13일, 조정순 씨를 그의 아들 홍강철 씨와 함께 인터뷰했다. 조정순 씨는 2004년에 생계가 막막해서 돈을 벌기 위해 국경을 넘었다고 했다.

필　자　어머니는 언제 중국에 가셨어요?

조정순　2004년에. 아들 삼형제가 다 군대 나갔는데 맏이[홍강철]와 둘째가 제대되어 왔는데 남편도 없지, 생활이 곤란하고 하니까 중국에 갔어요.

필　자　아버님은 언제 돌아가셨어요?

홍강철　1996년 고난의 행군 때 돌아가셨습니다.

필　자　고난의 행군이라고 부르는 게 96년부터예요?

홍강철　1995년. 사람에 따라 다르지만 대체로 그때부터는 다 어려웠습니다.

조정순　1992년부터 배급이라는 거 안 줬습니다. 그때는 아들들이 다 군대 가고 없는데.

필　자　그럼 92년부터 경제가 무너졌나요?

조정순　그때부터 완전히 무너졌습니다. 아들들이 다 군대 가고 남편하고 나하고 막내하고 셋이 좀 있다가 막내도 군대 가고 이랬습니다. 맏이가 제대되어서 오니까, 그때 군대 12년 복무하지?

홍강철　만 12년, 햇수로 13년 복무합니다.

필　자　제대해서 취직하나요?

조정순　네, 취직합니다. 금세 취직하는 것도 아니고 취직해도 배급이 안 나오고 그러다나니까 남편도 없지 배급도 중단됐지, 아들들이 제대되어 오니까 할 수 없어서 중국에 친척이 있어서 중국에 가서 도움받아서 오면 며느리 데리고 장사하면 살 수 있지 않을까 해서 중국 갔단 말입니다. 증명서를 떼가지고, 증명서도 조선[북한]에선 마음대로 떼 아니 줍니다.

필　자　[중국에서] 가사도우미처럼 가사도 돌보고 아이들도 돌 보고 그러셨단 말이죠?

조정순　네, 그렇게 하면서 돈 벌었는데, 연길에서.

필　자　그렇게 하면 수입이 좀 되나요?

조정순　수입이라는 게 처음에 들어가니까 500원[위안] 줍디다, 중국 돈으로.

필　자　500위안, 그게 북한에서는 쓸 만한 돈인가요?

조정순　아니 됩니다. 아들 금세 제대했으니까 장사할 줄도 모 르고 사회와 다르니까, 오자마자 500원[위안] 타는 것 도 매달 보내줬습니다. 그래야 먹고살지 돈이 없이 못 산다 말입니다, 조선에서. 그래서 고조 원래 내가 올 때 는 중국 돈 5,000원[위안]만 벌면 오겠다 이랬단 말입 니다. 아이들하고 약속은 그랬는데 버는 족족 500원[위 안] 버는 것조차 계속 보내다나니까 집에 못 갔지. 그러 다나니 불법이 됐단 말입니다.

홍강철　기일이 지나니까 불법체류가 된 거지.

필　자　아, 중국에서?

홍강철　그래서 돌아오기 힘들었던 겁니다.

탈북 마케팅

고난의 행군 시대에 북한을 떠난 사람들

1980년대 후반으로 접어들면서 소련과 동유럽의 사회주의 국가들이 붕괴하기 시작하면서 북한 경제가 급격하게 기울었다. 사회주의 경제 블록이 무너진 것이다. 서로 돕는 차원에서 원자재와 상품들을 싸게 거래하는 사회주의 국가들 간의 관행이 사라졌다. 강력해진 미국의 경제 제재는 북한 경제를 곤경에 빠트렸다. 중국이 싼 가격에 북한에 공급하던 원유 값을 급격하게 올린 것도 북한 경제에 큰 타격을 주었다. 1990년대 중반 이후 김일성 주석의 사망과 자연재해가 겹치면서 북한의 사회·경제 기반이 뿌리째 흔들리기 시작했다.

1970년대까지는 북한의 국민소득이 한국보다 높았다. 사회주의 국가들 사이에서 북한은 사회주의 성공 사례로 알려져 다른 나라들이 북한의 사회·경제 모델을 벤치마킹할 정도였다. 그러다가 1980년 김일성 주석이 노동당대회에서 '고려민주연방공화국창립방안'을 제안한 것은 1980년대 들어 남북 간의 경제력에서 남한이 북한을 앞서가기 시작한 것과 무관하지 않다. 남과 북이 서로 다른 체제를 유지하는 연방제 형태로 통일하자는 것은 그 이전까지의 무력 적화 통일 목표를 철회했다는 뜻이다. 경제력이 뒷받침되지 않으면 무력으로 통일을 이루기 힘들다는 것을 인정한 셈이다.

실제로 대부분의 탈북민들은 김일성 주석이 건재하던 1970년대와 1980년대까지의 북한 사회는 사회주의 체제가 잘 작동하는 살기 좋은 나라였다고 기억한다. 그들은 고난의 행군이 닥치지 않았다면 고향을 떠나는 일은 없었을 거라고 말한다.

중국에 있다가 조정순 씨와 함께 한국에 온 김성실 씨는 한국에 와서 홍강철 씨와 결혼했다. 2019년 1월 23일에 김성실·홍강철 씨 집에서 두 사람을 인터뷰했다. 이 자리에는 김성실 씨와 함께 탈북한 함흥시 출신인 김성실 씨의 고향 친구도 함께 있었다. 김성실 씨가 처음 북한을 떠난 것은 1998년이었다. 그때 그의 나이는 열일곱, 고등중학교를 막 졸업했을 때였다. 김성실 씨는 1992년부터 배급이 끊겼다는 조정순 씨와는 다르게 1997년부터 배급이 끊겼다고 말했다. 김성실 씨가 처음 북한을 떠나 중국으로 간 이후 그의 부모 형제가 모두 사망했다.

필　자　그럼 성실 씨가 처음 떠날 때는 가족들이 다 있었는데 지금은 다 없는 거예요?

김성실　네. 98년도에 제가 중국에 넘어오면서 아버지하고 작은오빠가 다 돌아가셨어요. 그리고 큰오빠 하나 있었는데, 언제 사망했는지 모르고, 엄마는 16년도에 사망됐고.

필　자　그럼 아버지는 직업이 뭐였어요?

김성실　아버지가 함흥의 용성기계공장에서 압연공 했어요.

필　자　그게 뭐예요?

김성실 철물 녹이고 하는 거예요. 힘든 일이죠.

필 자 그때 그럼 편찮으셨어요?

김성실 네, 좀 아프기도 했어요. 우리 아버지, 엄마는 고지식하
고, 우리 엄마는 부인으로 살았으니까 장사라는 건 몰
랐던 거예요. 그러니까 그냥 국가에서 배급 내주는 거
먹고살다가 갑자기 고난의 행군 들이닥치니까, 장사 못
하고 배급 떨어지니까 어쩔 수 없잖아요.

필 자 배급 안 나온 게 언제부터였어요?

김성실 그게 한 95년도부터 안 나왔던가? 97년도 그때 배급
없었어요. 그때가 제일 북한 사람들이 많이 굶어 죽
고……. 그때가 제일 힘들었어요. 먹는 것도 안 됐죠. 거
의 굶어 죽다시피 했으니까.

필 자 함흥에서도?

김성실 함흥에서도 굶어 죽는 사람 그때 많았어요. (친구: 함흥
이 제일 많았어요.)

필 자 그래요?

김성실 온 데, 그저 역전이나 길바닥 가면 그때는 죽은 사람 흔
히 봤거든요. 지금은 그런 거 없어도. 저 넘어올 때는 정
말 힘들었어요.

필 자 그럼 그 전까지는 어땠어요? 북한에서 사는 게?

김성실 그때는 좋았죠. 어린 시절에 북한에서는 식량 내주고,
식료품, 수산물, 공업품 이거 다 내주고, 학교 가면 교복
내주고.

김성실 아이들은 걱정할 일 없고 아버지가 공장에 나가서 일하면 엄마는 집에서 부양으로 이렇게 해가지고 쌀표 다 나오니까.

필 자 어머니는 일 안 하셨어요?

김성실 네. 엄마는 일 안 해도 돼요.

필 자 그냥 주부로?

김성실 네, 그럼 이렇게 쌀표라는 거 나오거든요. 그렇게 해서 식량 타거든요. 배급소 가면.

필 자 그럼 김일성 주석 사망하기 전까지는 다 괜찮았군요.

김성실 네, 잘살았어요. 그리고 김정일이 올라와가지고 김일성이 94년도에 서거했던가? 그거 지나가지고 95년도 96년도 시작하면서 힘들었거든요.

필 자 중국으로 가기 전에는 성실 씨도 뭐 하고 싶은 게 있었을 거 아녜요?

김성실 그렇죠. 학교 다닐 때는 엄마가 동맥경화증이라고 심장이 나빴어요. 갑자기 어떤 때 텔레비전 보다가도 숨을 못 쉬어가지고, 심장 두드리고 의사들 오고 그랬거든요. 그때는 공부 좀 잘해서 의사도 되고 싶고 대학도 가고 싶고 군대도 가고 싶고 꿈이 많았어요, 저는. 그런데 고난의 행군 때, 97년도 98년도가 오빠들은 군대 나가고 부모님은 장사라는 건 모르는 거예요. 내가 학교 다니면서 빵 같은 거 팔고 이렇게 했어요.

필 자 그때 벌써?

김성실 군대 안 간 오빠 친구들을 거리에서 만나면 부끄러워 가지고 막 빵 그릇 가지고 다른 데 숨고 그렇게 했어요. 그때 공부 잘 못한 거지요. 6학년을 잘 못 다녔어요.

필 자 학교 다니는 거보다 살아야 되니까.

김성실 그때는 먹고살아야 되니까. 학교 때 저도 공부 잘했거든요. 4학년 때까지 학급 반장도 하고 이랬는데 집이 갑자기 못살고 이러니까, 엄마하고 우리 아버지는 자꾸 몸이 안 좋고 아프니까 내밖에 없어요. 내가 뭐 회사 다니면서 군속 장사*도 하고, 그렇게 해가지고 아껴가지고 집에서 사탕, 빵 같은 거 많이 팔았거든요. 그렇게 해서 하루하루 때를 이으면서……. 그때는 그렇게 힘들었어요.

필 자 어린 청소년들도 일해서 식량을 구해야 하는 그런 시기였네요?

김성실 네, 그때는 아이들도 그런 게 많았어요. 저보다 더 어린 아이들도.

필 자 오빠 둘에다가 딸이니까 집에서 귀염받으면서 자랐을 거 아니에요?

김성실 네, 그때는 뭐 집에 딸 하나고 막내고 하니까 우리 엄마가 솔직히 설거지도 안 시키고 딸이라고 귀하게 컸죠.

---

* 군대에서 일하는 민간인들이 군인들로부터 사들인 물품을 구해서 되파는 일.

국가가 더 이상 국민을 지키지 못하던 시절

경제위기가 닥치면서 국가가 국민들의 삶을 전적으로 보장해주는 사회주의 체제의 안전망이 무너지자 사회주의 체제에 충실했던 사람들이 가장 큰 타격을 받았다. 김성실 씨의 부모님이 그런 사람들이다. 김성실 씨가 '고지식하다'고 표현하는 부모님은 배급이 끊겼는데도 '장사' 같은 것은 할 엄두를 내지 못했다. 두 오빠는 군대에 나가 없고 우리나라로 치면 겨우 중학교 3학년, 고등학교 1학년에 불과한 김성실 씨가 자기 자신과 부모까지 먹여 살리기 위해 거리로 나섰다는 것이다.

홍강철 씨는 김성실 씨가 전형적인 '함흥 얄개'라고 했다. 무슨 뜻이냐고 했더니 함흥 여자들이 벌차다고 해서 붙여진 별명이란다. 벌차다는 것은 활발하고 세다, 생활력이 강하다는 뜻이라고 한다. 김성실 씨는 함흥 얄개답게 자기와 가족들을 위해 생활전선에 나섰다가 급기야 더 큰돈을 벌기 위해 국경을 넘어 중국으로 가게 된다. 중국 식당에 취직하면 한 달에 1만 위안을 벌 수 있다는 브로커의 말을 그대로 믿어버렸다. 당시 쌀 한 말이 100위안 하던 때였으니 뿌리치기 힘든 유혹이었다.

1998년 5월에 국경을 넘은 김성실 씨는 인신매매 브로커의 손으로 넘어가고 중국 흑룡강성까지 끌려가 브로커에게 돈을 지불한 조선족 남성과 결혼하게 된다. 열일곱 살을 스무 살이라고 속이라고 해서 그렇게 했다. 열네 살 연상의 생면부

지 남성을 만나 딸 하나를 낳고 8년을 살다가 한국행을 결심하고 내몽고 국경을 넘으려 했다. 그러다 중국 공안에 적발되어 북으로 송환되고 3년간 노동교화소에서 징역을 살게 된다. 노동교화소에서 나와 다시 북한을 탈출해 중국으로 가서 절강성에서 5년간 살다가 한국행을 결심하고 2016년 3월에 중국을 떠나 한국으로 왔다. 중국 쿤밍에서 조정순 씨를 만나 태국까지 같이 오는 중 나이 많은 조정순 씨를 친엄마처럼 돌봐주었고 그 인연으로 조정순 씨의 아들인 홍강철 씨를 만나 결혼하게 되었다.

고난의 행군과 북한의 변화

다음은 홍강철 씨가 한 언론사에 기고한 글이다.

당과 수령만을 절대적으로 믿고 따르던 북한 사람들의 사고방식은 1990년대 중반 '고난의 행군'을 기점으로 상당히 변했다. 아사餓死를 겪으면서 당과 수령이 만능이 아니라는 것을 깨달았다. 자신도 굶어서 움직일 수 없는데 옆에 누워 있는 가족이 죽어가는 것을 보는 사람의 심정이 얼마나 비참하겠는가. 지금 살아 있는 북한 사람들은 그런 시절을 겪은 이들이다. 1996년 봄 수많은 아사자가 생겨나는 것을 보고 허리띠를 졸라매고

칡뿌리를 캐 먹으면서 산에 올라가 화전을 일구고 식량을 자급자족한 이들은 이듬해부터 굶지 않았다. 이때 장사에 눈이 튼 사람들은 2009년 화폐교환* 때 폭삭 망하기도 했지만 장사로 다시 일어나 지금도 잘산다. 북한 사람들은 수뇌부가 핵을 절대로 포기하지 않으리라는 것을 잘 알기에 '제2의 고난의 행군' '제3의 고난의 행군'을 마음속으로 준비한다. 그래서 북한 돈이 아닌 달러화나 위안화를 깔고 앉으려 한다.**

고난의 행군 시절을 지나면서 북한 사람들은 사회주의 체제에 대한 강한 믿음을 잃어버렸다. 그들은 자력갱생·각자도생이라는 생존의 법칙을 깨닫게 되었다. 시장경제의 원리를 터득했고 돈의 중요성을 깨달았다. 물론 아직도 북한은 사회주의 경제 체제를 유지하고 있다. 그러나 주민들이 체제 바깥에서 경제활동을 하고 사유재산을 늘리는 것을 일정하게 인정해주고 있다.

---

* 북한에서 2009년 11월 30일 오전 11시부터 기습적으로 자신들의 화폐인 북한 원에 대해 벌인 '화폐개혁'. 구체적인 내용은 11월 30일부터 12월 6일까지 구권 100원을 신권 1원으로 교환하는 것이다. 교환 자체는 인플레이션을 막기 위한 수단으로써 전혀 문제가 없지만, 교환 가능한 금액을 세대당 10만 원으로 한정하고, 나머지 금액은 은행에 맡겨야 하는 이상한 규칙이 북한 사회에 상당한 충격과 공황을 발생시켰다. 그리고 이 사건으로 인해 북한 주민들은 자기 나라 돈을 더더욱 믿지 못하게 되었다.

** 홍강철, 〈간첩 누명 벗은 北국경경비대 홍강철 상위 수기〉, 《신동아》, 2018년 1월 28일 자, https://shindonga.donga.com/3/all/13/1195405/1.

고난의 행군 시절을 건너온 북한 사람들의 입장이 다 같은 것은 아니다. 김성실 씨의 부모님처럼 장사 같은 건 할 엄두도 내지 못하고 건강까지 좋지 않아 어린 딸이 학교도 못 가고 장사해서 벌어온 돈으로 입에 풀칠할 수밖에 없었던 사람들도 있었지만 그렇지 않은 사람들도 있었다.

3.

탈북민
3만 명 시대

북한이탈주민 국내 입국이 줄었다

1990년대 후반의 경제위기를 겪으면서 수십만 명의 북한 주민이 중국으로 나왔고, 그중 일부가 한국으로 오게 되었다. 통일부 자료에 의하면 2020년 12월까지 한국에 온 탈북민의 숫자는 총 3만 3,752명으로 집계되어 있다. 탈북민의 수는 2000년대 이후 지속적으로 증가하여 2006~2011년에는 연간 입국 인원이 2,000명~3,000명 수준에 이르렀으나, 2012년 이후 입국 인원이 점차 줄어들어 연간 평균 1,300명대로 감소했다. 2019년도에는 1,047명이 입국했다.[*]

2011년 12월 17일 김정일 국방위원장이 사망한 뒤 집권한 김정은 국무위원장은 "다시는 인민들이 허리띠를 졸라매지 않고 사회주의 부귀영화를 누리게 하겠다"라고 선언했다. 2012년 이후 탈북민의 숫자가 줄어든 것이 북한의 이런 사회 변화와 무관하지 않다고 보는 사람들도 있다. 북한에 있는 가족들과 연락을 취하고 있는 탈북민들의 이야기를 들어보면 최근 몇 년간 북한의 경제 상황이 호전된 것은 사실이다. 북한 전문가들은 북한이 과학기술과 산업 간의 연계성을 높여 현장 중심의 과학기술을 발전시킴으로써 국제 사회의 경제 제재 속에서도 최근 몇 년간 착실하게 경제 성장을 이루고 있다고 진

---

[*] 통일부 홈페이지 참조. https://www.unikorea.go.kr/unikorea/business/NKDefectorsPolicy/status/lately/.

단한다. 과학기술의 발전이 생산방식을 바꾸어 생산력을 높이고 있기 때문이라는 것이다. 한 북한 전문가는 북한이 경제 제재만 해결된다면 매년 15퍼센트의 급격한 경제 성장을 할 것으로 예상한다.*

탈북민의 수가 줄어든 것은 한국 사회에서 탈북민에 대한 차별과 배제가 심하고, 무한경쟁의 전쟁터 같은 자본주의 체제에 적응하기 힘들다는 것을 북한 주민들이 더 많이 알게 되었기 때문이라고 보는 의견도 있다. 2014년의 유우성 사건과 홍강철 사건 등 탈북민에 대한 간첩 조작 사실이 밝혀지면서 한국에 대한 경계심이 생긴 탓도 있을 것이다. 어쨌거나 탈북 마케팅을 하는 국정원의 입장에서 보면 한창 때보다 실적이 저조해진 것이 사실이다.

여성 탈북민이 늘어난 이유

〈표 1〉을 살펴보면 2002년부터 탈북민의 여성 비율이 남성을 앞서기 시작해서 점차 압도적으로 여성 탈북민의 비율이 높아진 것을 알 수 있다. 이런 현상이 일어나게 된 원인은 고난의 행군 이후로 여성들이 가정 경제를 책임지고 가족들을 먹여 살리기 위해 나섰기 때문이다. 조정순 씨와 김성실 씨가

---

*   서의동, 《다음 세대를 위한 북한 안내서》, 너머학교, 2018 참조.

〈표 1〉 북한이탈주민 입국 현황(2021년 3월 통일부 자료)**

구분	~'98	~'01	'02	'03	'04	'05	'06	'07	'08	'09	'10
남	831	565	510	474	626	424	515	573	608	662	591
여	116	478	632	811	1,272	960	1,513	1,981	2,195	2,252	1,811
합계	947	1,043	1,142	1,285	1,898	1,384	2,028	2,554	2,803	2,914	2,402
여성비율 (%)	12.2	45.8	55.3	63.1	67.0	69.4	74.6	77.6	78.3	77.3	75.4

구분	'11	'12	'13	'14	'15	'16	'17	'18	'19	'20	합계
남	795	404	369	305	251	302	188	168	202	72	9,435
여	1,911	1,098	1,145	1,092	1,204	1,116	939	969	845	157	24,317
합계	2,706	1,502	1,514	1,397	1,275	1,418	1,127	1,137	1,047	229	33,752
여성비율 (%)	70.6	73.1	75.6	78.2	80.3	78.7	83.3	85.2	80.7	68.6	72.0

둘 다 여자들이 '장사'를 해야 먹고살 길이 생긴다고 믿었다는 사실에 주목할 필요가 있다. 사회주의 경제 체제를 지탱하던 배급제도가 무용지물이 되자 자력으로 살아남아야 하는 북한 주민들 사이에서 자연스럽게 '시장경제'의 원리가 작동하게 된 것이다. 당시 경제가 무너진 북한에서 장사를 하기 위해서는 국경 너머 중국을 쳐다볼 수밖에 없었다는 점도 그들의 이

**   통일부 홈페이지 참조, https://www.unikorea.go.kr/unikorea/business/NKDefectorsPolicy/status/lately/.

야기 속에서 유추해볼 수 있다.

조정순 씨는 장사 밑천을 만들기 위해서 중국에서 가사도우미로 일했고, 김성실 씨는 인신매매 브로커에게 팔려 매매혼을 당하고 나서도 몇 년 후 다른 지방에 가서 식당 일을 하면서 돈을 벌었다. 사회주의의 우산 밑에서 살던 여성들이지만 위기 상황이 되자 자기 힘으로 돈을 벌어 가족을 부양해야 한다는 생각에 그렇게 행동했던 것이다.

배지윤 씨 역시 북한에서 가족을 부양하려고 장사를 했다. 농장에 다니는 남편의 배급으로는 아들 둘과 4인 가족이 먹고살기 힘들어서 2001년부터 장마당에서 장사를 시작했다. 그는 자전거를 하나 사서 자기 동네 사람이 농사지은 채소를 시장에 갖다 팔았다. 그렇게 장사를 해도 먹고살기는 점점 힘들어졌다.

그가 살던 회령에서 두만강을 건너다보면 중국 마을이 있었다. 당시에는 몰랐지만 옆집에 살던 여자의 시누이가 탈북 브로커로 일하고 있었다. 그 마을에 가서 가사도우미를 하면 한 달에 북한 돈으로 8만 원, 중국 돈으로 400위안을 벌 수 있다는 옆집 여자의 말에 넘어갔다. 당시 북한에서는 한 달에 중국 돈 100위안만 벌어도 먹고살 수 있었다. 강 건너 빤히 보이는 마을에 가서 일한다는 점이 경계심을 풀게 한 것도 있었다. 배지윤 씨는 남편에게 중국에 가서 1년만 일해서 돈을 벌어오겠다고 했다. 그렇게 해서 그는 2003년 12월에 국경을 넘었고 김성실 씨처럼 인신매매 브로커에게 넘겨졌다. 북한에서

탈북 마케팅

경제위기가 닥치자 왜 여성들이 생계를 책임지기 위해 나설 수밖에 없었을까? 이 부분에 대해서 배지윤 씨의 이야기를 들어보았다.

필 자 그렇게 가정 경제가 어렵고 하면 남편이 해결하는 게 아니라 부인이 해야 돼요? 조선에선 다 그래요?

배지윤 다 그래요. 북한에서 여자는 대학도 필요 없고 시집만 잘 가면 그게 오히려 대학 열 개 나온 거보다 낫다고 얘기를 하거든요. 한국 아줌마들 말하는 것처럼 남편 등이나 쳐먹으며 살려면 정말 건강가정 만나지 않으면, 간부 가족을 만나야 되는데 저는 출신 성분이 나쁘니까 시집갈 때 간부 가족 같은 건 차례 안 질 게 확실하죠.

필 자 남편분은 계층이 나쁜 건 아니잖아요.

배지윤 저에 비하면 성분이 좋죠. 그런데 간부가 아닌 이상은 토대 가지고 성분 가지고 이야기할 건 아니고요. 저희는 월남자 가족이었지만 할아버지가 해방 전에 나왔지 전쟁 때 나온 게 아니니까 월남자 가족에서 해명이 되긴 됐죠.

필 자 해명이 되면 도로 신분 회복이 되는군요.

배지윤 되죠. 그래도 저희들은 여전히 출신 성분은 좋은 건 아니잖아요. 아버지가 한국 사람이니까. 그게 나쁘니까 좀 꺼리는 경향이 항상 따라다니죠.

필 자 그러면 북한에서는 우리가 생각하는 서민 가정 같으면 경제 문제를 여자들이 다 그렇게 풀어요?

배지윤 다 풀죠. 다 여자들이 나가 앉아 장사해서 먹고살아요.

필　자 다 그렇다고요?

배지윤 그거는 우리 하나만이 아니고 모든 가족이 다 그렇게 사니까.

필　자 그게 이제 우리 한국 사람들이 보기에는 제일 이상한 점이거든요. 여자들이 가정 경제를 책임져야 한다는 게 중국도 그런가요?

배지윤 아니죠. 중국은 남자들이 나가 벌죠. 북한은 왜 그렇다고 봐야 되지? 왜 그런가 하면 이제 그 조직화가 되어 있잖아요. 남편은 당원이고 저는 당원이 아닌 거예요. 당원인 사람은 일도 안 나가고 하면 엄중하게 보거든요. 생활총화에서 깨지고.

필　자 먹고사는 일 말고 해야 되는 게 많군요?

배지윤 남자들이 조직생활 때문에, 군대생활도 길고, 군대생활 무조건 10년 이상이고 만약의 경우 내가 당원인데 일 안 나가면 영 이상하게 봐요. 그게 싫으니까.

필　자 그러다보니까…….

배지윤 저는 당원 아니었잖아요. 당원 아니면 개인적인 일을 해도 괜찮은데 당원은 그런 게 있더라고.

　　배지윤 씨의 이야기를 들어보면 남자들은 우선 군대생활을 10년 이상 해야 하고, 군에서 제대하고 취업을 하더라도 국가가 요구하는 조직생활을 해야 하기 때문에 여자들처럼 '장사'라도 해볼 시간이 없다는 것이다. 생계를 위해 하는 일이라 하더라도 장사는 사회주의 체제의 규율을 어기는 일이라서 특히 당원인 사람은 나서기 어렵다는 점도 있다. 배지윤 씨처럼 당원이 아닌 여성들은 그런 점에서 외려 자유롭다는 것이다. 군대생활을 10년 이상 하고 나온 남자들은 국가에서 직장에 배치해주고 배급이 꼬박꼬박 나오던 시절에는 별 문제 없이 살 수 있었으나 자기 힘으로 먹고살 길을 찾아야 하는 상황에서는 무기력할 수밖에 없다. 이런 점은 조정순 씨도 지적한다. 아들 셋이 다 제대해서 나오더라도 먹고살 길이 막막해서 자신이 중국으로 돈 벌러 나갔다고 증언하고 있으니 말이다.

조금이나마 밑천을 마련할 수 있는 여성들은 북한 내에서 장사를 해서 돈을 벌었다. 사실 중국으로 갔다가 한국으로 오게 된 탈북민 여성들도 하나같이 돈을 벌어서 장사 밑천을 마련하려 했다고 말한다. 장마당이라는 것이 자생적으로 생겨나기 시작했고, 지금은 북한 당국이 인정한 대형시장이 전국에 400개 이상이나 된다. 2012년에는 평양에 '광복지구상업중심'이라는 대형마트가 등장했다. 국가가 현대적인 대형마트와 전문 상점을 대거 건설해서 민간 시장을 자연스럽게 축소하는 방향으로 정책을 바꾸었다. 이런 대형마트와 전문 상점은 정부에서 운영하는 것이다. 주민들이 갖고 있는 외화를 정부에서 흡수해 국가재정을 튼튼하게 하고 물가 안정을 이룬다는 정책이다. 지금 북한은 사회주의 체제 안에 시장경제를 끌어들여 양쪽의 조화를 꾀하려고 노력하는 단계다.

북한 사회는 출신 성분에 따라 세 가지 계층으로 나뉘는데, 핵심계층, 동요계층, 적대계층이 그것이다. 일제강점기와 해방 이후부터 한국전쟁까지 어떤 계급에 속해 있었고 무슨 일을 했는지가 기준이다. 핵심계층은 일제강점기에 지하운동을 했던 항일 빨치산 가족과 한국전쟁에 참전했던 군인 가족과 노동자, 농민 등이다. 동요계층은 중소상인, 수공업자, 월남자 가족, 민족자본가, 중국과 일본 귀환민 등이 포함된다. 적대계층은 대지주, 친일파, 부역자 등이다.

북한 정권을 수립하는 데 핵심 역할을 했던 사람들과 기층계급이 핵심계층이 되는 것이다. 항일투쟁을 한 세력들과 한국전쟁에서 싸우다 전사한 군인 가족들을 우대하는 것은 북한 정권으로서는 당연한 것일 수 있다. 사회주의 국가를 표방하고 있는 만큼 노동자·농민을 존중하는 것도 그들로서는 당연하다. 이들 핵심계층은 노동당 당원이 되기 쉽고 평양에서 거주할 권리가 주어진다. 반면 적대계층은 대학 진학도 쉽지 않고 일부는 군대에도 갈 수 없다. 카스트제도가 있는 인도처럼 태어날 때부터 출신 성분에 따라 차별을 받는 것이니 보편적인 인권의 기준에서 본다면 '반인권국가'라는 비판을 받을 수 있다.

배지윤 씨의 할아버지는 경상북도 경주에서 태어나 한국전쟁 전에 북한으로 이주했다. 일제강점기에 철도 노동자로 일하러 왔다고 한다. 가족 중에 남한으로 내려간 사람이 있는 월남자 가족과 마찬가지로 남한에서 이주한 사람들 역시 대체로 출신 성분이 썩 좋지 않은 것으로 간주되어 동요계층에 속했다. 배지윤 씨가 태어난 자강도 만포는 오지 중의 오지였다고 한다. 배지윤 씨는 자강도 처녀들의 구호가 '개고개를 넘자'였다고 말한다. 개고개는 자강도에서 다른 고장으로 나가려면 꼭 넘어야 하는 큰 재를 말한다. 배지윤 씨는 개고개를 넘어 회령으로 시집갔다. 자신보다는 출신 성분이 좋은 지영강 씨를 만나 결혼해서 아들 둘을 낳고 고난의 행군이 닥치기 전까지는 그런대로 잘 살았으나 생활고를 해결하기 위해 국경을 넘었다가 완전히 운명이 바뀌고 말았다.

배지윤 씨는 중국에서 결혼한 남편과 살면서도 북한에 있는 가족들을 돕기 위해 돈벌이에 나섰고, 자기가 번 돈으로 큰아들을 탈북시켜 한국으로 보내고 작은아들과 남편 지영강 씨까지 한국으로 보냈다. 이제 그녀 자신도 한국에 와 있다.

북한의 시장경제를 이끌어낸 여성들의 경제활동

현재 북한에는 시장경제가 존재하는가? 대부분의 북한 전문가들이 그렇다고 말한다.

러시아인 북한 전문가 안드레이 란코프의 지극히 신중한 관찰에 따르면 북한 국내총생산GDP의 25~50퍼센트가 민간 부문에서 나온다고 한다. 이런 수치라면 경제학자 애덤 스미스도 시장경제의 탄생을 선언할 수 있을 것이다.*

앞에서 살펴본 바와 같이 북한 여성들의 역할은 북한에서 시장경제가 출현하는 데 결정적인 역할을 했다. 배급이 끊기고도 직장에 나가야 했던 남성들을 대신해서 여성들이 생계를 해결하기 위해 나섰다.

안드레이 란코프와 김석향(이화여대 통일학연구원장)이 행한 조사에 따르면, 여성은 북한 경제인구의 80퍼센트를 차지한다.**

여성들은 농장이 소유하지 않은 작은 땅을 찾아 일구었고, 거기서 생산한 농산물의 가격을 정하고 협상하고 팔아서 이익을 남겼다. 위험을 무릅쓰고 국경을 넘어 중국에 가서 물건을 구해다가 장마당에서 팔기도 했다. 돈을 벌어서 장사 밑천을 마련하려고 중국으로 건너갔다가 김성실 씨나 배지윤 씨처럼 인신매매 조직에게 팔려서 운명이 완전히 바뀐 사람들도 있지만 그렇지 않은 사람들은 북한에서 시장경제가 탄생하는

---

*   쥘리에트 모리요·도리앙 말로비크, 《100가지 질문으로 본 북한》, 조동신 옮김, 세종서적, 2018, 231쪽.

**   같은 책, 228쪽.

데 큰 역할을 담당했다.

　　중국 연변에 사는 조선족이나 일제강점기에 하와이로 끌려갔던 조선 사람들, 하바롭스크 등지에 사는 조선 사람들을 보더라도 경제적 기반이 없는 어려운 가정경제를 이끌고 가는 것은 대체로 여성들임을 볼 수 있다. 한국전쟁 이후에 남한에서도 많은 여성들이 가족들을 먹여 살리기 위해 광주리를 이고 장사하러 나섰다. 남편이 무능하거나 시대적 상황이 좋지 않아 다른 생계수단이 없으면 시장에 나가 좌판을 벌이고 노점을 해서 가족들을 먹여 살리는 한국 여성들의 전통이 고난의 행군을 맞은 북한에서 되살아난 것이라고 해석할 수도 있다.

4.

브로커-국정원의
탈북 네트워크

간첩 조작에 관여하는 탈북 브로커

　　대부분의 탈북민들은 중국을 통해서 한국에 들어온다. 예외적인 경우도 있지만 그들의 탈북 경로에는 대부분 '탈북 브로커'라는 존재가 등장한다. 홍강철 씨나 배지윤 씨처럼 스스로 탈북 브로커나 송금 브로커로 활동하다가 한국에 온 사람들도 있다. 홍강철 씨는 북한에 살 때 먼저 탈북해서 중국에서 탈북 브로커 노릇을 하던 유만호 씨를 통해서 국정원에 북한 정보를 제공하기도 했다고 한다. 홍강철 씨는 북한에서 국경경비대 장교로 복무했다.

홍강철　사연이 많죠, 저는(웃음). 국경경비대였었거든요.

필　자　고등중학교 졸업하자마자 군대 갔어요?

홍강철　고등문예전문학교도 했습니다.

필　자　대학 과정도 하신 거네요?

홍강철　네, 대학 2년 다니고 입대해서 병사생활 3년 하고 군관학교 가서 2년 공부하고 졸업해서 장교 되어서 한 5년 복무했죠. 그러고 나서 제대한 거죠.

필　자　국경경비대면 어디서 근무했어요?

홍강철　압록강 쪽 신의주 쪽에 있었는데 그쪽은 밀수로 살잖아요. 그런데 우리 경비대가 밀수 막게 되면 사람들 굶어 죽어요. 밀수로 중국에서 쌀 들여오잖아요.

필　자　북한 사람들이 밀수는 언제부터 했어요? 계속했어요?

홍강철 계속했죠. 지금도 밀수하고 있어요.

필 자 예전에 80년대에도?

홍강철 80년대는 아니고 92년 지나서부터, 본격적으로는 고난
의 행군 시기부터죠.

필 자 정상적인 사회주의 경제 체제가 완전히 무너지니까 지
하경제로 계속 유지되었던 거 아네요? 그러니까 밀수
를 하게 된 건가요?

홍강철 그렇다고 봐야죠. 경비대에 있으면서 사람들 밀수하는
거 눈감아주고 그랬거든요. 내가 마음이 모질지 못하니
까. 남이 힘들어하게 되면 꼭 돕고 싶어하고 내 성격이
원래 그래요, 어려서부터. 그러니까 마을 사람들 주변
사람들 못사는 거 보게 되면 가슴 아프죠. 자꾸 도와주
고 눈감아주고 이러니까 이런 문제가 제기되고 하니까
제대하게 된 거예요. 그걸 보고 북한에서 밀수 보장이
라고 그러죠. 눈감아준 거니까.

필 자 그러니까 일종의 문책을 받으신 거네요?

홍강철 그래서 보위사령부까지 끌려갔었죠. 안기부 돈, 검은
돈 먹었다고(웃음). 거기서 해명 다 됐죠. 검은 돈[안기부
에서 준 돈] 아니라고.

필 자 뇌물 받았다는 이유로?

홍강철 아무래도 밀수 보장하고 이러다보니까 중국인들 대상
으로 하다보니까 중국인들한테 돈 받는단 말이에요. 그
런데 그걸 누군가 안기부 돈이라고 밀고한 거예요. 안

기부 돈 먹었다, 이렇게 해가지고 군교화소에서 7개월 있었어요.

필 자 그쪽에서는 말하자면 [남한을 위해 일한] 간첩 혐의를 받은 거네요, 거꾸로?

홍강철 그렇죠. 간첩 혐의를 받은 거예요, 내가. 그래서 7개월 있었단 말이에요.

홍강철 씨는 북과 남 양쪽에서 간첩 혐의를 받은 셈이다. 그런데 남에서 간첩 혐의를 벗고 무죄를 선고받은 것처럼 북에서도 간첩 혐의는 벗었다고 말했다.

필 자 해명이 돼서 나온 거예요?

홍강철 해명이 됐으니까 다시 군 복무하라 했어요. 복직시켜준다고. 근데 영창에 7개월 있다보니까 다시는 군 복무하고 싶지 않더라고요. 아, 내가 이런 조직에서, 서로 잡아 먹으려고 하는 이런 조직에 내가 있었구나, 하는 생각이 드니까.

필 자 그럼 복권도 될 수 있었는데 안 하신 거예요?

홍강철 제대한 다음에도 복대시키겠다고 우리 부대에서도 찾아왔댔어요. 그런 걸 내가 안 하겠다고 했죠.

필 자 여기 와서 간첩 혐의 받을 때, 예전 경력하고 관련이 있었죠?

홍강철 있었죠. 국정원이 저를 모를 리 없어요. 저는 압록강에서 이름 있는 사람이었어요.

필　자 강철 씨를 간첩이라고 고발한 사람이 누구예요?

홍강철 탈북자 단체 정보팀장 하는 사람이에요. NK지식인연
　　　 대.*

필　자 그 사람이 왜 고발했죠?

홍강철 돈 때문에 고발한 거죠.

필　자 보상금 받으려고?

홍강철 내가 북한 있을 때 북한 정보를 빼서 그 사람에게 줬거
　　　 든요. 그 사람이 그 정보를 받아가지고 미국에 넘기고
　　　 국정원에 넘기고 그랬습니다.

필　자 강철 씨가 북한에 있을 때 그 사람과 연계해서 정보원
　　　 노릇한 거예요?

홍강철 그랬죠.

이 부분은 장경욱 변호사가 보충 설명을 해주었다.

장경욱 중국 나가서 북한 정보도 받아오고. 탈북 브로커들이
　　　 국정원의 정보원인 거죠. 어디 모여 있는지도 알아요.
　　　 교육문화회관 같은 곳에서 만나가지고 국정원 직원들
　　　 이 특수활동비 중에 얼마 주는데 그거 가지고 같이 룸

---

* 　탈북자 출신의 지식인들로 구성된 단체라고 주장하면서 반북 활동을 하는
　탈북민 단체. 현재(2021년)는 김흥광 씨가 대표로 있다.

살롱 가고 그런 짓들을 하더라고요. 브로커들한테 임무를 줘요. 북쪽의 무슨 신문을 좀 구해줄 수 있느냐 북쪽의 군사 교본을 구해줄 수 있냐, 기껏 한다는 게 별 쓸데없는 쌀값 같은 거 알아오라고 하고.

홍강철 유만호가 쌀값 같은 것도 알아달라고 하면서 한국은 전쟁 일어난다고 난리인데 북한은 어떠냐고 하고, 북한은 그런 거 전혀 없죠.

장경욱 NK지식인연대 정보팀장이 유만호라고 쓰레기예요. [홍강철 씨처럼] 북한에서 송금 브로커 하거나 이런 사람들한테 정보 수집하는 거잖아요. 유만호한테 "너 돈 어디서 나왔냐" 하니까 미 국무성의 레드라인에서 민주주의기금이라고,** 그 자금 주는 거예요. 미 국무성이 NK지식인연대 김광일한테 돈 줘가지고. 여기가 직원이 20명인데 이 단체는 미 국무성 자금으로 운영됐어요. 이 ××들이 국정원 자금 받아가지고 심리전한다고 하고 그런 ×들이거든요. 그때 정보팀장이 그 돈을 중국 가서 다 써버렸나?

홍강철 다 써버렸죠, 나한테 주라고 한 돈을.

장경욱 정보원 하면서 브로커도 하는 거예요.

홍강철 내가 주는 정보가 쓸 만한 정보였던 거죠. 쓸 만한 정보

** 홍강철 씨와 장경욱 변호사는 미 국무성에서 반북 활동을 하는 탈북자 단체를 지원하는 자금을 주는데, NK지식인연대가 그 자금을 받는 단체 중 하나라고 주장한다.

여서 국무성에서 돈을 준 거죠. 간첩으로 쓰자 한 거죠.
유만호가 그 돈을 가지고 중국에 왔어요. 유만호는 내
가 탈북해서 한국으로 올 줄은 꿈에도 생각 못 했단 말
이에요. 그런데 내가 탈북해서 강 건너오니까 유만호
는 돈이 없었단 말이에요. 그때 한국 돈 40만 원밖에 없
었대요. 그래서 그 돈이라도 가지고 나오라 했는데 유
만호는 그 돈 주고 나면 자기 쓸 돈이 없어지는 거예요.
그래서 유만호는 날 데리러 못 왔단 말이에요. 나는 다
른 사람 통해서 들어왔단 말이에요. 유만호는 돌아가서
사업 보고해야 되잖아요. 그럼 자기 조직에서 그 돈을
쓴 출처를 밝혀야 될 거 아니에요. 내가 북한으로 돌아
갔으면 나한테 그 돈을 줬다 그렇게 말하면 끝이 날 건
데 공교롭게도 내가 한국으로 오게 된 거예요. 그러니
까 그 돈의 출처를 밝히지 못하게 된 거죠. 그러니까 그
다음에 내가 데리고 탈북한 모녀의 엄마보고 돈 내놓으
라고 한 거예요.

장경욱 처음에는 강철 씨한테 중국에서 돈 주겠다고 했어요.
그리고 모녀도 데리고 오라 그랬지.

홍강철 나한테 600만 원 주겠다고 했거든요.

장경욱 데리고 나왔더니 강철 씨한테 줄 돈이 없어서 안 온 거
야. 나중에 국정원에 신고할 때는 강철 씨가 유인·납치
하려고 해서 안 갔다고 하고. 강철 씨한테 줄 돈을 유만
호 쓰레기 같은 놈들이 룸살롱에서 다 탕진하고.

홍강철 중국 가서 다 쓴 거야. 놀러 다니면서.

　　홍강철 씨는 북한에 있을 때 탈북자 단체 소속의 유만
호를 통해서 국정원의 정보원 노릇을 했다는 것이다. 홍강철
씨는 북한에서 탈북민들의 가족에게 돈을 전달하는 송금 브로
커도 했다. 꼬리가 길면 밟힌다고 홍강철 씨와 친한 군대 동료
가 그가 의심을 받고 있다고 귀띔해주었다. 불안감이 커지면
서 홍강철 씨는 탈북을 결심했다. 홍강철 씨는 중국에 있던 유
만호에게 연락해서 자기를 데리러 오라고 했다. 홍강철 씨의
계산으로는 정보 전달의 대가로 약속된 받을 돈이 꽤 있었다.
그런데 유만호는 홍강철 씨에게 전달해야 할 돈을 중국에서
유흥비로 다 탕진했다는 것이다. 홍강철 씨는 젊은 엄마와 그
의 어린 딸까지 데리고 국경을 넘었는데 돈을 다 써버린 유만
호는 약속 장소에 나오지 않았다.
　　홍강철 씨의 주장은 홍강철 씨에게 줄 돈을 가로챈 것
이 탄로날까봐 유만호가 그를 간첩으로 고발했다는 것이다.
게다가 유만호 씨는 홍강철 씨가 고생고생하며 한국에 데리고
들어온 모녀의 어머니에게 브로커 비용을 내놓으라고 협박까
지 했다는 것이다.

홍강철 내가 데리고 온 애들 있잖아요. 엄마하고 딸, 둘 데리고
　　　　탈북했는데 부산에 사는 그 애들 엄마한테, 돈 달라고
　　　　한 거죠. 탈북시킨 것에 대해서 돈을 요구한 거죠.

필 자 그 사람이 탈북 브로커도 했던 거예요?

홍강철 네, 브로커도 했댔단 말예요. 그러다나니까 그 엄마가 "당신이 안 데려왔는데 우리가 왜 당신한테 돈을 줘야 되냐? 홍강철이가 데리고 왔는데". 유만호가 완전히 제 정신이 아니더라고요. 하루에도 메시지를 200개, 300개씩 보냈어요. 그 엄마한테 죽이겠다고 협박 문자를 보낸 거죠. '돈 안 주면 널 죽이고 나는 북한으로 돌아가겠다. 북한으로 돌아가서 남한 사회의 부조리를 폭로하면 나는 용서받는다.' 이런 내용의 메시지를 보낸 거예요. 그러니까 그 엄마가 그 메시지를 가지고 경찰을 찾아갔죠. 신변보호를 요청했단 말예요. 경찰에서 체포영장을 내렸죠. 그러니까 유만호가 국정원에다 "사실은 홍강철이가 북한에서도 잘살았고 힘이 좋고 보위부, 보안사* 다 끼고 있던 애고 한국에 올 이유가 없는 애다. 홍강철이가 국경지대에서 자기를 납치하려고 했다"고 납치범으로 신고한 거죠.

반북 성향 탈북자 단체인 NK지식인연대에 관여하고 있던 유만호 씨는 중국에서 한국에 오고 싶어하는 북한 사람들을 찾아서 국경을 넘게 해주는 탈북 브로커였다. 그가 홍강

---

* 보위부는 북한의 민간 담당 정보기관인 '국가보위성'을 말하고, 보위사는 북한의 군 담당 방첩 부서인 '보위사령부'를 말한다.

탈북 마케팅

철 씨를 국정원에 고발했다는 것이다. 홍강철 씨의 말을 들어보면 유만호 씨가 국정원의 정보원 노릇을 겸하고 있었음을 알 수 있다. 중국에서 활동하는 탈북 브로커들은 대부분 유만호 씨처럼 국정원과 연계하고 있다는 것을 탈북민들의 증언을 통해서 알 수 있다.

브로커가 개입하는 구조를 이용하는 국정원

김덕일 씨의 경우에는 중국으로 탈출해서 브로커를 만나 한국으로 오려고 했으나 국정원에서 그를 받지 말라고 했다고 한다.

필 자 2007년 2월에 중국으로 가서 10월에 한국에 오셨는데 어떻게 오셨어요? 거기서 탈북 브로커나 이런 사람 만났어요?

김덕일 탈북 브로커는 전에 중국에 다니면서 아는 사람도 있고 우리 친척도 있어요. 그 사람들한테 말해서 브로커하고 연결됐죠. 그런데 내가 돈이 1전도 없잖아요. 내가 그 안에서 잡혀 있다가 왔으니까. 그런데 한국에 아는 사람 있으면 그 사람이 보증 서면 한국에 가서 500만 원이면 500만 원을 주겠다는 각서를 쓰고 와요. 팩스를 한국에 있는 사람한테 보내서 그 사람이 인정을 할 때는 데려다주거든요. 나도 그런 각서를 썼는데 연변에서 부터 곤명[쿤밍]까지 왔는데 말이 달라져요. "우리는 책임 못 진다", "국정원에서 받지 말라" 이랬다는 거예요. 한국에 있는 인간들이 "김덕일이는 보위부도 마음대로 드나들고 여기로 말하면 경찰서[보안서]도 아무 때나 드나드는 사람이다. 승용차를 끌고 돌아다니고 뭐 이러면서 보위부하고 연계되어 있다. 그 사람이 잘사는데 왜 여기를 왔겠는가? 그렇다면 틀림없이 간첩이 아니겠는가?" 이런 정도로 자기네끼리 부르고 쓰고 한 거예요. 그래서 거기서부터 [간첩 혐의가] 시작이 된 걸 난 몰랐죠. 재판받을 때 그런 사실들을 알게 됐어요.

중국에서 탈북 브로커를 만나 한국에 가면 비용을 내겠다고 해도, 브로커가 국정원에 이야기해서 허락을 받지 못하면 도움을 주지 않는다는 것이다. 탈북민들이 한국에 정착해도 담당 형사가 붙어 있고 국정원의 관리 아래 있기 때문에 그들을 통해서 한국으로 오려는 사람들에 대해서 미리 정보를 수집하고 있음을 알 수 있다.

중국에 나와 있는 북한이탈주민이 중국 공안에게 잡히면 중국은 그들을 즉시 북한으로 돌려보낸다. 중국은 북한과 외교 마찰을 일으키지 않으려고 북한이탈주민을 난민으로 인정하지 않는 것이다. 김성실 씨는 1998년에 탈북해 중국에서 살다가 2006년에 한국에 가기 위해 내몽고 국경을 넘으려고

탈북 마케팅

했다. 그때 국경 근처에서 중국 변방대에게 잡혀 북한으로 송환된 것이다. 그런 위험 때문에 한국에 가려는 탈북민들은 브로커를 찾게 된다. 탈북민들은 한국에 가는 것을 '한국 기도'라고 하고, 브로커를 찾는 것을 '선을 놓는다'고 표현한다. 탈북민들은 현재 북한을 탈출해서 한국으로 오기까지 드는 비용이 1,000만 원에서 1,200만원까지 든다고 증언한다. 북한에 남아 있는 가족을 한국으로 데리고 오려는 탈북민들은 이 비용을 마련하기 위해서 열심히 돈을 모은다는 것이다.

2004년에 탈북한 유우성 씨는 북한에서 중국, 중국에서 라오스와 태국에 갈 때는 중국 여권을 사용했다. 그는 태국에서 브로커를 통해 가짜 한국 여권을 사서 혼자 한국에 들어와 공항에서 탈북민이라고 신고했다. 여권이 없는 북한 사람들은 중국 공안에게 붙잡히는 위험을 피하기 위해서 브로커의 도움을 받아 몰래 국경을 넘는 것이다. 고난의 행군 이후로 중국으로 나오는 탈북민의 숫자가 늘어나면서 1990년대 말에서 2000년대 초부터 브로커를 통한 한국행이 거의 공식처럼 굳어졌다.

국경을 넘어 중국에 온 북한 주민들이 한국으로 올 의사가 있을 때 중국 정부의 도움을 받을 수 없는 현실 때문에 브로커를 통하는 구조가 생겨난 것이다. 인신매매나 다름없는 이런 거래를 통해서 탈북민들은 한국 정부에서 주는 정착금의 상당 부분을 브로커에게 빼앗겨야 한다. 이런 기형적인 구조를 한국 정부에서 알면서도 묵인하고 있다는 것을 어떻게 이해해야 할까? 묵인하는 정도가 아니라 거기에 국가기관인 국정원이 적극적으로 개입해 탈북민에 대한 정보를 미리 알아내고 그것을 홍강철 씨의 경우처럼 간첩 조작이라는 형태로 이용하고 있다. 김련희 씨의 이야기를 들어보면 이 구조에는 통일부까지 연계되어 있다. 한국 정부는 중국 국경을 넘은 탈북민들이 정착금을 빼앗기지 않고 인권 침해 없이 안전하게 한국으로 올 수 있는 방법을 강구할 필요성을 느끼지 못하는 것일까? 아니면 고의적으로 이런 비정상적인 탈북 네트워크를 방치하고 이용하는 것일까?

탈북 브로커들이 가로채는 돈은 국민의 세금이다

2011년에 한국에 온 평양 시민 김련희 씨는 처음 보는 탈북민 유형이다. 그는 합신센터에 들어오는 순간부터 자신은 브로커에게 속아서 한국에 왔으니 도로 북한으로 보내달라고 요구했다. 한국 정부는 자발적으로 한국에 온 그를 돌려보낼 법적인 근거가 없다면서 2021년 현재까지 그를 돌려보내지 않고 있다.

평양에서 살던 김련희 씨는 북한에서 여권과 중국 여행 비자를 발급받아 기차를 타고 신의주를 거쳐 중국 단둥으로 나왔다. 대련에 사는 사촌언니를 만나기 위해서였다. 단둥에서 사촌언니에게 전화했다가 전화번호가 바뀐 것을 알고 당황

하는 김련희 씨를 도와 사촌언니와 통화할 수 있게 친절을 베풀어준 남자가 있었다. 그는 대련으로 떠나는 김련희 씨에게 기차표까지 사주며 배웅했다.

김련희 씨는 대련에서 사촌언니와 반갑게 만났으나 간경화로 복수가 차서 병원 치료를 받게 되었다. 북에서 식중독으로 간이 상한 것이 원인이었다. 그는 비자 만료 기간인 두 달을 조금 넘기더라도 중국에서 취직해 돈을 벌어 병을 치료하고 돌아가리라고 작정했다. 조금 늦게 들어가더라도 벌금만 내면 된다고 알고 있었기 때문이다. 사촌언니의 신세를 지기 싫어서 몰래 한인 식당에 취업해서 돈을 벌었으나 생각보다 치료비를 마련하기가 쉽지 않았다. 단둥에서 친절을 베풀어준 사람과 가끔 연락하고 지내던 김련희 씨는 그에게 자신의 사정을 이야기했다. 그러자 그 사람은 왜 바보같이 중국에서 일하냐고 한국에 두 달만 갔다 오면 중국에서 일하는 것보다 몇 배는 더 벌 수 있다고 말해주었다. 그 달콤한 유혹이 김련희 씨를 9년간 이산가족으로 만든 덫이었음을 당시에는 까맣게 몰랐다.

김련희 씨에게 갖은 친절을 베풀던 사람은 탈북 브로커였고 김련희 씨는 브로커가 모집한 다른 북한 사람들과 함께 태국을 거쳐 2011년 9월 16일 한국에 왔다. 그는 중국에서 함께 대기하게 된 북한 사람들로부터 중국에서 한국으로 가는 데만 두 달 이상 걸리고 한국에 가면 한국 국적을 취득하고 거기서 살아야 된다는 말을 들었다. 그는 일이 잘못되었다는 걸 알고 도망치려고 했으나 브로커가 자신의 여권을 가져가서 돌려주지 않았으며 버스에 태우기 전까지 대기하고 있는 동안 그들을 감금해놓았다고 한다. 김련희 씨는 국정원 합신센터에 도착하자마자 국정원 담당자에게 자신의 상황을 설명했다. 브로커에게 속아 잘못 왔으니 고향으로 돌려보내달라고 말했다. 국정원에서는 김련희 씨의 말을 듣지 않았고 한국 국민이 되겠다는 서약서를 쓰라고 강요했다. 단식 투쟁을 하면서 버티던 김 씨는 위경련과 간 복수가 차는 증세로 이대로 죽을지도 모른다는 위기감을 느끼고 할 수 없이 서약서를 쓰고 하나원을 통해 한국 사회에 나왔다.

하나원에서 3개월 동안 한국사회 정착에 필요한 여러 가지 교육을 받는다. 그리고 한국에 입국한 탈북자들에게 한 사람당 600만 원의 정착금이 차례졌다(제공된다). 하나원을 나가기 며칠 전에 통장을 만들고 300만 원을 먼저 넣어주었다. 그것으로 브로커 비용을 갚으라는 것이다. 브로커는 중국에 있는 북쪽 사람들을 남쪽으로 데려오는 일을 전문으로 하는 사람들이다. 탈북자들은 브로커를 통해서 남쪽에 입국하게 되는데 거리에 따라서 250만 원부터 1,500만 원의 비용을 브로커에게 주어야 한다. 대개 오래전에 한국에 들어와 있는 탈북자들이나 기독교 목사들이다. 하나원 직원은 브로커 비용을 제때 갚지 않으면 사회에 나가서 브로커들과 재판까지

탈북 마케팅

간다고 했다. 그는 우리가 한국의 실정을 잘 모르므로 변호사 비용 때문에 엄청난 빚을 지게 된다며 브로커 비용을 빨리 보내주라고 했다. 나는 하나원에서 가르쳐준 대로 브로커에게 250만 원을 계좌이체해주고 50만 원을 가지고 사회로 나왔다. 나머지 정착금 300만 원은 3개월에 100만 원씩 입금된다. 9개월이 지나야 전부 내 손에 주어지는 것이다.*

하나원은 탈북민들이 국정원 합신센터의 조사가 끝난 후 한국생활 적응을 위해 교육을 받는 기관이다. 정식 명칭은 '북한이탈주민 정착지원 사무소'로 통일부 소속이다. 제1하나원은 경기도 안성에, 제2하나원은 강원도 화천에 있다. 김련희 씨에 의하면 하나원 직원이 정착금을 받자마자 브로커 비용을 빨리 보내주라고 했다는 것이다. 그러니까 탈북 브로커는 국정원뿐만 아니라 통일부에서도 그 존재를 아는 정도가 아니라 협력관계를 맺고 있다고 봐야 한다.

김련희 씨가 쓴 책 《나는 대구에 사는 평양시민입니다》에서 '평양 주민 김련희 송환준비모임'과 인터뷰한 한 탈북민은 브로커에 대해서 다음과 같이 말했다.

Q.   브로커에게 속아 한국에 온 김련희 씨에 대해서 어떻게

---

*   김련희, 《나는 대구에 사는 평양시민입니다》, 도서출판615, 2017, 26~27쪽.

생각하시나요?

A.　저는 스스로 온 경우라 크게 속았다고 보기는 어렵고
요. 그러나 기본적으로 브로커는 사기꾼이라고 보면 돼
요. 한 사람당 최소 2~300만 원씩 받는데 눈에 불을 켜
고 탈북시키지 않겠습니까? 중국에서 그 액수면 큰돈
이죠. 브로커들도 먹고 살아야 하잖아요. 그래서 북쪽
사람들을 속여 한국으로 보내고 정착금 일부를 브로커
비로 받아 생활합니다. 결국 탈북자 브로커비는 한국
사람들이 정부에 내는 세금에서 나온다고 보시면 돼요.
그들은 사람 속이는 데 도가 튼 사람들입니다. 많은 사
람들이 넘어가게 마련이에요. 련희 씨처럼 꼬임에 넘어
가는 경우가 많습니다. 그리고 브로커 자신도 탈북자예
요. 남쪽 사람들도 있긴 하지만 절반은 아마 탈북자일
겁니다. 북에서 인신매매 같은 범죄를 저지르고 못 돌
아가서 브로커를 하는 거예요.*

이 사람은 탈북 브로커의 문제점을 정확하게 짚어내고
있었다. 이 사람뿐만 아니라 대부분의 탈북민들이 브로커의
정체를 알면서도 다른 방법이 없기 때문에 브로커 비용을 내
고 한국에 오는 것이다. 김련희 씨처럼 합법적으로 중국에 나
온 사람도 말이 통하지 않는 중국에서 의지할 사람이 없으니

---

*　김련희, 《나는 대구에 사는 평양시민입니다》, 도서출판615, 2017, 51쪽.

　　　　　　　　　　　　　　　　　　　　탈북 마케팅

친절을 베푸는 브로커에게 쉽게 마음을 열었다. 몰래 국경을 넘어 중국에 온 사람들은 중국 공안에게 잡힐까봐 서둘러 브로커를 찾게 마련이다.

　일단 한국에 온 탈북민들은 브로커 비용을 지불하고 나서도 그들과 관계를 지속하는 경우가 많다. 북에 있는 가족들에게 전화를 걸거나 송금을 하려고 해도 그들을 통해야 하기 때문이다. 탈북 브로커가 북한에서 중국 휴대폰을 가지고 있는 사람과 탈북민을 연결해주면 그 사람이 북한의 가족들과 통화할 수 있게 해준다. 가족들과 통화하고 나면 그 선을 통해서 송금도 하게 된다. 그 과정에서 양쪽의 브로커들이 각각 수수료를 챙긴다. 홍강철 씨가 북한에 있을 때 이런 송금 브로커 노릇도 했다고 한다.

　보호조치를 받고 하나원을 나온 탈북민은 한국에 온 지 6개월이 지나면 여권을 발급받아 중국에 갈 수 있다. 여권을 갖고 있는 탈북민은 중국에 가서 가족들과 통화하거나 북한에서 국경출입증을 발급받아 중국에 나온 가족을 직접 만나기도 한다. 그때도 브로커가 개입해서 통화와 만남을 주선해주고 수수료를 챙긴다.

　전체 탈북민 3만여 명 중 3분의 1에 해당하는 1만여 명이 북한의 가족에게 송금을 하는데, 한 사람이 보통 1년에 1,000달러에서 4,000달러까지 송금해서 북으로 가는 돈이 연간 100억 원이 넘는다고 한다. 정기적으로 송금하지 못하는 탈북민도 명절 때나 여유가 있을 때면 북으로 송금하려고 애를 쓴다. 내가 만나본 탈북민들도 절반 이상이 북에 송금하고 있다고 말했다. 여기서는 얼마 안 되는 돈이라도 북한의 가족들에게는 큰돈이 되기 때문에 도움을 주려고 하는 것이다. 탈북민의 가족들은 이런 송금 덕분에 경제적으로 여유를 갖게 된 사람들이 많다고 한다. 남한 사회에 쉽게 적응하지 못해서 고생하는 탈북민들이 생계비를 줄여가면서 북의 가족들을 생각해서 송금하는 돈의 상당 부분을 브로커들이 수수료 명목으로 떼어가고 있는 것이다.

엿장수 마음대로인 국가보안법

한국에 와서 국정원 합신센터의 조사를 무사히 마치고 하나원을 거쳐 한국에 정착한 평범한 탈북민이라도 그에게는 보호관찰을 맡은 담당 형사가 붙어 있다. 형사는 탈북민을 보호하고 지원해준다고 하지만 탈북민들은 감시당하고 있다고 호소한다. 담당 형사가 탈북민의 행동을 국정원에 보고한다는 것을 알고 있기 때문이다. 이렇게 탈북민을 관리하고 감시하는 경찰과 국정원이 그들이 북한의 가족과 연락하고 송금하는 것을 모를 리 없다. 탈북민들이 가족과 연락하고 송금하는 것은 국가보안법 제8조 1항의 회합·통신 등의 범죄에 해당되는 것은 아닐까?

탈북 마케팅

제8조(회합·통신등) ① 국가의 존립·안전이나 자유민주적 기본질서를 위태롭게 한다는 정을 알면서 반국가단체의 구성원 또는 그 지령을 받은 자와 회합·통신 기타의 방법으로 연락을 한 자는 10년 이하의 징역에 처한다.

국가보안법은 그 해석이 매우 자의적이라는 특징이 있다. "국가의 존립·안전이나 자유민주적 기본질서를 위태롭게 한다는 정을 알면서"라는 단서가 국가보안법 적용을 수사기관이 마음대로 할 수 있는 여지를 주는 것이다. 그 사람의 행위를 어떻게 해석할지는 전적으로 수사를 하는 국정원이나 경찰, 혹은 검찰의 판단에 달려 있다고 볼 수 있다. 탈북민이 자신의 가족과 연락하거나 만나고 송금을 하는 것도 국가보안법 위반으로 처벌할 수도 있고 처벌하지 않을 수도 있다. 그야말로 엿장수 마음대로인 것이다. 사정이 이렇다보니 탈북민들은 북의 가족과 연락하거나 송금하는 것만 가지고도 이미 국정원이나 경찰에게 약점을 잡히고 있는 셈이다.

탈북민들은 북의 가족과 연락하거나 송금하는 것에 대해서 아무 거리낌 없이 이야기한다. 자신을 담당하는 형사나 국정원이 그런 사실을 다 알고 있기 때문에 그 행위가 국가보안법 위반이 될 수 있다는 사실을 의식하지 못하고 있는 것이다. 그러나 국가기관이 마음만 먹으면 언제든지 그들을 국가보안법으로 포박할 수 있다.

또한 유우성 씨의 경우는 국정원과 검찰이 간첩으로 조

작하려다가 실패해서 망신을 당한 경우인데, 이후 유우성 씨는 외국환거래법 위반으로 기소됐다. 오래전 중국이나 북한에 송금한 사실을 꼬투리 잡은 것이다. 심지어 이는 2007년에 수사해서 기소유예 처분을 내린 사항을 다시 기소한 것으로 멀쩡한 사람을 간첩으로 몰다가 실패한 수사기관에서 일종의 보복을 한 것으로 보인다.

국정원의 호의는 믿으면 안 된다

탈북민이 중국에 드나들거나 북한의 가족이나 지인과 연락하는 것을 묵인하는 이유는 그들을 정보원으로 활용하기 때문이기도 하다. 2007년에 탈북해 한국에 정착한 김덕일 씨는 2008년에 국정원에서 자신을 정보원으로 쓰려고 했다고 말한다.

김덕일 하나원에서 나온 다음에 국정원 국장이라는 인간이 찾아왔어요. 그때 전화번호를 011을 쓸 때인데 그 사람 전화번호가 지금도 내 수첩에 있어요. 이 사람이 자기 일을 같이 하자고 나를 자꾸 꼬였어요.

필 자 합신센터에 있을 때 만난 사람이에요?

김덕일 아니에요. 국정원 본원 사람이에요. 이 사람이 잘한다는 식당이나 술집 데리고 다니며 나를 먹이고 나중에

탈북 마케팅

는 노래방에 가서 아가씨들을 불러다놓고 문란한 짓까지 하더라고요. 북한에서는 그런 기관에 있는 사람이 그런 짓을 한다는 건 상상도 못하죠. 이게 추잡한 인간이라고 생각하고 동조를 안 했는데 나와서 한다는 소리가 당신이 나를 너무 믿지 않기 때문에 나도 사람이고 남자라는 걸 보여주려고 그랬다고 하면서 나를 믿고 손잡고 하자고 자꾸 그러더라고. 나도 마음이 모질지 못해서 "그럼 무슨 일을 하라는 거냐? 나를 시키려면 북한에 가서 영산이나 그런 데 가서 호 파기[참호를 만드는 일]를 하고 오라고 그래라, 차라리 그런 걸 하면 했지 지저분한 건 하고 싶지 않다"고 했지.

처음 미끼를 준 게 나더러 화보처럼 그림만 나오는 군생활에 대한 잡지하고 군 신문을 가져다달라고 그러더라고. 요즘 나오는 걸 가져다달라고. 나는 여비도 없고 아무것도 없다고 하니까 여비는 다 줄 테니까 갔다 오라고 하더라고요. 무슨 생각으로 갔느냐 하면 처가 죽었다는 걸 알고 탈북한 여성과는 살 생각이 없기 때문에 중국에 가서 연변 여자나 하나 데려다 살아야겠다고 생각하고 갔어요. [국정원 돈 가지고 갔으니까] 해달라는 것도 해결하려고 북한과 연결된 애를 찾아서 연락을 했죠.

그때 마침 탈북자들이 많아지고 골치 아파지고 하니까 김정일이 국경을 봉쇄하고 탈북자를 단속하라고 보위부에 지시가 떨어지고 검열이 막 내려붙고 그럴 때예요. 전화를 거니까 "잘못 왔다. 요즘에는 개미 한 마리도 넘어 못 가게 국경봉쇄를 하고 있다"는 거예요.

필　자　그게 2008년경이에요?

김덕일　그렇죠. 2008년이 맞죠. 그래서 포기했어요. 조금 눅눅해지면 전화 연결하자 하고 왔어요. 내가 돌아와서 국정원 사람한테 전화해서 자초지종을 얘기했죠. 중국에서도 전화를 했는데, 시답지 않게 듣더라고요. 그래서 내가 해결하라는 거 못해서 그러는가보다, 이 사람들하고 다시는 연계를 안 하자, 이런 결심을 하고 있었는데 얼마 후에 소식이 딱 끊어진 거예요. 그런데 이번에 재판할 때 보니까 그때 나를 중국에 보내놓고 나랑 같은 샛별군에서 온 여자를 데려다가 나에 대해서 두루 캔 거예요. 한국 나와서 구미에 사는 여자래요. 그 여자가 나를 알 때는 샛별군에서 이름을 날릴 때예요. 내가 북에서 잘살고, 사람들을 다 구출해낸다, 핸드폰도 있다, 이렇게 소문이 자자하게 났어요. 나는 직접 알지도 못하는 여잔데 그 사람이 내가 보위부고 뭐고 막 통한다고 하고 국정원에서 거기다 살을 붙인 거예요. 이번에 재판할 때 그 여자가 나왔더라고요. 그때로부터 나를 간첩으로 몰아가려고 시도를 한 건데 나는 모르고 같이 일하자고 간 건가, 생각해보니 허무하죠.

필　자　국정원과 협조해서 하신 일은 전혀 없어요?

김덕일　없죠. 할 수가 없었죠.

　　　　　　　　　　　　　　　탈북 마케팅

김덕일 씨가 그랬던 것처럼 한국에 아는 사람이 없는 탈북민들은 국정원 직원들이 접근해서 호의를 베풀면 그들에게 의지하고 그들이 시키는 일을 거절하지 못한다. 유우성 씨도 2004년에 한국에 왔을 때 자신에게 친절하게 대해주었던 국정원 직원과 친하게 지냈다. 국정원 직원 김 씨*는 혼자서 일자리를 찾고 학교도 다니느라고 힘들었던 유유성 씨에게 자주 연락해서 밥을 사주고 이야기를 들어주었다. 유우성 씨는 김 씨를 형이라고 부르면서 따랐다. 김 씨는 유우성 씨에게 알고 지내는 탈북민들에 대해서 물어보았다. 누구누구는 북한의 가족과 연락하고 송금하는지 교회에 다니는지 어떤 단체에 가입해서 활동하는지 등을 물었다. 유우성 씨는 그런 정도는 말해도 무방하다고 생각하고 자신이 알고 있는 정보를 말해주곤 했다.

김 씨를 신뢰했던 유우성 씨는 2012년 10월 30일에 동생 유가려 씨를 한국에 데리고 와서 탈북자로 신고하려고 한다는 사실도 그에게 먼저 말해주었다. 김 씨는 자기가 중앙합동신문센터에 이야기해서 유가려 씨가 조사를 빨리 마치고 하나원으로 갈 수 있도록 해줄 테니 아무 걱정 말라고 했다. 그런데 유가려 씨는 합신센터에 가자마자 독방에 갇혀서 혹독한 조사를 받으면서 유우성 씨가 간첩이라는 사실을 자백하라

---

* 유우성 씨는 나중에 그의 신원을 확인하려고 했으나 이름조차 가명이었던 것으로 밝혀졌다. 국정원 직원들은 전화번호도 수시로 바뀐다고 한다.

는 압박을 받게 된 것이다. 국정원은 필요에 따라 탈북민을 정보원으로 활용하고 약점이 될 만한 사항들을 수집하기 위해 개인적으로 접근해서 친절을 베푸는 것이다.

김덕일 씨나 유우성 씨의 사례에서 보듯이 국정원의 입장에서 탈북민은 두 가지 이용 가치를 가진 것이다. 북한 사정을 캐는 정보원으로 쓰거나 간첩으로 몰아 북풍공작을 하는 데 이용한다. 탈북민들이 자신들을 '잠재적인 간첩'으로 본다고 항변하는 이유가 그것이다. 국정원은 양의 탈과 이리의 탈을 번갈아 써가며 언제든지 자신들의 필요에 따라 탈북민을 이용해왔다.

유우성 씨와는 《간첩의 탄생》을 쓰면서 알게 되었다. 2015년에 그의 결혼식에도 갔었는데 그 후로 오래 만나지 못하다가 2018년 연말에 서울에서 그를 만났다. 2014년에 처음 유우성 씨를 만났을 때 그는 동생 유가려 씨의 거짓 자백으로 간첩으로 몰려 재판을 받았는데, 1심 재판에서 승소해서 구치소를 나와 항소심 재판을 하고 있었다. 처음 만났던 날 지하철역에서 인사가 끝나자마자 노트북이 들어 있는 내 무거운 가방을 들고 앞장서서 장경욱 변호사와의 약속 장소로 가던 모습이 인상적이었다. 남을 배려하는 태도가 몸에 밴 청년이라는 느낌을 받았다. 그토록 힘든 일을 겪고도 그는 언제나 밝고 부드러운 표정을 잃지 않았다.

국정원은 탈북민을 브로커와 정보원으로 이용하면서 탈북 마케팅을 하고 있다. 탈북민이 더 많은 탈북민을 유인하는 구조다. 그 와중에 탈북민들은 브로커 비용으로 정착금을 빼앗기고 다시 정보원으로 이용당하기도 한다. 하지만 그들의 어려움은 그게 전부가 아니다. 탈북민은 한국에 들어오는 순간 잠재적인 간첩으로 취급되면서 국정원 합신센터에서 조사를 받으며 자신의 신상을 낱낱이 털어놓게 된다. 한국 사회에 대한 사전 지식이 없고 한국 법률에 대한 상식도 전혀 없는 탈북민들은 합신센터에서 심각한 인권 침해를 당한다. 그들은 합신센터의 조사 과정이 한국인이 되기 위한 당연한 절차라고 받아들이고, 방어권이라는 개념도 모르는 채 국정원 조사관들에게 인권 침해를 고스란히 당하고 있다.

5.

스스로 판
함정에 빠지다

주인공만 다를 뿐 조작극의 플롯은 다 똑같다

국정원 합신센터는 탈북민이 한국에 들어오면 반드시 거쳐 가야 하는 곳이다. 유우성 씨 간첩 조작 사건이 세간을 떠들썩하게 한 이후 이름이 '북한이탈주민보호센터'로 바뀌었다. '간첩 공장'이라는 오명을 쓰고 있는 합신센터는 언론에 내부를 공개하고 이름을 바꾸었지만 〈뉴스타파〉와 《오마이뉴스》 등의 언론은 운영 방식은 별로 달라진 게 없다고 지적한다.

민들레의 자료*에 의하면 2008년 합신센터를 설립한 후 합신센터 조사에서 적발한 탈북자 간첩 사건은 14건이다. 그중 유우성 씨와 홍강철 씨의 사건은 재판에서 무죄 판결이 났다. 장경욱 변호사는 탈북자 간첩 사건으로 처벌받은 사람들은 다 무죄라고 추정했다. 그들 중 이 책에 언급된 사람들을 제외한 다른 사람들은 실명을 밝히거나 자신의 사건이 거론되는 것을 원치 않았다. 장경욱 변호사는 현재 복역 중이거나 만기 출소한 사람들 모두를 만나서 진실을 밝히라고 설득하고 있으나 그들은 아직 두려움을 떨쳐버리지 못하고 있다.

장경욱 변호사는 14건의 간첩 사건에서 간첩 혐의로 징역을 살고 나온 사람들 중 5명이 무죄를 주장하고 있다고 했다. 내가 만난 이혜련 씨(징역 3년, 2016년 만기 출소)와 김정애 씨(가명, 징역 4년, 2018년 만기 출소)는 무죄를 주장하는 사람들이

---

*   민들레, 〈탈북조작간첩 피해자 현황〉, 민들레, 2019.

다. 간첩 자백으로 징역 3년을 살고 2014년에 만기 출소한 허성일 씨는 계속 억울함을 호소하다가 한국에 환멸을 느낀다며 출국해서 현재 미국에서 살고 있다. 허성일 씨는 〈뉴스타파〉와의 인터뷰에서 자신의 경험을 다음과 같이 말했다.

허성일 홍강철 진술서와 내 진술서 일부 문구만 다를 뿐 스토리는 진짜 비슷해요. 이혜련 씨도 똑같아요. 똑같은 패턴이죠. 국정원에서 조사받을 때 북한을 무지막지하고 비인간적이라고 막 욕하지만, 나는 속으로 한국도 똑같은 사람들이구나 생각했어요. 북한 사회나 한국 사회나 다 똑같구나. 북한도 그러거든요. 자기 목적을 위해서, 자기 승진이나 자기 출세를 위해서, 아니면 개인적인 악감[정]이 있는 사람이다 그러면 죄가 없어도 어떤 꼬투리를 만들든 간에 잡아서 무조건 고문해서 자백을 받아내서 정치범 수용소에 넣든 교화소에 넣든 하거든요. 내가 너무 맞다보니까 억한 감정에 그런 얘기도 했어요. "아니, 대한민국은 인권 국가고 인권을 존중한다고 하는데 이건 인권도 없냐"고 막 소리쳤어요. 나보고 뭐라는지 알아요? "너는 아직 대한민국 국적도 없는 놈이야. 국민의 자격도 없고 국민도 아니고 너는 아무것도 아니야. 너는 지금 죽어도 누가 뭐라고 할 사람도 없다"고 그러더라고요. 이게 말이나 되는 소리야? 그건 아니잖아요. 진술 녹화한 영상 좀 보자고 졸랐어요. 가져다

보여주는데 자기들이 구타하고 의자 집어던지고 볼펜 던지고 재떨이 던지고 그런 장면은 싹 없어지고 자기네가 욕하던 얘기까지 다 지워버리고 오직 내가 불리하게 진술한 그 내용만 다 정리해갖고 잡혀 있더라고요.*

허성일 씨의 이야기는 합신센터 출신(?) 간첩 혐의자들이 이구동성으로 하는 말이다. 다른 사람들의 사건 이야기를 들으면 자기 사건과 너무 비슷하다는 것이다. 내가 만나본 홍강철, 배지윤, 이혜련 씨는 서로가 합신센터에서 겪은 일들을 이야기하면서 그 수법이 똑같아서 깜짝 놀랐다고 말했다. 김정애 씨의 이야기를 들어보니 역시 같은 이야기였다. 유가려 씨의 경우도 그들과 같았다.

내가 유우성 씨 간첩 조작 사건에 대한 책인 《간첩의 탄생》을 쓰고 있을 때 홍강철 씨 사건(보위사령부 직파 간첩 사건)이 터졌다. 홍강철 씨는 유우성 씨가 1심에서 무죄 판결을 받은 2013년 8월에 합신센터에 들어갔다. 합신센터 조사관들은 유우성 씨의 동생 유가려 씨의 자백이 재판에서 허위자백임이 드러났는데도 유가려 씨를 조사하던 것과 똑같은 방식으로 홍강철 씨를 조사했던 것이다. 이혜련 씨는 간첩으로 실형을 선고받고 출소한 사람 중 가장 황당한 사례로 손꼽힌다. 이혜련 씨는 〈뉴스타파〉와 SBS 〈그것이 알고 싶다〉에 출연해서 자신

---

* 〈뉴스타파〉 기자들이 민들레에 제공한 인터뷰 자료 중에서 발췌.

의 억울함을 호소했으나 끝내 대법원에서도 유죄를 선고했다.

거짓말탐지기*를 속인 여자

2019년 1월 초에 서울에서 이혜련 씨를 만났다. 인터뷰하는 자리에 홍강철 씨와 장경욱 변호사가 함께 있었다. 이혜련 씨와 약속을 잡기까지 힘든 과정이 있었다. 홍강철 씨 말로는 만나겠다고 했다는데 전화를 해도 받지 않았다. 장경욱 변호사와 홍강철 씨를 통해서 몇 차례 설득하고 메시지를 보내서 겨우 만날 수 있었다. 낯선 사람에 대한 경계심을 풀기 어려운 탓이었다.

이혜련 씨는 〈뉴스타파〉와 가명을 쓰고 얼굴을 내보내지 않은 인터뷰를 한 적이 있고, 출소 후에는 실명을 밝히고 얼굴을 내놓고 인터뷰를 한 적이 있다. 더 이상 두려워하지 말라는 장경욱 변호사의 설득이 어느 정도 받아들여진 것 같았다. 하지만 합신센터의 조사 과정과 3년간의 옥살이로 받은 상처는 이혜련 씨의 정신을 황폐하게 만들기에 충분했다. 이혜련 씨는 정신과 치료를 받으면서 의사가 처방해준 우울증

---

*   질문에 답변하는 사람의 호흡, 혈압, 맥박, 피부 전기반사 등의 생리적 변화 현상을 기록하는 기계. 한국에는 1960년 도입되어 형사소송법에서 피검사자의 동의를 얻은 거짓말탐지기 검사는 임의수사의 방법으로 허용되고 있다. 거짓말탐지기의 검사 결과는 아직 공소사실에 대한 직접증거로는 인정받지 못하지만, 진술의 진위를 판단하는 근거로 사용되고 있다.

탈북 마케팅

약과 수면제를 복용하고 있으며 심리 상담을 받는다고 했다. 감옥에서 얻은 심부전혈전증으로 한쪽 다리의 혈액순환이 막히고 림프절이 붓는 증세 때문에 고통받고 있기도 했다.

이혜련 씨는 처음부터 한국에 올 생각이 없었다고 말문을 열었다. 북한에서 사귀던 남자 친구 김철민 씨가 탈북하면서 강제로 자신을 데려왔다는 것이다. 합신센터의 조사에서도 같은 이야기를 했는데 탈북할 이유가 없이 북한에서 잘 살았다는 주장은 국정원 입장에서는 간첩으로 만들기 좋은 조건이었다. 홍강철 씨의 경우에도 그를 고발한 브로커 유만호가 "홍강철은 북한에서 보위부와 잘 통하고 잘나가던 친구다. 한국에 올 이유가 없다"라고 말했다. 이혜련 씨는 같이 탈북한 김 씨에 대해서도 사실대로 말하지 않았다고 한다. 아무 사이도 아니라고 해야 임대주택을 한 채씩 받을 수 있다고 해서 그랬다는 것이다. 이 부분도 국정원에게 빌미를 준 셈이 됐다.

이혜련   저희는 아빠 엄마가 당원이었고 우리 집은 출신이 좋았어요. 북한에서 저는 고난의 행군이라는 걸 모르고 자랐어요. 그래서 정말 저는 한국에 오고 싶은 생각이 없었어요. 여기 같이 온 친구가 있는데 그 친구가 나를 억지로 데려왔어요.

필 자   김철민 씨라는 분?

이혜련   네. 국경을 넘을 때 내가 안 오겠다고 해서 [철민이가] 돌을 가지고 날 때려서 여기 흠집 있잖아. 그래서 국정원 조사를 받을 때도 내가 왜 간첩이냐고, 나는 이 나라를 오겠다고 생각조차도 안 했다, 철민이가 나를 억지로 끌고 왔다, 나는 여기 상처도 있다고 이렇게 보여주고 그랬는데도 결국은 간첩이 됐어요.

철민이하고 둘이서 "우리 친구 사이라 하면 집을 하나 준단다. 집을 각자 받자" 그러니까 욕심이 있어서 거짓말이 나오기 시작한 게 말을 떠듬떠듬거리고 이렇게 된 거예요. 나도 걔하고 같이 살고 싶지 않으니까 "거기서 좀 알았지만 상관없습니다", 이렇게 하니까 조사하는 선생이 나한테 처음에는 반말을 안 하던 게 반말을 막 하는 거예요. 내가 거짓말 한다면서.

그러니까 처음에는 선생을 속여서 죄송했는데, [그 사람이 나한테] 반말하니까 어디다 대고 야 자 하냐고 선생이 몇 살이냐고 대들고 막 싸움이 났어요. 선생이 책상 빵 치면 처음에는 무서워서 못 쳤다가 두 번 세 번 책상 치면 나도 한 번 빵 치고 했어요. 그 선생하고 트러블이 생겨서 막 그렇게 되니까 나더러 북한에서 개, 돼지보다 더 못하게 살다가 와 가지고 뭐 어떻다 이러더라고요. 너는 얼마나 잘살았냐 막 이렇게 따지고……. 국정원 선생이 나보고 개, 돼지보다 못하다는 소리를 하고 탈북자들을 그렇게 대하더라고요.

필 자 그럼 처음에 철민 씨하고 모르는 사이라고, 아무 상관없다고 그런 식으로 얘기했어요?

탈북 마케팅

이혜련 예. 끝까지 그렇게 했으면 좋은데 나중에 철민이가 한
       국에 결혼해서 살려고 나를 데려왔다고 이렇게 말이 나
       온 거예요. 그러니까 조사관들끼리 "야는 이렇게 하는
       데 야는 왜 이러느냐. 이렇게 말이 안 맞다" 이렇게 된
       거예요.

필 자 거기서부터 의심을 사게 된 거다?

이혜련 서로 말이 달라지니까 우리 사생활을 캐묻기 시작한 거
       예요. 그러다보니까 최정훈하고 북에서 사귀었다 그런
       사생활이 나오고……. 최정훈이란 애가 여기 와서 그런
       일[반북 단체 북한인민해방전선 사령관]을 하니까 야는 간
       첩 만들기 좋네, 그렇게 해서 이렇게 됐어요. 거짓말탐
       지기를 처음부터 쓴 게 아니라 그것 때문에 하게 된 거
       예요.

       북한에서 최정훈 씨*와 사귀는 사이였다는 말이 나오
고 나서 이혜련 씨를 보위부에서 간첩 임무를 받고 온 사람이
라는 식으로 몰아갔다. 이혜련 씨가 최정훈 씨를 유인·납치해
서 북으로 데리고 가거나 살해하는 임무를 받고 위장 탈북했다
는 것이다. 이혜련 씨는 말도 안 되는 소리라고 혐의를 부인했
다. 독방에 갇혀 있는 이혜련 씨에게 여성 조사관은 '간첩이라

---

*   당시 북한인민해방전선이라는 반북 성향의 탈북자 단체 대표를 지내면서
       스스로를 사령관이라고 칭했다.

는 사실을 자백하면 하나원에 빨리 보내주겠다, 임대주택을 서울에서 받게 해주고 텔레비전, 냉장고 같은 가전제품도 좋은 것으로 마련해주겠다'고 회유하기도 했다. 유가려 씨도 오빠가 간첩이라고 자백하면 오빠와 함께 한국에서 살게 해주겠다, 좋은 집도 주고 가전제품도 다 준다고 회유했다고 증언했다.

이혜련 씨가 쉽게 간첩이라는 것을 인정하지 않자 거짓말탐지기 조사가 시작됐다. 첫 번째 조사를 하고 나서 조사관은 "거짓말을 한 것으로 나왔다. 당신은 간첩이 맞다"라고 말했고, 이혜련 씨는 절대 그럴 리 없다면서 다시 한 번 조사를 받겠다고 자청했다.

장경욱　순진하신 거 같아. 탈북자분들이 여기 문화도 낯설고 법률 지식도 없으니까 독방에서 시간이 오래 걸리면 기계 검사가 자기를 오히려 해명해줄 거라는 생각을 하는 것 같아요.

이혜련　나도 그렇게 생각했어요.

장경욱　'이거 굉장히 과학적인 수사 기법이다' 이렇게 착시 현상을 주거든요. 그래놓고는 "너 보위부 임무받고 왔다"고 하면서……. 거짓말탐지기는 과학적이지 않아요.

이혜련　거짓말이더라고요. 그게 진짜 거짓말.

장경욱　그럴 듯하게 장치를 설치해서 "거짓말하면 불에 타죽는다" 이런 얘기도 하고, 이게 하나의 자백을 받아내는 기법이에요. 거짓말탐지기해서 해명될 거라 생각했는데 오히려 간첩이라고 나와버리니까 거기서 되치기하려고 하는 거잖아. "내가 기억을 마비시키는 회피용 약물이 있다"라고 한 게.

이혜련 "내가 간첩일 리 없다. 다시 해달라, 다시 해달라" 해서 두 번째 신청한 거예요. "내가 저기 잘못 나왔다 내가 간첩이라는 건 잘못 나온 거다" 해서 두 번째 가서 했는데 거짓말탐지기 조사한 선생이 보여주면서 말을 해주는 거예요. 두 번째는 거짓말 아닌 걸로 나왔다고. 내가 거기서 열받아서 조사관한테 가서 "그거 왜 그렇게 나왔는지 알려줄까요? 거짓말탐지기 속이는 그런 약을 썼다" 그렇게 해서 한 소리인데 그래서 그 밴드 소리가 나오고. 그러니까 그 선생이 그럼 그거 어디다 숨겼냐고 해서 "내가 멀미를 세게 하는데 우리 북한에서 멀미약을 그렇게 써요. 반창고 같은 거 배꼽에다 붙이는 거. 밴드처럼 붙인다" 그랬죠. 선생한테 네가 나한테 그렇게 했으니까 너도 좀 골탕을 먹어라 하고 그런 거지. 나를 징역을 보내리라고는 꿈에도 생각 못 하고. 네가 그만큼 속이려면 얼마나 피곤하겠냐 해서 요기다 붙이고 요기다가도 붙인다고 해서 그럼 어떤 느낌이냐고 해서 박하 향처럼 화하다고 이렇게 거짓말한 거예요.

장경욱 변호사는 이것을 '되치기'라고 표현하는데 나는 이혜련 씨 이야기가 쉽게 믿어지지 않았다. 거짓말탐지기 검사를 두 번 해서 첫 번째는 거짓 반응(간첩이라는 반응)이 나오고 두 번째는 진실 반응(간첩이 아니라는 반응)이 나왔는데, 진실 반응이 나오자 이혜련 씨를 담당했던 여성 조사관은 조금 당황했고 이혜련 씨는 의기양양했다. 조사관은 이혜련 씨를 다시 회유하려고 같이 맥주를 마시면서 일상적인 대화를 나누었다고 한다. 이혜련 씨는 자기한테 모욕적인 언사를 써가며 간첩 혐의를 씌운 여성 조사관에게 어려운 숙제를 줘서 골탕을 먹이려고 '거짓말탐지기 회피 약물'이라는 듣도 보도 못한 약물을 생각해냈다는 것이다.

필　자　골탕 먹이려고 그렇게 얘기했다고요?

이혜련　네! 정말이에요. 그것도 정식 조사 받으면서 얘기한 것도 아니고 맥주를 먹으면서 그 말을 한 거예요. 그 안에서 스트레스를 받다나니까 북한에서 가지[막] 왔을 때는 내가 정말 약했어요. 내가 술이 진짜 세거든요. 스트레스 받은 데다 안 먹다가 먹으니까, 큰 컵에다 두 개를 먹고 약간 취한 거예요. "선생님, 그거 왜 그런지 압니까? 왜 처음에는 거짓말이라고 나오고 두 번째는 진실이라고 나오고 그랬는지 압니까? 거짓말탐지기 속이는 약이 있어요. 선생한테 이렇게 말하고 나니 시원하다"고 술 먹으면서 이렇게 말했는데 갑자기 '탁탁탁탁' 요런 소리가 나더니 그걸 컴퓨터에다 받아 적은 거예요.(웃음) 그렇게 하고 저녁에 가서 잤거든요. 술 먹고 나불나불하다가 방에 가서 잤는데 다음 날 선생이 "어제 무슨 박하 향 났다는 거 뭐냐"고 그러는 거예요. 정신 차리고 보니까 내가 이미 뱉은 말이니까 내가 너한테 거짓말했다고 그러겠어요? "아, 선생님, 그게 무슨 말입니까? 아 그랬습니까? 그럼 이런 밴드인가" 이렇게 사기를 치다나니까 그렇게 된 거예요. 술 먹구서리 둘이 앉아서 이렇게 했는데 갑자기 타자를 치던 생각은 나요. 두드리던 생각은. 근데 약이라는 게, 처음부터 약을 그리라는 소리는 없었어요. 며칠 돼서 기록이 되니까 그다음에는 "그 약이 어떻게 생겼나 그림을 그려라" 하니까 나는 떠오르는 것도 없고 이 거짓말을 이제 어떻게 이걸 담을 것인가 했는데 제일 그리기 헐한 게 밴드가 생각이 났어요. "이렇게 반창고같이 생긴 게 거기 박하향이 난답니다" 이렇게 또 한 거예요. [그랬더니] 그려봐라 하는 거예요. 백지 주기 때문에 거기다 그리게 됐는데 몇 센티 몇 센티 되느냐 하니까 그 밴드가 대략 몇 센티 될까 해서 그리게 된 거예요.

장경욱　먹는 약이라고 했으면 수면제인가 하는데 붙이는 약이라고 하니까 더 웃기잖아요. 그러니까 기억을 마비시켜가지고 거짓말탐지기를 통과했다는 걸 믿으면 안 되잖아요. 그게 농담이잖아요. 되치기 농담인데 이게 1심, 2심 다 인정되어가지고 2심에서는 이게 양형 가중 사유로 나와요. 만약에 배출이 됐으면 대한민국에 엄청난 위험을 초래했을 것이고, 처음으로 북의 장성이 기억을 마비시키는 약을 간첩한테 주고……. 상식적으로 이게 말이 됩니까? 약물 연구하는 전문가들한테도 문의해봤지만 그런 약물은 들어본 적이 없다는 건데. 혜련 씨가 말한 그 밴드를 실제 가지고 있었던 것도 아니고 그림으로 그려서 그걸 증거로 채택했다고요.

국정원과 상의해서 시나리오를 만들었다

국정원과 검찰은 보위사의 박○○ 보위부장이 이혜련 씨를 남파하면서 거짓말탐지기를 통과할 수 있는 약물을 줬다고 했다. 보위부장은 이 약물이 몸에 붙이는 '패치' 형태이며 평양의 '닫긴구역'에서 박사 다섯 명이 만든 약이라고 설명했다는 것이다. 이 '패치'는 검은색과 흰색이 있는데 검은색은 목 뒤, 흰색은 배꼽에 붙이면 7일 동안 기억이 사라지고, '패치'를 떼고 5일이 지나면 기억이 돌아온다고 했다. 이혜련 씨는 탈북 후 한국으로 온 뒤 이 '패치'를 붙이고 국정원 합신센터의 거짓말탐지기 검사를 받았고, 진실 반응(간첩이 아니라는 반응)이 나왔다는 것이 국정원과 검찰의 주장이다. 이런 내용을 이혜련 씨가 자백했다는 것인데 이혜련 씨는 보위부장의 계급이 뭔지도 몰랐다고 한다. 심지어 이혜련 씨는 자신이 납치하려고 했다는 최정훈이 한국에서 무슨 일을 하는지도 몰랐다.

이혜련　그 고급 군관이라는 것도 나는 소좌고 중좌고 그것도 조사관이 "북한은 줄이 두 개이고 별이 몇 개면 뭐이다 뭐이다" 이렇게 알려줘가지고 그때 기억을 한 거예요. 별이 있는 사람이 와서 나한테 약물을 주고 그렇게 지시했다 하라고 시키더라고요. 처음에 너무 황당한 게 최정훈이라는 게 이 나라에서 얼마만큼 대단하기에 내가 걔를 죽이러 왔겠냐고 그걸 모르겠더라고요. 걔의 직업도 몰랐고. 징역 다 살구 나와서 걔가 무슨 기자다, 탈북 단체 한다, 그런 거 그때 알은 거예요. 징역 살면서 친구 보고도 그랬어. 도대체 최정훈이가 뭔 일을 하는데 내가 그런 혐의 받을 수 있느냐고.

장경욱　북한인민전선해방군 사령관이에요.

이혜련　북민전이라고 해서.

장경욱　듣기로는 혜련 씨 때문에 포상금 많이 받은 거예요. 그걸 알아야 돼.

필　자　그 친구가 혜련 씨를 고발한 게 맞아요?

장경욱　공작을 어떻게 했는지는 모르겠는데 혜련 씨가 오는 걸 알고 있었을 테니까.

필　자　미리 다 알고 있었다?

이혜련　내 생각에는 아무래도 내가 오는 건 몰랐어요. 여기서 조사할 때 내가 "양강도 혜산에서 왔다" 그러면 국정원에서 내 고향 애들한테 다 전화를 띄워요. "혹시 이런 사람을 아냐, 얘가 북한에서 어떻게 살았는지 말해라"

이걸 다 했을 거예요. 정훈이가 국정원에서 짜고 한 거예요. 내가 아는 친구들이 말하는 게, 너 간첩 혐의 받았을 때 최정훈이 그렇게 빚이 많던 애가 갑자기 탈북자한테 나눠주는 그런 집에서 안 살고 비싼 집에 이사 갔대요. 전구 하나가 백몇만 원짜리를 하고 그랬는데 갑자기 돈이 어디서 나서 그랬냐 했는데 그 후에 소문에 돈 게 혜련이를 간첩으로 신고해서 돈을 받은 것 같다고 소문이 났다 그러더라고요. 내가 나와서 정훈이 만나서 "야, 이 ××야 나를 팔아서 몇 억짜리 큰 집으로 이사를 갔다면서 좋냐?" 이랬더니 "혜련아, 나 절대 그런 게 아니다. 내 대출을 받았다" 이러는 거라. 우리 친구들이 나한테 말하기를 "걔는 돈 1전두 없다. 지금도 식당에서 밥 먹으면 영수증 끊어서 국정원 주고 국정원에서 그 돈이 다 나온다" 그래요. 그렇게 사니 진짜 국정원 끄나풀이 맞구나 그랬죠.

장경욱 북한인민전선해방군 사령관이 국정원 끄나풀 아니면 누가 끄나풀이야?

이혜련 씨는 거짓말탐지기 회피 약물 외에도 '꼽새'라는 별명을 가진 가상의 인물도 만들어냈다고 한다. '꼽새'는 척추장애인인 '꼽추'를 말한다. 이혜련 씨는 만화 같은 상상력으로 가상의 고정간첩인 '꼽새'를 지어냈고, 국정원은 그것을 덥석 받았다는 것이다. 이혜련 씨가 최정훈을 납치하거나 유인

탈북 마케팅

해서 꼽새에게 넘기면 그가 살해하거나 북한으로 데리고 가기로 했다는 스토리다. 꼽새는 한국에서 오래 활동한 고정간첩으로 캐릭터가 정해졌다. 이혜련 씨는 간첩 임무를 수행할 때 사용하는 자신의 활동명을 '아가'라고 말하기도 했다. 그런데 그 모든 것이 이혜련 씨와 국정원 수사관들이 합작해서 지어낸 시나리오였다는 것이다. 장경욱 변호사는 이혜련 씨도 그렇고 국정원 합신센터에서 간첩 혐의로 조사받은 사람들은 모두 심리치료가 필요하다고 말했다.

장경욱 혜련 씨는 심리치료가 필요한 환자라고 봐요. 본인이 거짓말을 많이 하고 현실 문제에 직면하지 않으려고 회피하는 경향이 있다는 걸 인정해야 돼요. 혜련 씨는 좀 허세가 있는 거 같아요.

이혜련 허세가 있어요. 그거 내가 인정해요. 누구한테 지지 않으려고 하고. 네가 이렇게 하면 나도 이렇게 한다, 그러다가 이렇게 됐죠.

장경욱 국정원 직원한테 꼽새가 있다고 얘기하니까 국정원 직원이 (웃음) 여기 고정간첩을 잡아야겠다고 생각하는 거잖아요. 거짓말인데.

이혜련 감옥 가서도 국정원 직원한테 "영치금 넣어주세요. 그럼 꼽새를 잡아줄 거예요" 그랬어요. 너도 나한테다 사기 쳤는데 나는 왜 못 치냐 계속 이렇게 반발심이 나게끔 만드는 거예요.

장경욱 그 부분을 치료를 받아야 돼요. 힘든 건 힘들지만 이제 현실을 있는 그대로 받아들여야죠. 더 이상 거짓말하거나 현실을 왜곡하거나 하지 말고.

이혜련 씨가 간첩이 된 과정은 건전한 상식을 가진 사람으로서는 믿기 힘든 부분이 많다. 〈뉴스타파〉에서 '이시은'이라는 가명을 써서 처음 이 사건을 보도했을 때 합신센터의 수사 과정을 애니메이션으로 제작해서 보여주었다.* 허구 중에서도 가장 자유로운 상상력이 허용되는 만화로 스토리를 재구성한 것이다. 국정원은 이혜련 씨의 진술만으로 이 사건을 사실로 만들어 검찰에 송치했으며, 검찰은 이혜련 씨를 구속했고, 재판부는 그에게 징역 3년의 실형을 선고했다. 이혜련 씨의 진술 말고 물증은 없었다. 거짓말탐지기 회피 약물이라는 것도 실체를 제시하지 못한 채 이혜련 씨가 그린 그림을 증거로 제출했다. SBS 〈그것이 알고 싶다〉에서도 이혜련 씨의 사건을 프로그램으로 제작해서 방송했다.** 〈뉴스타파〉와 SBS 〈그것이 알고 싶다〉 제작진이 찾아간 전문가(연구자)들도 그런 약물이 있다는 이야기는 전혀 들어보지 못했다고 증언했다. 이혜련 씨와 함께 탈북한 김철민 씨는 〈그것이 알고 싶다〉에 출연해 국정원이 이혜련 씨의 활동명이라고 주장하는 '아가'라는 별

---

*   "국정원 거짓말탐지기를 속인 여자", 〈뉴스타파〉, 2014년 7월 3일 방영.
**   "'아가'와 '꼽새', 그리고 거짓말: 여간첩 미스터리", 〈그것이 알고 싶다〉, SBS, 2014년 7월 26일 방영.

탈북 마케팅

명은 자신이 이혜련 씨에게 지어준 애칭이었다고 증언했다.

　1심과 2심 재판이 진행되는 동안 내내 자신의 자백이 사실이라고 고집하던 이혜련 씨는 2014년 4월에 항소심에서 징역 3년이 선고되면서 무너졌다. 장경욱 변호사는 항소심이 진행될 때부터 구치소로 찾아가 진실을 말해달라고 이혜련 씨를 설득했다. 이혜련 씨는 항소심이 끝나고 나서 처음으로 자신의 진술이 전부 거짓이었다고 고백했다. 대법원 상고심 때 장경욱 변호사와 박준영 변호사가 이혜련 씨의 무죄를 입증하기 위해 애를 썼다. 검찰은 이혜련 씨의 사건을 언론사에 제보한 장경욱, 박준영 변호사와 〈그것이 알고 싶다〉를 제작한 PD에 대해서 수사를 벌이며 압박했다. "피고인 또는 변호인이 검사가 증거로 제출할 서류 등을 사건 또는 소송 준비가 아닌 다른 목적으로 타인에게 교부·제시해서는 안된다"라고 규정한 형사소송법 제266조 제16항을 위반했다는 것이다. 언론에서는 2014년 당시 유우성 씨 사건과 홍강철 씨 사건이 잇달아 무죄 판결이 나자 검찰이 민변에 대한 보복 수사를 하는 것이라는 비판도 나왔다.

　대법원은 2014년 10월 17일, 이혜련 씨에게 고등법원이 선고한 징역 3년을 확정했다. "거짓말탐지기 회피 약물 진술은 의심되지만 위장 탈북 공작원의 자백이 신빙성을 잃지 않는다"라는 게 대법원의 상고 기각 이유였다. 나는 정말로 궁금하다. 국정원과 검찰, 법원은 정말로 이런 일이 있다는 것을 믿었을까?

6.

통일사업과
이중간첩

징역을 살고도 끝나지 않는 두려움

간첩 혐의를 인정하고 징역 4년의 실형을 살고 만기 출소한 김정애(가명) 씨는 장경욱 변호사가 아무리 정성을 쏟아도 좀체 마음을 열지 않는다고 했다. 아직도 국정원이나 경찰의 눈치를 보고 그들에게 자신의 모든 상황을 보고해야 된다는 강박에 시달리고 있다고 했다. 장경욱 변호사는 김정애 씨역시 조작된 간첩이라고 확신하고 있었다.

장경욱 변호사는 김정애 씨가 감옥에 있을 때 자주 접견을 가고 편지도 보냈다. 그가 출소하고 나서도 자기 집으로 초대해서 식사도 하고 서울 구경도 시켜주었다. 오랜 망설임 끝에 김정애 씨가 인터뷰를 하겠다는 결심을 했다.

2019년 1월 하순에 장경욱 변호사와 함께 자리를 마련해 김정애 씨를 만날 수 있었다. 그는 실명을 쓰지 말라고 했고 자신의 신상에 대해서도 자세하게 밝히지 말아달라고 했다. 그러나 김정애 씨는 한번 입을 열자 네 시간 동안 쉬지 않고 자신의 억울함을 호소했다. 그는 지금까지 한 번도 실명으로 언론과 인터뷰를 한 적이 없다. 그만큼 그는 주눅 들어 있었고 조심스러워 했다.

김정애(가명) 씨 사건은 2013년 4월, 언론에 다음과 같이 보도되었다.

북한에서 평범한 주부로 살던 A(43) 씨는 생계가 어려워지자 2009년 중국에서 일을 하기로 결심했다. 그런 A 씨에게 평소 알고 지내던 보위부 직원은 '쉽게 중국으로 보내주겠다'며 간첩 활동을 제안했다. 고민하던 A 씨는 제안을 수락했고, 교육을 받은 뒤 다음해 10월 '대한민국 정보기관 연계망을 파악해 보고하라'는 보위부 지령을 이행하기 위해 중국 단둥으로 향했다. 그곳에서 A 씨는 2011년 2월까지 중국에서 활동하는 정보기관 요원들의 정보를 수집해 보위부에 보고했다. A 씨에 의해 대북 정보망 일부가 노출되면서 한국을 위해 일하던 북한 국적 정보원 1명이 보위부에 체포되기도 했다. 이어 A 씨는 한국에서 지령을 수행하기 위해 지난해 6월 인천국제공항에 탈북자 신분으로 입국했다. 그러나 조사과정에서 위장탈북 사실이 들통 나면서 간첩 혐의로 구속 기소됐다.*

잘나가던 평양 아줌마

본인의 말을 들어보면 앞의 기사의 내용과는 달리 김정애 씨는 먹고살기 힘들어서 돈벌이를 위해 중국에 간 것이 아

---

*   조혜령, 〈판결로 드러난 영화같은 남북 첩보전〉, 《노컷뉴스》, 2013년 4월 19일 자, https://www.nocutnews.co.kr/news/4319221.

니었다. 청주여자교도소에서 김정애 씨와 함께 복역했다는 이
혜련 씨는 김정애 씨가 내성적이고 '곁을 주지 않는 사람'이라
고 했다. 직접 만나보니 그는 북한에서 평양 시민이었고 핵심
계층으로 살았던 것에 대해서 자부심을 갖고 있었다. 북한의
다른 지역 사람들이 '평양 깍쟁이'라고 부르는 그런 사람이었
다. 그는 외가 쪽 친척들이 중국에서 잘살고 있어서 1990년대
부터 중국 여행을 자주 가곤 했다.

김정애 나는 서른네 살 때부터 여권 소지하고 중국에 나왔어요.
　　　 황장엽이 한국에 왔을 때니까 97년도 10월부터 여권
　　　 내가지고 중국에 오기 시작했죠. 그때는 나오는 사람이
　　　 없었어요. 통제가 심할 때예요. 황색 바람**이 분다, 자
　　　 유화 바람 들어온다면서 모기장 친다고 하던 때죠.
필　자 90년대에 중국에 여행 다니셨다고요?
김정애 네.
필　자 중국에 나오면 주로 어디 계셨어요?
김정애 연길에 있었어요. 연길 이모네 집.
필　자 뭐 하신 거예요? 장사 같은 거?
김정애 그런 건 전혀 안했어요.
장경욱 그냥 이모부와 이모 도움 받아서 돈이나 물건 받아서

** 　　북한에서 저속하고 퇴폐적인 풍조를 일컫는 말. 보통 '자본주의 황색 바람'
　　　이라고 한다.

들어가고 했나요?

김정애 용돈으로 달러 주면 받아서 들어가고 그랬죠.

장경욱 이모부가?

김정애 연변자치주에서 고위 공무원이었어요.

필 자 평양에서 직장 다니셨어요?

김정애 평양에서 제일백화점에 있었어요. 딱 광장 나오면 외무 성 앞에 있어요. 문화용품이라고 외국인 전용 매장 있 어요. 거기 판매원으로 있었죠.

필 자 아, 면세점 같은 거구나. 외국어 잘하시겠네요.

김정애 그냥 긴 이야기 안 하니까. 판매원이니까 인사 정도 하 고 가격 이야기하고 숫자 같은 거…….

김정애 씨는 고난의 행군 시절에도 큰 고생 없이 지냈 다고 했다. 그런데 더 잘살고 싶은 욕심이 화를 부른 것이다. 그가 2011년에 중국에 가려고 비자를 신청하자 직장 상사였던 당 비서가 그를 질책했다. "고난의 행군으로 다들 힘들게 살다 가 이제 조금 나아져서 다들 허리띠를 졸라매고 열심히 일하 고 있는데 당신은 그동안 편하게 살았으면서 왜 그렇게 이기 적인가? 나중에 생활총화*할 때 비판받으면 뭐라고 대답하겠 는가? 중국 여행을 허락해줄 수 없다"라고 말했다. 그러나 김 정애 씨는 보위부에 줄을 대서 기어이 비자를 받아냈다.

---

* 공개적으로 자아비판을 하고 상호비판을 하는 북한 특유의 회의 방식.

탈북 마케팅

장경욱 국정원에서 같이 탈북한 유○○ 씨도 보위부 정보원이
　　　었다고 자백했다고 그래요?

김정애 나한테 얘기했어요. "당신이 중국에 더 많이 나오고 유
　　　○○ 씨는 몇 번밖에 안 나왔어. 당신 몇 번 나왔는지
　　　생각해봐. 당신 직업 좋아, 대학 나와, 중국의 이모부도
　　　평양에 마음대로 와, 그런 사람이 탈북을 왜 하냐고. 보
　　　위부에서 임무 줘서 나온 거"라면서 아무거나 막 꿰서
　　　말을 막 만드는 거예요. 나는 제일백화점에서 직장생활
　　　을 18년을 했어요. 북한에서는 최고예요.

필　자 꿈의 직장이네요?

김정애 한국하고는 비교가 안 되지만 북한에서는 최고였어요.
　　　처녀 때도 잘나갔었고, 중앙당 지도원들도 나한테 "하
　　　이, 하이" 할 정도로 잘나갔는데…….

　　　김정애 씨는 안색이 창백하고 병색이 짙었다. 김정애
씨가 간첩 혐의를 받게 된 것은 중국에 있을 때 국정원에 북한
의 정보를 제공하는 '통일사업'이라는 것을 했기 때문이었다.
김정애 씨는 중국 단둥에서 국정원 협력자로 일했는데 그것을
'이중간첩'이라고 몰아갔다.

필　자 합신센터에 얼마 동안 계셨어요?

김정애 5개월 있었는데 그때 결핵성 늑막염 걸려서 폐에 물이
　　　찼는데 수술 못 하고 수원구치소에 들어가자마자 수술

받았어요. 그때부터 건강이 나빠져서 요즘도 계속 병원 다니면서 약 먹고 치료받고 있어요. 수원구치소 있을 때 동수원병원에서 수술 받았는데 당뇨도 있다 해서 그때부터 결핵약과 당뇨병 약 먹고…….

필 자 중국에서 얼마나 있었어요?

김정애 그때 단둥에서 1년 정도 있었어요.

필 자 국정원에서 간첩 혐의 받았을 때 구체적으로 어떤 행위가 있었다고 했을 거 아니에요?

김정애 단둥에서 통일사업 했는데…….

필 자 누가 통일사업 하라고 했어요?

김정애 단둥에서 남편이 미국인이고 부인이 유니스 채라고 한국인인 선교사 부부와 친하게 지냈는데 그 사람들이 이 사장이라는 사람을 소개했어요.

필 자 아까 말씀하신 통일사업이라는 게 뭐예요?

김정애 통일사업이라는 게……. 지나간 과거 자꾸 들추고 싶지 않습니다. 이게 좋은 것도 아니고 창피하고 들추고 싶진 않은데 억울하고……. 남들처럼 잘살고 싶어서 그랬던 건데 여기 와서 간첩 누명 쓰고 건강 망가지고 억울하긴 한데 이제 와서 그걸 까발린다고 해서……. 이거 밝힌다고 해서……. 진짜 모르겠어요. 혹시 이게 중국에서 알려지면 또 이제 와서 뒤집으면 아이들이 피해를 당하지는 않을까 걱정도 들고.

필 자 어쨌거나 그 사람들 만난 걸 후회하시는군요. 실수라고 생각하시는군요?

김정애 실수죠. 실수인 건 맞는데.

필　자 그분들과 연계를 가지다보니까 할 수 없이 여기 오신 거라는 거죠?

　　　김정애 씨는 여전히 두려워하고 있었다. 자기 이야기가 세상에 알려지면 또 어떤 피해를 보지 않을까? 자기도 자기지만 북에 있는 가족들이 피해를 볼까봐 걱정했다. 그는 북에 남편과 두 딸을 두고 왔다.

김정애 이 이야기 한다고 해서 당장 쓰시는 건 아니잖아요?

필　자 원치 않으시면 [김 선생님 이야기는] 책에 안 쓸 수도 있어요.

김정애 원치 않는다는 건 아닌데……. 나는 진짜 억울합니다. 난 한 것도 없고 아무것도 없어요. 했지만 이자처럼 [아까 말한 것처럼] 그 사람들이 나를 간첩으로 만들어야 되니까 내가 한 일 중에서 이건 분명 뭔가 있을 것이다 하는 걸 꼬투리 잡아서……. 말이 씨가 된다고 내가 한 말을 가지고 이리저리 돌려서 맞추는 거예요. 조사하면서 나를 세뇌시키는 거지. "보위부 갔었죠? 과장 만났죠? 맞죠? 뭘 아니라 그래?" 이러면서 나는 계속 아니라고 하고. 밤새껏 조사하면서 장소와 사람을 말하고 "여기서 이 사람 만났죠?" 이렇게 하면 나는 아니라고 소리치고 하다가 몇 달 지나니까 사람이 지치잖아요. 여자 한 사람이 조사하다가 2개월이 지나니까 남자 셋을 붙이더라고요. 중년 남자 둘에다가 거짓말탐지기 검사하는 남자 하나에다가 그렇게 붙어서 조사했어요.

김정애 씨는 2011년에 혼자서 중국 여행을 가려고 보위부에 비자를 신청했다. 북한에서는 개인적인 용무로 여행하는 것을 사사여행이라고 하는데, 사사여행을 하더라도 대개 2인 1조로 내보내고 혼자서 여행하는 것은 쉽게 허락하지 않는다. 그런데 김정애 씨는 핵심계층에 속해 있고 중국의 친척들도 공직에 있는 사람이 많아서 신원이 확실하기 때문에 1997년부터 혼자서 중국 여행을 다닐 수 있었다. 그런데 2011년에 보위부 앞에서 만난 '은아 아빠'라는 남자가 김정애 씨에게 중국에서 쉽게 돈 벌 수 있는 방법이 있다면서 자기한테 연락하라고 했다.

장경욱 그 전까지는 체류기간을 딱딱 지켜서 중국에 왔다 갔고 불법체류는 한 적이 없잖아요. 그런데 언제 처음 이 사장*을 접촉한 거예요?

김정애 2011년도에 왔을 때.

장경욱 누구 소개로?

---

* 단둥에서 활동하는 국정원 정보원들을 관리하는 국정원 직원.

탈북 마케팅

김정애 비자가 나올 때가 됐는데 소식이 없어서 보위부에 갔
어요. 보위부에서 과장 만나러 왔다고 접수하고 전화하
니까 회의 갔대요. 마당에서 왔다 갔다 하면서 기다리
는데 웬 남자가 와서 말을 걸었어요. "과장 만나러 오지
않았냐"고 그래서 "네, 해외 나간다고 기다리고 있어요"
그러다가 과장이 나와서 한참 이야기하고 있는데 이 사
람이 와서 과장한테 인사하더라고요. 과장을 알더라고.
거기 서서 말하는데 그 사람이 문제였어요. 여기다가
꿰맞추는데 정말 모르는 사람이었어요.

필　자 지금도 모르세요? 그 사람이 누군지?

김정애 이름도 모르죠. 그냥 은아 아빠라 그러던가? 자기 전화
번호 대줬어요. 중국 들어가면 전화해달라고 하더라고
요. 그 사람한테서 전화 두 번인가 왔어요. 아직 비자 안
나왔냐고. "나올 것 같다니까 좀 기다리고 있어요"[라고
대답해주고] 그런 것밖에 없었어요. 그 전에 나더러 중국
에 사사여행 간다니까 친척들이 뭐하냐고 묻고 "이모부
가 공직에 있고 이모나 사촌들 도움받는다"고 하니까,
"지금은 다 다니면서 장사하지 아주머니처럼 그냥 오고
돈 받아다 쓰는 건 바보"라고 그러는 거예요.

필　자 중국 다니면서 다 장사한다고 그 남자가 그래요?

김정애 네, 그래서 나는 할 게 없다고 그랬죠. 이모부나 사촌들
다 공무원이고 보수적이라서 나는 장사 못 한다고. 그
랬더니 나가서 1년 정도만 일하면 1만 불, 2만 불도 벌

어온다고 그래요. 지금 생각해보니까 뻥인지 아니면 국
정원 일을 했는지.

장경욱　국정원 스파이였네.

김정애　몰라, 몰라요. 합신센터 조사관 여자가 이 사람을 꼭 물
고 늘어지는 거야. 이 사람 이름을 대라고 여기서 진전
이 안 되고 한 달을 싸웠어요. "나는 죽어도 다른 건 모
른다. 그냥 은아 아빠다. 북한에서 전화 연결해준 것뿐
이고 다른 건 모른다." 그게 사실이니까.

장경욱　은아 아빠가 어떻게 소개해줬어요?

김정애　단둥에서 자기가 좋은 일자리 소개해준다고. "우리 이
모네 집에서 알면 큰일 난다" 그러니까 그 남자가 거기
가면 숙식 다 할 수 있다면서 단둥에 가래요. 나는 단둥
에 안 가봤어요. 열차 타고 나는 심양 역에서 연길로 갈
아타고 그랬어요. 단둥에 가면 손영미가 하는 연안여관
이라고 조선 사람들이 다 여기 간다고 그러더라고.

장경욱　단둥에 제가 국정원 거점까지 다 알아요. 다 갔다 왔어.
김정욱 씨*가 말해준 대로.

김정애　은아 아빠가 손영미 연결해주고, 손영미 동생이 그 이
사장 소개해줬어요. 합신센터에서 난 솔직히 이야기했
어요. 한국에 오게 된 과정을 처음부터 다 이야기했는
데 생각지도 않게 여기서부터 사단이 난 거예요. 여기

---

*　단둥에서 김정애 씨가 만났던 국정원 정보원.

서부터 물고 늘어지고 진전이 안 돼요.

　김정애 씨가 북한에서 비자를 발급받으러 보위부에 갔을 때 '은아 아빠'라는 남자를 만난 게 이 모든 일의 발단이었다. 은아 아빠는 김정애 씨에게 단둥에 가서 연안여관을 찾아가서 손영미라는 사람을 만나면 큰돈을 벌 수 있게 해줄 거라고 말했다. 김정애 씨는 그의 말을 믿고 평소처럼 연길에 있는 친척들을 만나러 가지 않고 단둥에 가서 연안여관을 찾아갔다.
　장경욱 변호사는 김정애 씨가 찾아간 연안여관이 북한에서 온 사람들을 정보원으로 포섭할 목적으로 편의를 제공하는 국정원의 거점 중 하나고 단둥에는 그런 거점이 30여 개 더 있다고 말했다. 김정애 씨는 중국에 갈 때 북한의 유명 화가 그림을 가지고 나갔다. 중국에서는 북한 화가들의 작품이 비싼 값에 거래된다. 사는 사람은 대개 한국 사람들이라고 했다. 김정애 씨는 손영미에게 그림을 팔게 해달라고 부탁했다. 손영미는 김정애 씨에게 그림을 파는 것은 좀 기다리라고 하면서 술 공장을 하는 한국 사람인 최 사장을 소개해주었다. 김정애 씨는 손영미와 최 사장이 둘 다 국정원과 연계되어 있다고 생각한다.

장경욱　이 사장을 소개해준 사람이 술 공장 사장이에요?
김정애　네, 그렇죠. 최 사장이라고.
장경욱　이 사장은 못 만나고 화상으로만 지령을 받으셨고요?

통일사업 각서는 쓰셨어요?

김정애 쓰라니까 썼죠.

장경욱 그걸 얘기를 좀 해주시라고. 남쪽에서는 어떻게 포섭을 해가지고 간첩을 잡아가는지를.

김정애 최 사장이 "친구가 국정원에 있는데 시키는 일을 해봐라, 힘드는 일이 아니다. 내가 그냥 거기 소식이라든지 돌아가는 일을 조금씩만 알려주고 그 사람들이 필요할 때 정보를 주고 일을 하다가 내가 의향이 있어가지고 한국에 들어간다고 하면 평양에도 선이 있어서 [가족도] 다 데려다줄 수 있다" 그렇게까지 얘기를 하더라고.

장경욱 (비꼬며) 그럼 [그 이 사장이라는 사람은] 김정은 위원장하고 연결된 놈이네.

김정애 그런 얘기까지 하더라고. 나처럼 순진한 사람이……. 바보는 바보였어. 돈 준다니까 돈에 빠져가지고 돈 번다는 생각에 '그 사람이 시킨다는 일이 뭐지?' 하고 걱정도 했어요. 북한에서 간첩 영화 같은 거 보잖아요. 어디가서 다리 폭파하고 무서운 일을 시키면 안 되잖아요 (웃음).

장경욱 간첩이 간첩 역할을 잘 모르시네.

김정애 글쎄 그런 건 잘 모르지.

장경욱 그래서 쌀값 정보 그런 거 알려달래요? 무슨 정보 알려달래요?

김정애 그때는 그런 얘기 안 하고, 무서운 생각이 드는 찰나에 내 간단한 약력, 이력을 잠깐 써달라는 거예요. 이 사장 부탁으로 최 사장이. 최 사장이 저쪽에다 얘기했겠지. 이런 여자가 있다 하니까 이력서를 써 보내라 했겠지. 써달라니까 썼죠. 쭉 학교 어디 나오고 직장 어디 다니고 이런 걸 쭉 썼어요. 줬는데 이 사장한테 갔는데 전화 연결이 됐어요. 이 사장하고 통화를 했어요. 북한 체제에 대한 내 생각, 북한이 잘못되었다고 생각하는 것, 평양에 대한 것, 내가 알 수 있는 것, 북한에서 어떤 요직에 있는 사람들을 아는지, 내가 아는 사람들을 다 써줬어요.

장경욱 그게 정보지 뭐. 엄청난 정보를 줬네.

연안여관의 손영미가 김정애 씨에게 술 공장을 경영한다는 최 사장이라는 사람을 소개했고, 최 사장을 만났더니 국정원에 있는 자기 친구라면서 이 사장이라는 사람을 소개했다. 김정애 씨는 이 사장이라는 사람과는 통화만 했지 직접 만나지는 않았다고 했다. 김정애 씨는 최 사장을 통해서 자신의 이력서를 국정원(이 사장)에 보냈고 그 후 이 사장과 통화를 했다. 김정애 씨는 그들이 요구한 대로 자신이 평양에서 알고 지내던 사람들에 대해서 알고 있는 정보를 써서 국정원에 주었다. 핵심계층에 속한 사람들이고 당이나 정부에서 요직을 지낸 사람들도 포함되어 있었다. 국정원 사람들은 북한 정보를 제공한 대가로 김정애 씨에게 화장품을 주고 생활비를 하라고 돈도 주었다.

필 자 그러니까 자기들이 정보원으로 쓰다가 한국에 오니까
        거꾸로 북한 보위부 간첩으로 만들었다는 거네요.

장경욱 공소장에는 김 선생님[김정애]이 북에서 지령을 받고 최
        사장이나 탈북자들이나 이런 사람들의 정보, 그러니까
        조국에 반하는 행위를 하는 자들의 정보를 수집해서 보
        냈다고 되어 있어요.

김정애 이런 말 해서 뭐해요? 내가 잘못이지. 내가 바보지. 이
        사장은 이렇게 끝나고 나한테 서약서 써달라고 해서 써
        줬어요.

장경욱 서약서 내용은 뭐예요?

김정애 한국하고 이러이러한 식으로 협력하고 그랬다. 잘 생각
        안 나요.

장경욱 대한민국에 충성할 것을 맹세한다?

김정애 뭐 서약서라는 게 그런 거잖아요. 통일을 위해서 협력
        했다고 했지.

필 자 그래서 통일사업이라고 하는구나.

김정애 팩스로 보냈지. 이 사장은 화상통화하면서 봤지. 이 사
        장이 전화번호를 대주고 "이 사람을 만나면 이 사람이
        나하고 화상통화를 시켜줄 것이다" 그러더라고. 그래서
        알고보니까 김정욱이었단 말예요. 지금 북한으로 잡혀
        간 김정욱. 거기 가서 싹 다 불었다니까 나에 대해서 다

불었겠지. 왜? 서약서까지 자기 앞에서 쓰고 이 사장한
테 다 보냈으니까.

필　자　팩스도 이 사람[김정욱]이 보냈어요?

김정애　이 사람이 했으니까 이 사람이 다 알지.

장경욱　단둥에 가니까 이 교회에서 열심히 기도하는 사람들이
　　　　다 이 사람 알더라고.

김정애　이 사람이 기도만 전문으로 하는 목사예요. 설교 목사
　　　　가 아니고 기도만 하는 목사예요.

장경욱　김정욱은 국정원 일 하고 대북지원사업 하는 게 아니고
　　　　간첩이 맞구나. 북에서 잡아서 기자회견하고 그랬는데
　　　　김 선생님[김정애] 정보도 북한에 다 들어갔을 거라는
　　　　거지. 그러니까 못 들어간 거지.

　　김정애 씨가 이 사장의 지시로 만나게 된 김정욱은 당
시에는 국정원의 정보원 노릇을 한 것이 확실하다. 김정애 씨
가 쓴 통일을 위해서 대한민국에 협력했다는 내용의 서약서를
팩스로 이 사장에게 보내고 김정애 씨와 이 사장이 화상통화
를 하도록 해준 사람이 김정욱이다. 김정욱은 단둥에서 국정
원 정보원으로 일하다가 북한으로 잡혀간 것으로 알려졌는데,
김정욱은 북한에 가서 한국을 비판하는 기자회견을 했다. 그
는 단둥에서 목사 직함을 가지고 활동했다. 김정욱이 북한으
로 잡혀갔다는 사실을 알고 나서 김정애 씨는 불안에 떨었다.
김정욱이 자신의 목숨을 구걸하기 위해서 단둥에서 국정원의

정보원 노릇을 한 북한 사람들에 대한 정보를 다 북에다 제공했을 거라고 생각했다. 김정애 씨는 처벌이 두려워서 북한으로 돌아가지 못하고 한국으로 올 생각을 하게 된 것이다. 장경욱 변호사는 그가 이중간첩이었을 거라고 말한다.

필　자 그래서 2011년에 계속 단둥에서 계셨던 거예요? 친척들도 안 만나고?

김정애 연락해가지고 "나 지금 중국에 왔다" [했더니], "그런데 너 왜 안 왔냐" 그래서 "자꾸만 신세지는 거 미안하고 그래서 그냥 일 좀 한다. 떳떳하게 돈 좀 벌어가지고 가려고 한다" 그랬더니 "너 참 큰일 났다. 중국에 와서 무슨 일을 해서 얼마를 번다는 거냐?" 그래서 내가 이런 얘기는 못하잖아요. 그래도 비자는 연장해야 되니까 오빠한테 갔어요. 사실대로 말을 못하고 그냥 비자만 연장하고 왔죠.

장경욱 사실대로 말하면 다 알아버리지. 만나는 최 사장이나 이 사장이 어떤 사람인지 다 알지, 그거 모르겠어요? 연길은 공안들이 [국정원] 안가고 뭐고 다 청소했대요. 단둥이 지금 북쪽 사람들도 많고 한인도 있고 하니까 한인들 영업 장소나 이런 게 다 국정원 소굴인 거야.

필　자 지금은 국정원의 주요 거점이 단둥이라는 거예요?

장경욱 그렇죠. 연길은 깨끗하게 청소했대.

필　자 연길은?

장경욱 연길에서 처음에 [국정원 정보원 포섭을] 많이 했잖아요.
[국정원 직원들이] 체류하면서 일도 하고. [중국] 공안들
이 그걸 다 단속하고 그랬어.

김정애 씨는 연길에 있는 외가 쪽 친척들에게는 사실대
로 말도 못하고 혼자서 불안에 떨었다. 비자를 연장하기 위해
서 연길에 다녀왔지만 국정원과 일한다는 것은 숨겨야 했다.
김정애 씨는 국정원과 일하면서 1년쯤 단둥에 머물렀다. 임마
누엘 교회 안의 김치 공장에서 잠깐 아르바이트를 하기도 했
다. 장경욱 변호사는 단둥에 이렇게 가정예배 식으로 목회를
하면서 김치 공장을 운영하는 곳 중에서 국정원 정보원들이
모이는 거점으로 이용되는 곳이 많다고 했다. 김정애 씨는 처
음 최 사장을 만났을 때 국가정보원이 무슨 기관인지 몰랐다
고 했다. 북한에 있을 때 남한의 정보기관은 국가안전기획부
(안기부)라고 알고 있었다는 것이다. 안기부가 국정원으로 바
뀐 것조차도 몰랐다. 이혜련 씨도 같은 이야기를 했다. 장경욱
변호사는 보위부 공작원이 국정원을 모르면 어떻게 하느냐고
혀를 찼다.

같은 일을 하는 여자와의 만남

김정애 씨는 단둥에서 김세령이라는 북한 여자를 만났

다. 평양에서 못사는 동네인 축전역에서 왔다는 김세령 씨를 우연히 옷 가게에서 만났는데 청진에 살다가 평양에 이사 나왔고 혼자 사는데 이번에 처음 중국에 왔다고 했다. 김정애 씨는 그가 혼자 사는데 어떻게 중국에 나왔을까 의아하게 생각했다. 김정애 씨는 자기는 여기로 치면 송파구쯤 되는 중부 역에서 살았다고 했다.

김정애 보위부에 얼마를 찔렀는지 모르지만 이 여자는 나왔더라고. 혼자 사는 여자는 안 내보내요. 뛸까봐. 기업소나 재외 봉사자는 다 둘씩 셋씩 다섯씩 짝지어 보내지 혼자는 절대 안 내보내요. 이 여자는 혼자더라고요. 따라다니는 사람도 없고. 나오는 사람은 간첩이 아닌 이상 가족 있는 사람이지, 뛸까봐. 해외 나오려면 인민위원장, 시안전부장, 보위부장, 누구누구 해서 열 명이 나에게다 수표를 꽝꽝 보증서야 돼. 이렇게 했는데 이 사람이 뛰었잖아요. 그러면 이 사람들이 다 책임이 있는 거지. 최종적으로 책임은 보위부에서 지고 바지를 벗든지 뭐 있겠지.

필　자 근데 왜 하필 바지를 벗는다고(웃음).

김정애 관복이니까.

필　자 우리는 그냥 옷 벗는다고 그러지 바지 벗는다고는 안 하잖아요?

'바지를 벗는다'는 표현은 단지 직장에서 문책을 당하거나 면직되는 정도에서 끝나는 게 아니라 '망신을 당한다'거나 '탈탈 털린다'는 의미가 내포된 것 같았다. 김세령 씨는 강목사라는 사람과 연계해서 국정원 정보원으로 일했다는 게 김정애 씨의 이야기다. 김정애 씨는 김세령 씨가 국정원의 돈으로 보위부에 뇌물을 써서 혼자 중국에 올 수 있었을 거라고 보았다.

김정애 세령이가 2년 동안 중국에 나와 있으면서 자기는 피아노도 있다고 했어요. 북한에서는 웬만한 집에 피아노 없거든요. 나는 그 여자보다 낫다고 소리치면서도 피아노 없었어요. 피아노 일렉트릭은 있었는데 진짜 좋은 피아노는 없었는데 얘는 피아노 있고, 나는 극동 냉장고* 있었지만 김치냉장고는 없었어요. 그런데 한국제 김치냉장고도 있대요. 밀가루도 있고 뭣도 있고 아주 가득한데, 2년 있으면서 이게 너무 낳아서 누가 집으로 보내준다고 남포항으로 해가지고. 아는 사람이 배로 부쳐준다고 해서 그걸 집으로 부쳤대요. 그게 안 갔다는 거지, 사기당했다는 거지. 그러면서 속상해서 그러기에 나는 그때까지 아무것도 모르고 도와주려고 그랬어요. 누구 말마따나 오지랖도 태평양이라고 거기서 그 여자

---

*   북한에서 생산되는 냉장고 브랜드.

를 만나가지고 북한 사람이라고 내가 도와주려고 했다니까요. 마당발도 잘못이에요.

평양에서 출발해서 중국으로 가는 국제열차는 베이징행과 모스크바행이 있다. 베이징행 열차는 평양에서 월요일 아침 10시 40분에 출발해서 베이징에 목요일에 도착한다. 4일 만에 베이징까지 가는 것이다. 단둥에는 저녁 7시가 조금 넘어서 도착한다. 국제열차의 승무원들은 중국 전화기를 갖고 있다가 단둥으로 넘어오면서부터 중국 전화기를 켠다. 그리고 단둥에 있는 북한 사람들에게 전화를 해서 자신이 지금 단둥에 왔으니 북에 보낼 물건이나 편지가 있으면 가져오라고 하는 것이다. 국제열차에 탑승하는 북한 승무원들은 단둥에 체류하는 북한 사람들이 북한에 있는 가족들과 연락할 수 있는 유일한 창구 역할을 한다. 단둥에 있는 북한 사람들은 승무원들이 국제열차를 타고 오기를 기다렸다가 북한에서 온 편지를 받고 북한에 소식을 전하거나 물건을 전하는 것이다.

국제열차는 북한에서 차량 세 개를 달고 들어온다. 국제열차에 타고 들어오는 승무원은 2~4명인데 그중 조장이 철도보위지도원이다. 김정애 씨와 친분이 있는 철도보위지도원이 단둥에 도착하면 김정애 씨에게 전화를 해서 북한에서 가져온 편지를 전해준다. 김정애 씨는 그 사람 편에 북한의 가족들에게 돈이나 편지를 보냈다. 김정애 씨는 김세령 씨가 부탁하기에 철도보위지도원을 소개해주었다. 김세령 씨는 그 승무

탈북 마케팅

원을 통해서 북한에 있는 자녀들에게 편지를 보내고 물건도 보내다가 북한으로 들어갔다.

김정애 철도보위지도원을 소개해준 게 내가 다 죄를 뒤집어쓴 거지. 세령이가 북한으로 떠날 때 단둥역으로 배웅 나 갔었어요. 가게 되면 우리 애들한테 인사 좀 전해달라 고 얘기했었고. 세령이는 한국 얘기를 많이 했었어요. 나는 중국에 그렇게 다니면서도 그때까지 한국 사람 만 나본 적도 없었고 정말 안기부고 뭐고 근처에 간 적도 없었어요. 애들은 처음 나온 사람들이 한국에 대해서 너무 잘 알고 김치냉장고까지 가지고 있다고 해서 깜짝 놀랐어요. '야, 기는 놈 위에 나는 놈 있다고 얘는 재주 도 좋구나' 그렇게 생각했죠. 세령이가 중국에 들어오 기 전부터 잘 아는 강 목사라는 사람이 있는데 도움을 많이 받았다고, 비행기 타고 중국 여기저기 여행 다녀 온 사진도 보여주더라고. 그 전까지는 서로 그런 얘기 를 안 했어요. 나도 얘한테 이 사장 얘기를 못하고. 서로 암묵적으로 알지. 너도 뭔가 국정원 일을 했나보다 했 던 것 같아.

필　자 그때도 국정원을 안기부라고 아셨어요?

김정애 세령이가 얘기를 해서 알았어요. 이제는 안기부가 국가 정보원이라고 그러더라고.

필　자 세령 씨가 강 목사를 소개해줬어요?

김정애 북한으로 떠나기 전날 강 목사를 소개해줬죠. 다래원이라는 식당에서 식사하면서 세령이가 들어가서 편지할 수 있으면 전달 좀 해달라고 하더라고요. 처음에는 별생각 없이 그러겠다고 했는데 마지막 편지 두 통 나오고 나서 내가 호기심이 나서 편지를 뜯어봤어요.

필 자 세령 씨가 보낸 편지를?

장경욱 간첩질하고 있었구나(웃음).

김정애 내가 그걸 뜯어봤다고 솔직히 얘기하니까 그걸 가지고 국정원에서 나를 간첩이라고…….

장경욱 편지에 무슨 내용이 있어요?

김정애 지금 쌀값이 어떻고 인민들이 살기 힘들어하고, 어디서 무슨 사고 나고 이런 것들을, 북한 사정을 소상히 써서 보냈더라고. 그때서야 내가 '아, 이 여자도 국정원 일을 한다'는 걸 그때 확실히 알았단 말이야. 알았지만 내가 어떻게 하겠어요? 그냥 나는 호기심이 나서 뜯어본 거예요. 단두대에 올라가도 난 그게 사실이에요.

필 자 뜯어봤으니까 간첩이네.

김정애 그걸 가지고 [합신센터에서] 왜 뜯어봤냐고. 임무 받았으니까 뜯어봤다고 엮더라고.

장경욱 선생님이 아는 열차보위지도원은 중요한 역할을 하시는 거죠? 지령을 전달해주는 역할을?

김정애 내가 다 전달하고 내가 다 공작했다는 거지.

장경욱 그 보위지도원은 집안이나 인맥으로 아시는 분이예요?

계속 가족들 편지도 전달해주고 물건도 전해주고 세관 통과하는 데 협조해주고 했는데 그냥 아는 사람이죠?

김정애 그 사람은 돈벌이하는 거죠.

장경묵 근데 판결문에는 체계적으로 보위부 지령에 따라가지고 간첩 행위를 했다고 돼 있죠.

김정애 보위부에서 체계적으로 연길에 보내고 단둥에 보내고 공작을 시켰다고 돼 있죠.

장경묵 '보' 자 얘기하면 안 돼. 보위부, 보위지도원 얘기하면 다 간첩되더라고(웃음).

김정애 보위부에 '보' 자도 얘기하면 안 되고, 이자처럼[아까 말한 것처럼] 6개월만 뻗치고 죽어라고 아무것도 안 하면 되는데 이자처럼 이걸 다 얘기하고……

장경묵 6개월 뻗치는 거는 힘들어요.

필 자 합신센터에서 방금 전에 하신 얘기를 다 하셨어요?

김정애 안 할 수가 없지 뭐. 여관 있었던 것부터 다 얘기해야지. 어디 있었냐고 해서 연안여관에 있었다고 하고 안 하게끔 안 되어 있었어요.

강 목사는 2012년 1월 초에 김정애 씨에게 한 가지 부탁을 했다. 김정일 위원장의 사망일이 2011년 12월 17일인지 18일인지 정확하게 알아보고, 김정일 위원장 서거 이후 평양 시민들의 동향은 어떤지, 북한 달력에 5월 ○○일에 무슨 표시가 되어 있는데 그게 무슨 날인지, 그 세 가지를 김세령 씨에게 편지를 보내 알아봐달라는 것이다. 부탁받은 대로 편지를 해서 철도보위지도원 편에 보냈는데 김정일 위원장 서거 분위기 때문에 국제열차가 예정대로 도착하지 않고 김세령 씨가 편지를 전달받았는지 알 수 없었다.

그러다가 2011년 1월 말에 국제열차가 들어왔는데 김정애 씨의 시누이한테서 편지가 왔다. 김정애 씨의 둘째 딸이 교통사고가 나서 병원에 입원했는데 울면서 엄마를 찾고 있으니까 빨리 집으로 돌아오라는 내용이었다. 김정애 씨는 이 편지가 사실인지 확신할 수 없었다. 평양은 자동차가 많은 것도 아니고 지하도와 육교가 잘되어 있어서 교통사고가 잘 나지 않는데 무슨 차 사고가 났다는 건지 이해가 잘 되지 않았다. 하지만 걱정되지 않는 건 아니었다.

김정애 '무슨 소리지? 애가 죽었나?' 이러면서 길거리에서 막 방황하면서 울었어요. 나도 막 죽고 싶더라고요. 이 편지가 사실인지 알아볼 수가 없잖아요. 애가 나를 찾는다, 의사가 엄마를 들어오라는 거예요. 그게 사실일까 하면서 방황하고 있는데 시누이한테서 또 편지가 하나 왔어요. 너 진짜 빨리 들어와야 돼. 너 애들 보고 싶지 않느냐고. ○○ 아버지가 너를 얼마나 기다리고 있는지 아느냐고, 남편이 사랑한다고 하는 말도 있더라고요. 생전 그런 말 안 하는 사람이.

필 자 남편이 편지 보냈어요?

김정애   아니, 시누이 편지에 남편이 그런 말을 전하는 거죠.

장경욱   사랑한다고 했다잖아요. 부부간에 그런 말 잘 안 하거든.

필　자   시누이분 편지는 필적 같은 게?

김정애   그건 맞죠. 편지가 세 번 왔는데 두 번째 편지에 이렇게 썼더라고. 빨리 들어오라고 하면서 "세령이라는 여자한 테 절대 편지하지 마라. 세령이라는 여자가 보위부 지 도원한테 네 전화번호를 다 대줬다" 이렇게 말하더라고 요. 더 이상 연락하지 말라, 뭐 이렇게 썼어요. 내가 불 안해서 열차원 조장을 만나서 세령이 아들 전화번호를 대줬어요. 전화 좀 해달라, 아들이 전화 받으면 세령이 가 집에 있는지 확인되잖아요. 2월에 열차원이 전화하 니까 그런 전화번호는 없다고 나온대요. 그래서 잘못됐 구나 했어요.

장경욱   왜 한국행을 결정했어요?

필　자   딸이 아프다는데도 안 들어갔잖아요. 왜 그러셨어요?

김정애   딸은 다쳤지만 내가 지금 들어가서 잡혀가게 되면 딸을 위해서 해줄 수 있는 게 없다, 사람이 잡혀가서 불게 되 면 다 나오잖아요. 보위부에 들어가면 다 불어야 되는 데 어떻게 견뎌요? 자신이 없더라고. 세령이가 잡혔으 니까 다 불었을 거야. 나는 훗날 세령이가 나왔다 해도 나는 정말 깨끗하고 나는 아무것도 없어요. 정말 나는 연락만 해줬을 뿐이고 아무것도 없는데……

필　자　그래도 세령 씨 잡힌 것 때문에 무서워서 못 가신 거구나.

장경욱　그런데도 허위자백을 했잖아요. 북에서 남쪽으로 가라고 했다고 허위자백한 거예요?

김정애　이 사장하고 나를 엮는 거예요. 이 사장이 나한테 임무 줬잖아요. 나는 순수하게 일자리 구하려고 한 거다, 나는 일이라곤 해본 적도 없으니까 그냥 돈 벌려고 한 거라고 했는데 이 사장한테 정보 빼내서 보위부 일 해준 거라고 [국정원에서 조작했다].

필　자　그러니까 국정원 일을 해준 걸 역으로 국정원 정보를 빼내려고 한 거다?

김정애　국정원에서는 "은아 아빠라는 사람 누구냐. 이름 정확히 대라" "보위부 과장 누구냐" [하는데] 나는 과장 이름도 몰라요.

장경욱　어쨌든 지금 공작원으로 됐잖아요. [국정원에서 주장하는 건] 김 선생님이 중국에 파견 임무를 받아서 국정원 정보 수집을 했다는 건데, 남쪽으로 가라고 지령받은 이유는 뭐라고 조작한 거예요? 이 사장이 한국의 누구와 연결되어 있는지 알아내라는 임무를 받고 왔다는 거예요?

김정애　내가 중국에서 강 목사 만나고 유니스 채 만나고 유니스 남편* 만나고 했는데 그 사람들 정보를 북한에 준 거

---

*　단둥에 체류하고 있던 미국 국적의 한국인 선교사 부부.

　　　　　　　　　　　　　　　　　　탈북 마케팅

라는 거지. 중국에 들어와 있는 유니스 채 같은 그런 사람들이 교회 복무를 한대요. 내가 교회 사람들 정보를 빼서 북한에 보고했다고 나한테 인정하라고 가르쳐주는 거야. "김세령 씨에 대해서도 보고했죠?" 그렇게 다 내 혐의를 만들어갔죠.

장경욱 제가 판결문을 읽다보니까 선교사들하고 탈북자들 모아서 돈 주면서 성경 공부 한다더라. 압록강 일대, 단둥 일대에 너무 많더라고. 탈북자들이 돈이 문제야. 성경 공부하면 돈 주니까.**

필 자 주로 기독교 이용해서 하는구나.

국정원에서 힌트를 준 대로 김정애 씨는 '통일사업'을 할 때 같이 일했던 국정원 협력자(브로커)들과 자기와 같은 일을 하다가 북한으로 간 김세령 씨에 대한 정보를 북에 넘겼다고 허위로 자백했다.

내 키 높이의 진술서를 썼다

김정애 씨는 국정원의 통일사업을 도와주다가 한국에

** 장경욱 변호사는 유니스 채 부부도 국정원 정보원이라고 보고 있다. 선교사들이 탈북민들을 모아서 성경 공부를 시키면서 돈을 주면서 포섭해서 정보원으로 쓴다는 것이다.

왔기 때문에 자신이 불이익을 당하리라고는 꿈에도 생각하지 못했다. 태국에서도 같은 시기에 넘어온 다른 사람들보다 일찍 뽑혀서 국정원 합신센터로 갔다. 그러나 그를 기다리고 있는 것은 독방이었다. 그는 밖으로 잠금 장치가 되어 있는 독방에 갇혀서 간첩 혐의를 인정하라는 가혹한 조사를 받게 되었다.

필　자　조사받은 기간이 전부 5개월이나 됐어요?

김정애　8월 달에 들어가서 12월에 나왔으니까.

장경욱　합신센터는 허위자백을 만들고 간첩을 제조하기 위해 사람을 사육하는 그런 곳이에요.

김정애　진술서를 내 키 높이만큼 썼을 거예요.

장경욱　손 같은 데 변형되지 않아요?

김정애　여기가 손가락이 마지막에 찌그러져 가지고 푹 패였어요. 볼펜 한 여남은 자루 썼을 거예요. 이거 쓰고 이거 쓰고 이거 쓰고…….

장경욱　아우슈비츠보다 더한 거죠. 한국판 아우슈비츠.

김정애　어디 좀 나갔다 들어오면 책상에 이렇게 달력이 없잖아요. 시계도 없고.

장경욱　가려가 시계 깨뜨려서 자살하려고 했다고 그랬어.

필　자　맞아요. 시계 있었어.

장경욱　시계하고 달력하고 같이 줘야지.

장경욱 변호사의 이야기는 합신센터 조사실 독방에 달력도 없고 시계도 없어서 탈북민들이 조사받는 동안 시간이 얼마나 흘러갔는지 모르도록 한다는 것이다. 합신센터에서 조사할 수 있는 기간이 최대 6개월까지로 정해져 있어서 합신센터 조사관들 입장에서는 그 안에 자백을 받아내야 하기 때문이다. 유우성 씨 동생 유가려 씨가 조사받을 당시에는 방 안에 시계가 있어서 조사관들에게 시달리다 못한 유가려 씨가 시계를 깨뜨려서 자살을 시도했다고 말했다. 김정애 씨의 이야기를 들어보면 그 후로 시계도 없앴다는 것이다.

김정애 달력 없어서 시간이 가는지 오는지 모르겠는데 제일 괴로운 게 그거예요. 선생님 그제 아침에 뭘 잡쉈어요?

필 자 몰라요.

김정애 그저께 뭘 했는지 모르잖아요. 한 달 동안 이자[이제] 중국에 있었던 그날부터 계-속 몇 월, 몇 일, 몇 시, 이걸 계속 쓰라는 거예요. 그걸 내가 어떻게 알아요? 그걸 내가 어떻게 기억하냐고? 어제 한 것도 모르는데. 어제 밥 뭐 먹었는지 생각 안 나잖아요. 근데도 그걸 계-속 달구니까 이건 정말 차라리 죽이는 게 낫겠더라고요. 내가 정말 단식도 해보고 국정원에서 병났어요. 태국에서 한 달 있잖아요. 방콕에서 1주일인가 열흘인가 있었잖아요. 중국에서 오는 시간 있고 그때는 아무렇지도 않았어요. 여기 조사받으면서 두 달 넘어서 석 달 거의 됐는데, 생각나. 의무관이 물어보더라고 몇 달 됐냐고. "3개월 돼욥니다" 그랬는데 그때부터 갑자기 오른쪽으로 누워서 못 자겠는 거야. 바늘로 콕콕 찔러대는 것처럼 아프다고. 목구멍에서 기침 나오려는 것처럼 '아아' 하고, 계속 이쪽으로만 돌아눕고 아침마다 조사 시작할 때마다 아프다고 말하면 수사관이 나를 데리고 가는 거예요. 가면 수사관이 밖에 서 있고 나는 들어가서 누워요. 군복무제로 군의관이나 그런 거 같아. 조사 며칠 받았어요? 그러더라고. 여기가 계속 콕콕 찌르고 한다니까.

필 자 합신센터 안에 의무실?

장경욱 시설 좋다고 떠든다니까. 치료도 안 해주면서.

김정애 그냥 "조사를 오래 받아서 스트레스 받아서 그런다" "조사 끝나고 나가게 되면 그날로 하나도 안 아프니까 걱정하지 말라"고 이렇게 말하는 거야.

필 자 같이 오신 유○○ 씨*는 괜찮았어요?

김정애 모르죠. 따로 있으니까. 서로 만나게 해주지 않으니까. 한 달 있으면서 보니까 유○○하고 같이 간 게 독이 되더라고. 조사관이 나한테 와서는 계속 유○○가 나를 이상하다고 얘기했다고 하는 거예요. 그러니까 나는 [유○○를] 원망하게 되지.

필 자 유○○ 씨는 혐의 받거나 그런 거 없었어요?

---

* 김정애 씨와 함께 탈북한 친구.

탈북 마케팅

장경욱 똑같이 있었는데 정착금 500만 원 깎였다니까요. 두 분
    다 고통을 받았어요.

필 자 [감옥에] 들어가거나 그러진 않았잖아요.

김정애 안 들어갔죠. 나는 같이 들어간 줄 알았죠. 거기 있을 때
    조사관들이 "이 여자도 북한에 있을 때 정보원 했다고
    자백했다. 당신도 자백해라" 이랬으니까. "당신도 했잖
    아. 그 여자가 했는데 당신이 그 정도의 위치에 있었는
    데 안 했을 리가 없다"고 몰아가더라고요.

필 자 [두 사람 사이를 이간질하고] 이용해먹은 거군요. 거짓말탐
    지기도 하셨어요?

김정애 그건 수도 없이 했죠.

필 자 결과에 대해서 얘기해줘요?

김정애 해주죠. "얘기하는 거 보니까 내가 기억력이 좋다. 머리
    가 좋다" 이러면서 뭘 하든 간첩이라는 거지, 그냥.

장경욱 기계 검사는 그냥 결론을 맞춰(웃음).

김정애 위협주는 거 같아. 국정원 방에 가보면 기계들이 어마
    어마해요. 이걸 보면 막 위압당하고…….

장경욱 순진하신 분들이니까 미국에서 연구를 하고 온 박사가
    기계를 만들었고 이러면 이분들이 '아, 이 기계로 검사
    받으면 내가 간첩 아니라는 걸 해명해 주겠구나' 이런
    기대를 하죠.

김정애 기계 앞에 이렇게 하고 앉아 있는데 영화는 많이 봤잖
    아요. 북한에서도 외국영화 공작원들 나오는 거. 별 생

각이 다 나는 거야. 내가 아무리 안 했어도 심장은 떨리는 거예요.

장경욱 그거는 장치일 뿐이에요. 겁주는 장친데 과학적이라고 얘기해놓고 속이는 장치예요. 자백을 받아내려고 일종의 생체실험을 한 거야.

김정애 문도 요만큼밖에 못 열어요. 다른 사람들은 조사받고 나와서 운동장에서 운동하고. 양복 쫙 빼입고 캐리어 끌고 하나원 가는 거 보인단 말이에요.

장경욱 일부러 다른 사람들 하나원 가는 거 보이게 하면서 희망고문하는 거죠. 잔인해.

김정애 그거 보면서 앉아서 막 울고 쟤네들은 나보다 뭐가 잘나서 얼마나 대단한 애들인데 한 주일 조사받고 나가나? 나는 왜 이렇게 고생해야 되지? 내가 쟤들보다 뭐가 못해서? 나도 하루 빨리 나가고 싶어서 내가 마지막에 그랬잖아요. 조사관 이 여자 보고 "좋다! 기카믄 내가 안 했는데 했다고 하니까 난 정말 지겹다" [했어요]. 나 그 여자 만나면 할 소리가 있어. 그 여자 앞에서 그랬어요. "그럼 이제부터 내가 했다고 할 테니까 했다고 쓰세요. 했다고 하세요" 내가 그랬더니 "아이, 뭘 하고도 그렇게 말하나? 진짜로 했잖아요" 고따우로 말하더라고요. 완전 악질이에요.

필 자 이혜련 씨도 자기 허위자백하게 만든 여자 수사관 만나면 때려주고 싶다고 하더라고요.

탈북 마케팅

김정애 내가 소리 안 나는 총 있으면 쏴 죽여버렸으면 좋겠다
는 생각을 다 했다니까요. 야, 저건 피도 눈물도 없구나.
저거 여자 맞을까? 저 여자는 가정 살림을 할까? 저 여
자도 남자가 있을까? 너무나도 차갑고 너무나도 사람
같지 않았어요. 나는 죽어도 아닌데 죽어도 거기로 몰
고가는 거야. 싸우다 싸우다 안 되니까 조사관이 남자
로 바뀌었어. 그런데 그 남자는 김 부장이라고 하는데
통통하고 중키예요. 그 남자가 점잖고 말을 중후하게
해요. 사투리 조금 쓰는데 주근주근하면서 그 사람 노
련하고 노숙하더라고. 사내새끼들은 또 이렇게 하더라
고. "그렇게 했죠? 선생님, 과장이 왔었죠? 안에서 과장
하고 만나셨어요?" 하면서 완전히 또 같은 거를 계속
했다고 인정하라, 인정하라…….

어쨌든 세월이 가는지 오는지 모르고 나는 갇혀 있는데
1주일이 멀다 하고 하나원 가는 거 보여줘. 난간 쪽에서
애들이 양복 입고 캐리어 끌고 딱딱 가는 거 보면 미칠
것 같았어요. 이자처럼[아까 말한 것처럼] 여자하고 싸우
다 못해 여자가 안 되니까 남자를 붙였잖아요. 악당 같
은 게 남자를 마지막에 붙이더라고요. 거짓말탐지기 계
속하다가 석 달인지 넉 달인지 지났을 때 여자보고 "이
제 내가 했다고 하겠으니까 그냥 그렇게 쓰세요. 내가
했다고 할게요, 그냥 나 혼자서 안고 갈게요"[라고 했어
요]. 내가 어리석은 게 뭐냐. 거기서 큰소리치면서도 이

사람들이 이렇게 하면 나는 감옥이라는 거 몰랐었어요. 내가 감옥에 안 가고 그냥 여기서 내가 했다고 인정하면 자백만 받아내고 내보내주는 줄 알았어요.

필　자　감옥 간다는 말도 안 했죠?

김정애　아니오, 감옥 간다는 소리 안 했어요. 무슨 감옥 소리 했어요? "그냥 조금 나오지 못할 거예요" 에둘러서 이야기하더라고. 감옥이라는 거 가보지도 못했고 북한에서 감옥이라는 게 어디 있는지도 모르고 상상도 안 하고 알지 못하죠.

홍강철 씨가 그랬듯이 김정애 씨도 간첩이라고 자백하고도 구치소에 갈 때까지 감옥에 가는 줄 몰랐다고 한다. 그들이 원하는 대로 진술하면 하나원에 가는 줄 알았다는 것이다. 그만큼 한국의 법체계에 대해서 무지한 사람들을 상대로 국정원은 '조사'라는 이름으로 수사를 했던 것이다.

조사보다 수사가 편하다는 국정원

김정애 씨는 국정원에서 시키는 대로 보위부에서 지령을 받아 임무를 수행한 간첩이 되었다. 중국에서 한국으로 올 때 유니스 채라는 선교사에게 맡겨두고 온 가방 속에 있는 편지가 증거물이 되었다. 김정애 씨는 그쪽에서 자칭 목사와 선교사라는 사람들과 친하게 지냈는데 그중에서도 유니스 채 부부가 많은 친절을 베풀었다. 김정애 씨는 중국에서 쓰던 휴대폰과 북한에 있는 딸들과 주고받은 편지 등이 들어 있는 가방을 유니스 채에게 맡기고 왔다. 한국에서 국적을 받고 여권이 나오면 중국에 가서 돌려받을 생각이었다. 만에 하나라도 딸들과 주고받은 편지 때문에 국정원에서 문제 삼을 일이 있을까봐 그렇게 한 것이다. 그런데 합신센터에서 조사받으면서 보니까 그 가방과 휴대폰을 국정원 조사관들이 갖고 있었다. 그래서 장경욱 변호사가 유니스 채 부부도 국정원 사람들이라고 말한 것이다. 국정원 조사관들은 김정애 씨가 딸들에게 보내는 편지에 보위부에 보고할 내용을 적었고, 딸들이 보낸 편지에는 국정원의 지시 내용이 암호화되어 들어 있다고 주장했다.

필　자　그렇게 국정원에서 시키는 대로 했으면 실제로 간첩 행위에 관계가 된 걸로 된 거잖아요, 결과적으로.

김정애　내가 아이들한테 보낸 편지는 개인적인 용무로 보낸 거지 다른 목적으로 보낸 게 아니잖아요. 근데 이 사람들은 계속 보위부에다 보고한 것처럼 꿰맞춘다는 거지.

필　자　그 뒤에 가족들 소식은 모르시죠?

김정애　전혀 모르지. 나는 그냥 뭐가 됐든 간에 나가려고 생각하고 있었어요. 자백만 하면 나갈 수 있는 줄 알고.

필　자　다른 분들도 다 그래서 자백했다고 그러시더라고요.

김정애 네, 자백만 하라고 그래서 계속 뻗치다가 "했다고 하겠습니다. 했다고 할게요"까지 말했어요. 정말 그때 아마 이게 녹음기가 있었으면 다 나올 거예요. "했다고 할게요." 치를 떨면서 그랬어요. 끝까지 그러는 거예요. '뭘 했다고 할게요, 예요? 했으니까 한 거죠." "그렇게 말하지 마세요" 이카면서 계속 싸우다가, 이렇게 하면 마지막엔 나가겠지, 이케만 하고 나가면 다른 사람 피해 주는 것도 아닌데 나 혼자 뒤집어쓰고 말면 되겠지. 그런데 감옥을 간다? 깜짝 놀랐어요.

필   자 감옥 간다는 거 언제 아셨어요?

김정애 감옥 가는 것도 몰랐고 구속인지 불구속인지 그것도 몰랐어요. 그런데 거짓말탐지기 마지막 검사 끝난 다음에 한참 앉아 있을 때, 짐 싸고 있는데 거짓말탐지기 선생이 들어와서 이 말 저 말 하면서 조사 조금 더 하는데 거기 조사는 여기처럼 힘든 거 아니니까 괜찮을 거라고 그러더라고요.

장경욱 아, 자기들처럼 힘든 조사가 아니래.

김정애 "지금처럼 이렇게 힘든 조사가 아니고 그냥 여기 한 것에 대해 대답만 하면 되니까 간단한 조사다" "그냥 부담 갖지 말라" 그래서 나는 편안하게 생각했어요. "시간이 조금 더 걸릴 거다. 우리는 거기에 대해서는 정확한 건 모르겠다. 저기 가게 되면 그렇게 해라." 그래서 뭐지? 특별수사팀 사람들이 와가지고 뭔지 생각도 잘 안나요.

탈북 마케팅

장경욱 영장실질심사라는 거 모르겠어요? 판사가 뭐 물어보고.

김정애 어디 갔던 거 같아요.

장경욱 서울지방법원 갔을 거예요. 판사 앞에 가서 판사가 뭐 물어봤을 텐데.

김정애 어디 갔던 거 같은데 기자들 나올까봐 뭐라고 시키더라고요. "저기 나가서 기자들 만나면 무슨 말 하지 마라."

장경욱 실제로 그렇던가요? 합신센터 쪽이 더 어려운 거죠?

김정애 이짝[국정원 본원]의 조사보다?

장경욱 아니, 국정원 조사보다 합신센터 조사가 더 가혹하긴 가혹했죠. 구치소에 있으면서 국정원 갔을 거 아니에요? 구치소 가서 간 데가 국정원 내곡동이에요. 거기 조사가 더 편하시던가요?

김정애 편하죠.

장경욱 이게 말이 안 되는 게 합신센터 행정조사가 더 가혹하니 말이 안 되는 거잖아요. 본원에서 정식으로 국가보안법 수사하는 것보다 행정조사가 더 힘들다는 게.

김정애 국정원 조사는 그냥 이거 가지고 했어요.

장경욱 합신센터 조사는 영장주의를 위배한 국가보안법 수사를 하는 거죠. 가혹하고 야만적인 수사를 하는 거예요. 김 선생님[김정애] 얘기 들어보세요. 합신센터 조사 다 끝나고 그때서야 구속되어서 정식 수사를 하는 건데. 특별수사팀이 합신센터에 와서 조사한 거 확인할 때는 불구속 상태로 와서 확인해서 영장 신청하고 구속시켜서 내곡동에서 수사하는데, 이게 실제로 구속수사거든요.

필　자　그렇죠. 사실 그 앞에 것은 수사가 아니라 조사지.

장경욱　조사. 행정조사. 자기들이 스스로 하네. 행정조사가 더 가혹하다는 얘기를.

김정애　"이제부터 조사는 편한 조사"라고 그러더라고요. 점잖게 얘기하더라고요. "이제 또 어디 갑니까?" 걱정하면서 물어봤더니.

　김정애 씨는 출소한 지 만 2년이 넘었는데도 다른 탈북민들과 달리 북한의 가족들과 연락할 엄두도 못 내고 있었다. 그는 자신의 행동 때문에 북의 가족들이 피해를 볼까봐 전전긍긍했다. 국정원이나 경찰이 또 무슨 트집을 만들어 자신을 괴롭히지 않을까 하는 두려움도 있었다.

김정애　저는 저 사람들이 무섭더라고요. 계속 안 했다고 해도 했다고 하니까, 아무리 싸워도 되지 않더라고. 마지막에는 애들 만나게 해준다고 했죠. 마지막 조사에서 그랬을 거야. 하나원 나와서 밖에 나가면 단둥에 가서 국제전화해서 애들도 만나게 해준다고 했어요. "약속했죠?" 그러니까 약속했다고 했어요.

필　자　그런 거짓말을 누구한테나 하는군요. 홍강철 씨한테도 가족들 데려다준다고 했다는데.

장경욱 국정원 사람들은 이분들을 진짜 간첩이라고 생각해요.

필　자 정말 그래요?

김정애 나 같은 사람 잡아넣고 상금을 탔는지…….

장경욱 이 얘기를 그대로 들어도 간첩이라고 생각하는데 왜 내
　　　　보내주겠어요?

김정애 보통 출소한 지 2년 되면 보호관찰처분을 해제하는데
　　　　저는 연장되어서 담당 경찰관이 주 2회 정도 방문하거
　　　　나 전화하고, 누구 만나고 어디 가는지 다 보고해야 합
　　　　니다.

필　자 북한의 가족과는 연락이 되나요?

김정애 가족들에게 화가 돌아갈까봐 연락 못 하고, 중국에 있
　　　　는 외사촌[이종사촌]과는 통화한 적 있습니다. 교도소에
　　　　있을 때 김련희 씨가 편지한 적 있는데, 북한 가족들 소
　　　　식 무척 궁금하지만 련희 씨나 다른 사람들과도 연락
　　　　못합니다.

장경욱 겁낼 필요 없어요. 담당 경찰관한테 보고할 필요도 없
　　　　고요. 그렇게 하지 마시고요. 당당하게 하세요.

　　　　장경욱 변호사의 충고대로 하면 좋을 것 같은데 김정애
씨는 여전히 겁을 먹고 있었다. 국정원 합신센터에서의 경험
이 그의 마음을 얼어붙게 만들었던 것이다. 김정애 씨는 이혜
련 씨와 마찬가지로 수면제 없이는 잠들지 못한다고 했다. 무
엇보다 이들을 힘들게 하는 것은 억울함과 심리적 박탈감이

다. 그들의 몸과 마음을 망가뜨린 것은 국정원 합신센터에서 당한 비인간적 대우와 고문에 가까운 조사 방식이다.

탈북민 간첩 사건의 피의자들의 가장 큰 약점은 남한의 법을 전혀 모른다는 점이다. 홍강철 씨, 이혜련 씨, 김정애 씨는 한결같이 간첩 혐의를 인정하면 구치소에 가고 재판을 받아야 한다는 것을 몰랐다고 말한다. 합신센터의 국정원 조사관들이 요구하는 대로 간첩이라고 인정만 하면 하나원으로 보내주는 줄 알았다는 것이다. 간첩 혐의를 인정하고 합신센터를 떠날 때가 되어서야 구치소에 수감되어 국정원 본원의 수사를 받고 검찰 수사를 받은 다음 재판까지 받아야 한다는 사실을 알게 된다. 국정원 본원의 수사보다 합신센터의 조사가 당하는 사람들에게 더욱 견디기 힘들다는 것을 국정원 직원들 입으로 직접 실토했다니 어이가 없을 따름이다.

대부분의 탈북민들은 북에 대한 죄의식과 남에 대한 기대가 뒤섞인 불안하고 혼란스러운 심리 상태로 한국에 도착한다. 그런 상태에서 독방에 갇혀 강압적인 조사를 받다보면 점차 정상적인 판단 능력을 잃고, 자신을 담당한 국정원 조사관들에게 조종당하기 십상이다.

간첩 혐의를 받는 탈북민들은 기소된 것도 아니고 구속된 것도 아닌 상태에서 무죄 추정의 원칙이 지켜지지 않은 채 범죄자 취급을 받는 조사 과정을 거쳐 만신창이가 된다. 이런 경우에 방어권을 행사할 수 있다는 사실을 알지 못한다. 변호사의 조력을 받을 수 있다는 사실도 모른다. 스스로 자신을 방

탈북 마케팅

어할 능력이 없이 두려움에 질린 탈북민들은 조사관에게 심리적으로 억압당하면서 점차 의존하고 굴복하게 된다. 합신센터에서 간첩 혐의를 받고 독방에서 조사받은 모든 사람들의 이야기를 종합해보면 그들이 겪은 일들은 명백한 국가폭력이고 인권 침해다.

7.

북한이탈주민법의
위헌성

간첩 혐의를 받은 사람들에 대한 합신센터의 조사 방식

간첩 혐의를 받은 사람들이 합신센터에서 조사받은 방식은 다음과 같은 공통점을 가지고 있다. 이것은 중대한 인권 침해에 해당하는 것으로서 이런 것을 허용하는 북한이탈주민법은 헌법 정신에 위배된다.

첫째, 일반 탈북민은 한 방에 3~5명이 함께 지내지만 간첩 혐의를 받은 사람은 감옥처럼 생긴 독방에 감금하고 최장 180일 동안 조사한다. 출입문은 하나뿐이고 바깥쪽에 잠금 장치가 있어서 조사받을 때 이외에는 마음대로 밖에 나가지 못한다. 달력이 없어서 날짜가 얼마나 지났는지도 알지 못한다. 실내에는 CCTV가 설치되어 있어서 감시받는 느낌을 준다. 유우성 씨의 동생 유가려 씨, 홍강철 씨, 이혜련 씨, 배지윤 씨, 김정애 씨 등이 모두 이와 같은 사실을 경험했다고 증언했다.

둘째, 자서전 쓰기를 강요한다. 태어나서부터 지금까지 있었던 일을 전부 적으라고 한다. 그것을 반복해서 시키면서 먼저 쓴 내용과 맞지 않는 내용이 있으면 거짓말을 했다고 추궁한다. 이 부분에 대해서 간첩 혐의로 독방 조사를 받았던 모든 사람들이 치가 떨릴 만큼 고통스러웠다고 증언한다. 김정애 씨와 홍강철 씨, 배지윤 씨가 모두 손가락에 변형이 올 정도로 진술서를 많이 썼다고 했다. 김정애 씨는 자신이 쓴 진술서가 자신의 키 높이 만큼 된다고 말한다.

셋째, 자서전 쓰기와 다른 탈북민들의 이야기를 통해서

약점을 잡는다. 주로 마약과 관련한 것을 트집 잡는 경우가 많다. 북한이나 중국에서 국정원에 정보를 준 사람들은 역으로 국정원과 관련된 정보를 북한에 보고했다며 이중간첩으로 몰아간다. 이미 탈북 브로커나 같은 고향 출신 탈북민들을 통해서 파악한 정보를 가지고 약점을 잡는다. 자서전 쓰기는 조사받는 탈북민의 약점을 잡기 위한 것이다. 김정애 씨의 말처럼 엊그제 일도 잘 기억나지 않는데 태어나서부터 현재까지 살아온 일을 다 쓰라고 하면 앞뒤가 맞지 않거나 틀린 내용이 나올 수밖에 없다. 이런 식의 자서전 쓰기는 고문이나 다름없다는 게 당해본 사람들의 한결같은 증언이다.

넷째, 회유와 협박을 번갈아가며 한다. 순순히 자백하고 2년에서 3년만 형을 살 것인지, 10년에서 20년까지 형을 살 것인지 선택하라고 한다. 간첩 혐의를 인정하면 북에 있는 가족들을 데려다주고 돈도 주고 집도 주고 나중에 직업도 마련해주고 한국에서 걱정 없이 살게 해주겠다고 회유한다. 홍강철 씨, 김정애 씨, 이혜련 씨, 배지윤 씨의 이야기를 들어보면 간첩 혐의를 인정하는 것이 마치 한국에 애국하는 일인 것처럼 말한다고 한다. 조사관들은 탈북민들을 회유하면서 KAL기 폭파범인 김현희의 예를 들어서 설득했다고 한다. 김현희는 사람을 그렇게 많이 죽이고도 범행을 자백했기 때문에 한국 정부의 보호를 받고 호의호식하면서 잘살고 있다고 하면서 사진과 기사를 보여주기도 했다는 것이다.

다섯 째, 힌트를 준다. 북한에서 평범하게 살다 온 탈북민들은 대체로 간첩이 무슨 일을 하는지 모르기 때문에 강압에 의해 간첩이라고 자백을 해도 무슨 임무를 받았는지 대지 못한다. 그럴 때 국정원 조사관이 '누구는 탈북자 정보를 수집하라는 임무를 받았다고 하던데'라는 식으로 힌트를 준다. '아무개가 당신이 자신을 납치하려고 했다고 고발했다'는 식의 이야기도 던져준다.

유우성 씨의 동생 유가려 씨의 경우는 당시 스물다섯 살이라 나이도 어리고 자기 오빠가 간첩이라는 것은 생각해본 적도 없기 때문에 국정원 수사관들과 함께 아예 시나리오를 작성하는 수준으로 진술서를 썼다고 한다. 그러다보니 앞뒤가 안 맞고 황당한 내용이 많았는데, 특히 유가려 씨가 오빠가 보낸 자료를 북에 전달하기 위해서 한겨울에 두만강를 헤엄쳐서 건너갔다는 내용의 진술을 보고 유우성 씨는 자기 눈을 의심했다고 한다. 홍강철 씨는 자기가 국경 근처에서 당시 NK지식인연대 홍보팀장이었던 유만호를 납치해서 북한에 넘기려고 했다는 혐의를 받는다는 사실을 조사관의 말을 듣고 알게 되었다. 유만호가 홍강철 씨를 고발한 진술서를 조사관들이 보여주면서 보위사 간첩이라는 것을 자백하라고 했다. 이혜련 씨의 경우도 유가려 씨처럼 조사관들과 손발을 맞춰 시나리오를 창작했다는 것이다. 이혜련 씨는 자신이 아이디어를 내고 조사관들이 거기에 내용을 더 보충해주었다고 했다. 이혜련 씨의 윗선인 상부 조직원이 '꼽새'라는 것은 이혜련 씨의 창작이고, 이혜련 씨가 최정훈을 납치해서 꼽새에게 인계하는 임무를 받았다는 것은 국정원의 창작이라는 것이다. 김정애 씨의 경우에도 조사관들이 김정애 씨가 단둥에 있을 때 국정원 정보원이나 탈북민에 대한 정보를 보위부에 전달했다는 것을 인정하라고 하도 강요해서 "했다고 하세요"라고 이야기했다는 것이다.

여섯 째, 같이 온 사람이나 먼저 온 지인 등과 이간질을 하고 확인할 길 없는 사실을 말해준다. 남편 지영강 씨가 조금 먼저 한국에 들어와 있던 배지윤 씨는 "당신 남편이 간첩이라고 다 자백했다"라고 해서 그 말이 사실인 줄 알고 남편을 미워했다고 한다. 이혜련 씨의 경우도 "당신과 같이 온 아무개가 당신이 간첩이라고 했다"라고 해서 함께 탈북한 김철민 씨를 원망했다는 것이다. 김정애 씨도 함께 탈북한 친구 유 씨가 자기를 간첩이라고 했다는 말을 들었다. 홍강철 씨의 경우에는 "당신 고향 사람들이 당신은 북에서 잘나가는 사람이라서 한국에 올 일이 없는 사람이라고 했다"는 등의 말로 심리적 압박감을 주고, 홍강철 씨의 고향 사람들이 썼다는 진술서를 가지고 와서 보여주기도 했다.

일곱 째, 조사관들이 원하는 대답을 하고 조사를 순순히 받으면 술과 음식, 담배 등을 주면서 호의를 베풀고 계속해서 혐의를 부인하면 욕설을 하고 강압적 태도를 취하면서 모욕감을 준다. 남성들의 경우 매를 맞았다는 이야기도 있다.

홍강철 씨는 대단한 애연가였는데 담배를 피우지 못하게 하다가 조사관이 옥상에 함께 올라가서 담배를 권하면

탈북 마케팅

서 회유하는 바람에 간첩 혐의를 인정하는 첫 진술을 했다고 한다. 홍강철 씨는 "담뱃값을 해야 하지 않을까 해서 첫 단추를 잘못 끼운 게 결국 덫이 되었다"라고 했다. 이혜련 씨 역시 여성 조사관과 맥주를 마시면서 우호적인 분위기에서 첫 번째 거짓말을 하게 되었다고 했다. 이혜련 씨는 자백을 강요하는 조사관을 골탕 먹이려고 거짓말탐지기에 걸리지 않게 하는 약이 있다는 거짓 진술을 했다는 것이다. 배지윤 씨는 완강하게 혐의를 부인하면서 조사관들과 실랑이를 벌이다보니 합신센터에서 나오고 나서도 그들이 자기 이름을 부르는 소리가 귓가에 들리는 것 같아서 이름을 개명했다고 했다.

여덟째, 거짓말탐지기 조사를 해서 심리적 압박감을 주고 공포심을 준다. 거짓말을 하면 기계가 폭파하고 불이 나서 타죽는다는 허무맹랑한 이야기까지 지어내 탈북민들을 겁박하는 도구로 써먹고 있다.

탈북민들은 거짓말탐지기가 대단한 과학적 도구라서 자신의 결백을 밝혀줄 것이라는 기대를 걸기도 하지만 막상 기계를 사용해보면 심리적 압박감을 느끼는 경우가 많다. 평생 아무것도 속이지 않고 사는 사람은 없기 때문에 거짓말을 하지 않았다고 장담할 수 있는 사람은 아무도 없다. 조사관들은 이런 심리를 이용해 거짓말탐지기 조사를 하면서 조사받는 탈북민들을 압박하는 것이다. 더구나 탈북민들은 거짓말탐지기 조사 결과는 증거 능력이 없고 수사와 재판에서 참고 자료로만 활용된다는 사실을 모른다.

합신센터의 독방 수용 및 조사 방식에 대한
헌법소원심판청구

홍강철 씨의 변호인단은 합신센터의 독방 수용 및 조사 방식에 대해서 헌법소원심판청구를 했다. 홍강철 씨뿐만 아니라 독방에 수용되어 사실상 국가보안법 혐의로 수사 대상이 되었던 모든 탈북민들이 같은 피해를 당했다. 홍강철 씨의 국가보안법 위반 혐의에 대한 1심 재판이 진행되고 있던 2014년 6월 25일에 홍강철 씨 변호인단은 홍강철 씨의 위임을 받아 국가정보원장을 상대로 홍강철 씨에 대한 중앙합동신문센터의 독방 수용 및 조사에 대한 권력적 사실행위의 위헌 확인을 구하는 헌법소원심판청구를 제기했다. 변호인단은 7월 1일 언론에 보도자료를 내고 헌법소원심판청구를 하게 된 이유를 다음과 같이 설명했다.

[전략]

2. 피청구인[국정원장]은 청구인[홍강철]을 중앙합동신문센터에 수용한 직후[2013년 8월 16일]부터 2014. 2. 11.까지 청구인에게 보호여부 결정에 관한 조사범위를 넘어 국가보안법위반 혐의에 대해 사실상 수사를 하였는 바, 이러한 피청구인의 행위는 단순한 행정조사로서의 한계를 넘어 규제적, 구속적 성격을 상당히 강하게 갖는 것으로서, [중략] 헌법 소원의 대상이 되는 공권력의 행

탈북 마케팅

사에 해당한다고 할 것이고, 피청구인은 2013. 8. 16.부터 2014. 2. 11.까지 약 180일 동안 청구인을 외부와 차단되어 있는 중앙합동신문센터에 수용하고 알몸 수색 및 소지품 검사, 지문채취, 사진촬영, 거짓말탐지기 조사, 진술서 작성 강요, 달력을 주지 않고 CCTV가 설치된 독방에 구금하는 등의 행위를 한 바 있습니다.

3. 대한민국에 신변 보호 신청을 하는(대한민국 거주를 희망하는) 탈북자는 입국 시 모두 북한이탈주민 보호 및 정착에 관한 법령에 따라 피청구인의 위와 같은 임시보호 처분에 따라야 하는데다가 북한이탈주민의 보호 및 정착에 관한 법률 및 동시행령은 임시보호조치 기간 중 행하는 조사 방법과 내용을 구체적으로 규정하지 않고 피청구인에게 전적으로 일임하고 있으므로 차후 대한민국 거주를 원하는 탈북자들은 모두 대한민국에 입국하는 순간 피청구인의 임시보호 처분에 의하여 중앙합동신문센터에 수용되어 청구인이 경험한 것과 같은 형태의 조사를 받아야 합니다.

4. 향후 대한민국에 입국한 탈북자들도 청구인의 기본권 침해와 같은 유사한 기본권 침해 사례가 반복해서 발생할 가능성이 충분히 예상되므로 피청구인의 불법적인 권력적 사실행위가 위헌임이 확인된다면 중앙합동신문센터 조사라는 이름으로 위법하게 행해지는 수사를 위한 독방 수용 등을 시정함으로써 더 이상의 반복적인

탈북자들의 기본권 침해의 위험을 미연에 방지할 수 있고, 탈북자들의 기본권 보호와 헌법 질서의 수호 및 유지에 크게 기여할 것으로 사료되어 이에 헌법소원심판청구에 이르게 된 것입니다.[*]

변호인단은 별첨 자료에서 국정원이 합신센터에서 홍강철 씨의 국가보안법 위반 혐의에 대한 범죄 수사를 하면서 영장을 청구했어야 마땅한데도 약 6개월이 지난 2014년 2월 7일이 되어서야 검사에게 구속영장청구를 신청했으므로 약 180일 동안의 구금은 헌법상의 영장주의 원칙을 위반한 것이라고 지적했다.

변호인단은 국정원이 청구인(홍강철)의 신체의 자유를 침해했다는 점도 지적했다. 북한이탈주민법 제7조 제3항은 국가정보원장은 보호 신청자에 대하여 보호 결정 등을 위하여 필요한 조사 및 일시적인 신변안전조치 등 임시보호조치를 한 후 지체 없이 그 결과를 통일부 장관에게 통보해야 한다고 규정한다. 동법 시행령 제12조 제1항[**]은 합신센터의 조사가 일시적인 신변안전조치와 보호 여부 결정 등을 위한 필요한 조사라고 규정한다.

---

[*] 민주사회를 위한 변호사모임 통일위원회 탈북자 간첩 조작 사건 변호인단 (보위사령부 직파간첩 조작 사건 변호인단), 〈보위사령부 직파간첩 조작 사건 홍00에 대한 중앙합동신문센터의 독방 수용 및 조사에 관한 헌법소원심판청구 제기〉(보도자료), 2014년 7월 1일.

탈북 마케팅

이 법에 따른 합신센터의 수용은 행정 조치를 위한 것이지 범죄 수사를 위한 것이 아니다. 국정원은 탈북민의 수용 상태를 악용하여 사실상 구금 상태에서 영장주의를 위반하며 위헌적·불법적으로 범죄 수사를 하고 있다. 수용자의 법적 지위는 피의자가 아니기 때문에 구속 피의자처럼 신체의 자유를 제한할 수 없다. 구속된 피의자의 경우에도 변호사와의 접견은 허용되며 구속 피의자는 물론, 형이 확정된 수형자도 변호사 아닌 자와의 접견, 서신 왕래, 전화 통화, 라디오 청취, 텔레비전 시청 등이 허용된다. 홍강철은 기소조차 되지 않았는데 외부 출입 및 접촉이 일체 차단된 상태로 합신센터에 구금되어 있었다. 합신센터 내에서도 외부에 잠금 장치가 달려 안에서는 열 수 없는 독방에 수용되어 있었다. 이것은 헌법 제12조 제1항 신체의 자유, 제14조 거주 이전의 자유, 제10조 행복추구권(일반적 행동 자유권)의 침해에 해당된다. 이 밖에도 변호인단은 법치국가 원칙 위반, 진술거부권 및 변호인의 조력을 받을 권리 침해, 거짓말탐지기 조사의 진술거부권 침해, 고문 금지의 원칙 위반, 신체를 훼손당하지 않을 권리 및 인격권을

**   제12조(조사의 내용 및 방법 등) ① 법 제7조제3항에 따른 조사의 내용은 다음 각 호와 같다.
1. 출생지·직업·가족관계·외국국적 취득 여부 등 보호신청자가 북한이탈주민에 해당하는지를 확인하는 데 필요한 사항
2. 북한이탈의 동기·과정, 북한이탈 후 정황 및 입국경위와 범죄경력 등 보호신청자가 법 제9조제1항 각 호의 어느 하나에 해당하는지를 확인하는 데 필요한 사항
3. 그 밖에 보호신청자에 대한 보호결정 등에 필요한 사항

침해한 행위가 모두 위헌 사유에 해당한다고 밝혔다.

　홍강철 씨뿐만 아니라 간첩 혐의를 받은 탈북민들은 모두 독방에 수용되어 피의자 신분이 아닌데도 공포 분위기 속에서 강압적인 조사를 받았다. 보호조치를 위한 조사가 아니라 실제로는 국가보안법 위반 혐의에 대한 수사를 받는 것이다. 그러나 2021년 현재까지 홍강철 씨 변호인단이 제출한 이 위헌심판청구가 받아들여졌다는 소식은 들려오지 않는다.

북한이탈주민보호센터 개혁법 발의

　유우성 씨 사건과 홍강철 씨 사건에서 두 사람 다 무죄임이 밝혀지고 나서 국정원 합신센터의 조사 방식에 대한 비판이 제기되었고, 국정원은 합신센터의 이름을 '북한이탈주민보호센터'로 바꾸고 내부를 기자들에게 공개하는 등 개혁 의지가 있는 것처럼 홍보했다. 그러나 변호사들과 언론인들은 이름만 바뀌었지 실질적으로 달라진 게 없다고 비판했다.

　국회에서도 이 문제에 관심을 가져서 2015년 6월 25일 북한이탈주민보호센터 개혁법을 발의했다. 당시 새정치민주연합 소속이었던 신경민 의원이 대표 발의했다. 북한이탈주민법 개정안은 탈북민에 대한 초기 조사 주체를 통일부로 일원화하는 것을 골자로 한다. 현행 북한이탈주민법은 국가정보원 산하 북한이탈주민보호센터(과거 합신센터)와 통일부 산하 하나원을 정착지원 시설로 규정하고 있다. 탈북민을 임시보호하고 보호 여부 결정을 위한 조사를 하는 북한이탈주민보호센터의 조사 주체는 국정원이다.

신경민 의원은 "현행법에는 조사 원칙과 절차조차 규정되어 있지 않고, 모든 권한을 국정원장에게 위임하고 있어서 조사권 남용, 영장 없는 구금 등 불법 수사가 가능하다"라며 "피조사자의 각종 권리를 명시한 규정이 없기 때문에 이들은 각종 인권 유린에 속수무책일 수밖에 없고, 정신적 고문에 의한 허위자백이 판결의 근거가 되는 상황이 연출될 수 있다"라고 밝혔다. 따라서 북한이탈주민보호센터와 하나원을 각각 임시보호 시설과 정착지원 시설로 규정하고 이 시설들을 모두 통일부 소관으로 해 보호 여부 결정을 위한 조사의 주체를 통일부로 해야 한다는 것이 신경민 의원의 주장이다.*

꼭 필요한 법안이라고 생각되지만 아직 이 법안이 입법 완료되었다는 소식이 없다. 유우성 씨와 홍강철 씨가 간첩 조작으로 고초를 겪다가 잇달아 무죄 선고를 받았는데도 우리 사회는 아직도 탈북민들의 인권 문제에 대해서 큰 관심이 없다. 탈북민에 대한 인권 침해는 국정원 합신센터에서만 일어나는 것은 아니다. 탈북민들은 한국에 와서 정착해 살다가도 공안수사의 표적이 될 수 있다.

---

*   오세중, 〈탈북민 초기 조사, 통일부로 일원화 법안 발의〉, 《머니투데이》, 2015년 7월 6일 자, https://news.mt.co.kr/mtview.php?no=2015070610007698663 참조.

8.

내가 왜
국가보안법
위반인가

한국에 오려다가 죽은 아내와 아들

2007년 10월에 한국으로 온 탈북민 김덕일 씨는 일찌 감치 중장비 운전기술과 정비기술을 배워 1990년부터 1995년 까지 러시아에서 중장비 운전으로 돈을 많이 벌었다. 1995년 고난의 행군이 닥쳐서 남들이 굶주릴 때 그는 중국에서 자동 차를 들여와 수리해 파는 일로 떼돈을 벌었다고 한다. 북한에 서 잘나가던 김덕일 씨는 북한 보위부와 검찰의 권력 다툼 속 에서 검찰의 표적수사를 받게 되어 2007년 2월에 북한을 탈 출했다고 했다. 본인의 이런 주장과 국정원과 검찰이 발표한 수사 내용은 상당히 다르다.

그는 탈북 브로커를 통하지 않고 한국에 들어왔지만 2007년 당시에는 별다른 고초를 겪지 않고 한국에 정착했다. 그는 북한에서부터 익힌 중장비 운전기술이 있어서 다른 탈북 자들과 달리 취업에 어려움을 겪지는 않았다. 2013년에는 대 출을 받아서 덤프트럭을 사서 현대제철 당진 공장에서 일하고 있었다. 그의 말에 의하면 2008년 아내와 아들이 자신의 뒤를 따라 한국에 오려다가 중국에서 잡혀 북한으로 들어간 뒤 둘 다 사망하는 비극을 겪게 된다. 김덕일 씨는 하나 남은 딸이 2013년에 한국에 오고 싶다고 해서 중국에 직접 가서 데리고 오려고 계획하던 중에 국가보안법 위반 혐의로 체포되어 징역 5년을 선고받고 2018년 가을에 만기 출소했다. 김덕일 씨는 자신의 간첩 혐의가 사실이 아니라고 주장하고 있다. 2019년

1월 중순에 대전에서 그를 만났다.

김덕일 내가 여기 2007년도 10월에 왔잖아요. 아들, 딸 둘 다
군 복무하고 있었는데 내가 한국 갔다 하니까 북에서
제대시켰더라고요. 딸은 군 복무할 때 좋아하는 남자가
있어서 안 가겠다고 뻗치고 2008년 1월에 아들하고 처
만 떠나서 오다가 중국에 와서 체포되었어요.

필 자 중국에서 체포되어 북송되었구나.

김덕일 아들은 체포되어 매를 맞은 데가 덧나서 살이 썩으면서
욕창이 와서 죽고, 처가 아들이 죽었다는 소리를 듣고
기절해서 일어 못 나고 하니까 병원에 데리고 나가지
않고 의사를 불러온 거예요. 우리 처가 의사거든요. 구
류장에 온 의사와 아는 사이였어요. 처가 "내가 이런 데
들어와 있으니까 치료를 제대로 못 받으니까, 당신이
가져온 약, 무슨 약 무슨 약 좀 조용히 내려놓고 가라"
하니까 이렇게 한 줌을 준 거예요. 잘 먹지도 않은 데다
가 한 이틀을 더 굶고 그다음에 약을 한 줌을 다 먹고서
새벽에 죽어버린 거지.

필 자 자살하신 거예요?

김덕일 네, 자살한 거지. 다 죽고 딸이 혼자 살아 있는데 그것마
저 죽이면 안 되잖아요. 그래서 내가 데리러 가려고 떠
나던 찰나에……

김덕일 씨는 딸이 걱정되어 여기저기 수소문하고 부탁해서 딸과 연락하려고 애를 썼다. 그러던 중에 2013년 10월 13일, 북한에 있는 딸과 통화를 하게 되었다.

김덕일　덤프차를 구매해가지고 당진 현대제철에서 일하고 있을 때예요. 딸한테서 전화가 왔는데 "살기 힘들고 나는 가다가 죽더라도 아빠한테 가고 싶다. 데려다달라" 이렇게 얘기하는 거예요. 부모로서 그걸 뿌리칠 사람이 어디 있어요? 그러니까 내가 "그래, 알았다, 내가 따라나서라는 사람 말고는 아무도 따라나서지 마라", 이렇게 얘기하고는 중국에다 브로커를 알아봤어요. 알아보는 과정에 북한에 있는 브로커와 전화 연결했는데, 그 여자가 나보고 "자기 조카도 넘겨 보내겠으니까 단출하게 두 명만 확실하게 중국까지는 넘겨주겠다. 그런데 나는 중국에서 연결된 브로커가 없다. 내가 와서 직접 받든가 아니면 책임성 있는 브로커를 자기하고 전화 연결을 시켜달라" 그러더라고요. 그 전에 내 처와 아들이 넘어오다가 잡혀서 죽었잖아요. 아무도 못 믿어서 직접 가기로 하고 11월 5일에 두만강 근처 중국 국경에서 딸을 만나기로 약속했어요. 다 죽고 딸이 혼자 살아 있는데 그것마저 죽이면 안 되잖아요.

딸을 데리러 중국에 가려던 무렵에 김덕일 씨는 러시아

에 가서 장사로 돈을 벌겠다는 계획을 주변 사람들에게 이야
기를 했는데, 그것이 화근이 되었다.

김덕일   그전에 러시아에서 장사해서 재미를 봤잖아요. 한국 와
        서 일해도 돈 모으기 힘들고 하니까 러시아 가서 적게
        는 한 5, 6개월 있고, 재미있으면 한 1년 동안 장사를 해
        서 돈이나 벌자, 이런 계획을 이야기한 게 있어요.

필 자   누구한테 그런 얘기를 하셨어요?

김덕일   여러 사람한테 이야기를 했죠. 장사를 해서 돈이라도
        벌어서 늘그막에 준비라도 하겠다는 생각에서 얘기를
        한 거지. 그래서 기사도 수소문했어요. 한 1년 동안 운
        전할 수 있는 사람을 알아봤어요. 차를 사서 하루에 한
        10만 원씩 주고 차 수리는 내가 해주고 하면서 데리고
        다니려고 했죠. 그러다나니까 알 만한 사람들은 다 알
        게 됐죠. 내가 도주를 하려면 말 안 하고 쓱 도주를 하
        지만 도주할 생각이 없으니까 내가 러시아를 가겠다는
        얘기를 하게 됐죠.

고향 후배의 이상한 전화

    김덕일 씨는 딸을 한국에 데려다놓고 나서 러시아에 가
는 계획도 구체적으로 세워보려고 했었다. 그런데 당시 북한

에서 알고 지내던 후배가 오랜만에 전화를 했다.

김덕일 내가 북한에 있을 때 진짜 끔찍하게 잘 생각해주던 인간
이 나보다 여기 먼저 왔는데, 보안수사대가 시켰는지
국정원이 시켰는지 전화를 한 거예요. 그 이후로 내가
아직 만나지 못했어요. 전화를 받으니까 "형님, 나 아무
개예요" [해서] "그래, 오래간만이다. 어쩐 일로 전화 다
했냐" 하니까 "어떻게 지내나 해서 전화했어요" 하더라
고요. 혼자 와서 처도 잃고 자식도 잃고 하니까 외롭잖
아요. 그런 찰나에 이런 전화라도 한 통 오는 게 얼마나
고맙고 감사한 일인지 몰라요.
그래서 고맙다고 얘기하니까, 얘가 한다는 소리가 "형
님, 중국에 간다면서요?" [하기에] "그거 너 어떻게 알
았냐? 누구하고 중국 간다는 얘기는 한 게 없는데" 이
렇게 하니까, "에이 다 알지요" 이렇게 하면서 "다른 게
아니라 중국에 가면 내가 중국에서 가져다가 고정으로
먹는 약이 있는데 약을 좀 사다주세요" 그러는 거예요.
"아, 그래라" 하면서 약 이름을 대라 하니까 이름을 대
지 못하는 거예요. 자기가 고정으로 먹는 약 이름을 왜
몰라요? "약 이름하고 몇 통을 사겠는가 이걸 알려줄게
요" 그러더라고요. "그럼 그래라" 이렇게 하고 전화를
끊었어요.
그러고 생각하니까 의심이 가는 거예요. 중국에 가는가

했기 때문에 간다고 했거든요. 무슨 잘못된 일이 아니

잖아요. 그래서 얘기를 했어요. 그걸 이제 와서 조사를

받으면서 재판을 받으면서 보니까 국정원이나 경찰 보

안수사대가 시켜서 한 전화예요. 이제 와서 알아보니까.

필　자 중국에 가는지 알아보려고?

김덕일 네네. 중국에 가는 게 아니라 지금 북한에 간다고 이것

들은 조작하고 한쪽으로 만드는 사정인데 나는 모르니

까 간다고 했죠.

내가 왜 국가보안법 위반인가

김덕일 씨는 당시 그런 전화를 받은 것은 쉽게 잊어버

리고 딸과 약속한 2013년 11월 5일에 중국에 갈 생각만 하고

있었다. 그러던 중 2013년 10월 30일에 집 근처에서 경기경찰

청 보안수사대에 체포되었다.

김덕일 (한숨) 다 죽고 딸이 혼자 살아 있는데 그것마저 죽이면

안 되잖아요. 그래서 내가 데리러 가려고 했는데…….

북한 가는 게 확실하다고 생각하고 나를 10월 30일 날

체포를 했어요. 중국에 가서 통화하기로 하고 약속 날

짜를 11월 5일로 잡았어요. 그 날짜를 왜 잊어 안 먹느

냐 하면 내 생일이 11월 5일이에요. 그 날짜를 정한 것

탈북 마케팅

은 거기서 정했어요.

10월 30일 날 일어나니까 아침 10시 됐더라고요. 여자 친구네 집에 있다가 식당으로 밥 먹으러 갔어요. 음식 시켜놓고 앉아 있는데, 봉고차에 한 열다섯 명이 나를 체포하러 왔어요. 나는 단체손님이 들어오는 줄 알았어요. 여자 친구 양 옆에 탁 서고 뒤에 서고 옆으로 쭉 둘러서고 내 옆에 세 명이 턱 서고, 종잇장 하나 꺼내 들면서 멀리서 턱 보여주면서 국가보안법 위반으로 체포한다고 변호사 선임할 수 있고, 뭐 어쩌고저쩌고 개 넋두리 털구서리 (웃음) 턱, 수갑 채우는 거예요. 황당하더라고요. 뭔 소리인지 그때는 분간도 못했어요. 그리고 내 짐까지 다 걷어 싣고서 가는데…….

필 자 국정원으로?

김덕일 아니죠. 경찰청 보안수사대에 집어넣고 처음에는 그저 '국가보안법 위반했다' '북한에 가려고 했다' 이거 가지고 계속 들이대다가 "과학적인 증거를 대라" 이러고 내가 딱딱 들이대고 "야, 똑바로 해라" 이러고 난리를 치니까 그거는 아닌 걸로 해결됐거든요. 여자 친구도 불러오고, 북한 브로커 전화번호 다 줬어요. 거기다 직접 대서 "나 김덕일인데" 하고 직접 전화해보면 알겠구나, "이런 약속 한 게 있느냐 없느냐" 그러니까 내가 북한 가려고 한 게 아니라는 거 알 수 있잖아요. 내가 체포되어 있는 동안에 딸한테서 전화가 왔어요. 막 울면서 난리치는 거 나도 다 들었어요. 딸이 아빠 어떻게 돼서 전화 안 받는가 하고 막 난리를 치는 거야, 이걸 다 들었잖아요. 북한 가는 걸로 엮지 못하겠으니까 그다음부터 만든 거예요.

필 자 어떻게 만들었어요?

김덕일 여러 사람들에게 가서 김덕일이 북한에 가다가 현행범으로 잡혔다, 그리고 또 북한 보위부에다 전화 통화를 계속했는데 전화에다 대고 "야, 이거 힘들어 못 해먹겠다" 하니까 보위부에서 철수하라고 해서 내가 북한으로 가려다가 현행범으로 잡혔다고 그렇게 얘기를 한 거예요.

필 자 간첩이라는 얘기네.

김덕일 그랬더니 어떤 놈이 북한에서 잘살던 놈이 뭐 하러 한국에 오겠냐고 했다네. 이런 소리도 했고 별의별 뒷소리로 무슨 소리를 못하겠어요. 영장실질심사라는 걸 하는데 그게 나는 뭐인지도 몰랐어요. 아침에 잡혀서 밧줄에까지 묶여서 끌려갔는데 재판장이 앉고, 양쪽에 검사 앉고 변호사 앉았다는데 나는 그게 무슨 사람들인지 몰랐어요. 북한은 그런 일이라는 게 없었으니까.

검사가 뭐라는지 알아요? "1,000명의 탈북자 명단을 북한에 넘겼고, 핸드폰을 회수했는데 핸드폰 안에 200명의 탈북자 명단이 있더라." 아니, 이걸 어떻게 말해야 돼요? 그래서 마지막에 거기서 내가 막 난리를 쳤어요.

탈북 마케팅

"1,000명의 탈북자 명단을 넘겼다 하는데 증거를 대라. 나는 한 명도 넘긴 게 없다. 어디다 넘기느냐. 그리고 핸드폰에 200명의 탈북자 명단이 있다는데, 내 핸드폰에 있는 사람은 포항 포스코에서 일하던 기사들하고 여기 일자리 소개소 사람들, 한국 사람들이 70프로 이상이고, 탈북자는 거기 30프로도 안 된다. 그리고 200명도 안 된다, 그 안에 이름 있는 게." 이후에 핸드폰을 찾아서 보니까 탈북자가 58명밖에 없는데 검사가 영장을 발부받으려고 200명의 탈북자 명단이 있다고 헛소리를 쳤어요. 도주 우려성이 있고 이래서 영장 발부를 해야 된다, 이런 걸로 얘기를 하는 거예요.

그런데 그 옆파리[옆]에 있던 변호사라는 게, 변호사인 줄도 몰랐는데, "변호사님 할 말 있으면 하세요" 이렇게 재판장이 말하니까, 일어서서 한다는 소리가 "본인의 의견도 좀 참작해줬으면 좋겠습니다" 이러고 딱 앉더라고. 한마디밖에 한 게 없어요. 그게 국선 변호사예요.

김덕일 씨는 2007년 10월에 한국에 와서 정착한 탈북민이다. 2008년 1월에 아내와 아들이 그의 뒤를 따라 북한을 탈출해서 한국으로 오려다가 중국에서 붙잡혀 북한으로 송환되었다. 아들이 구치소에서 가혹 행위를 당해 사망하자 아내마저 자살했다고 한다. 김덕일 씨는 북한에 혼자 남아 있는 딸을 걱정하면서 딸의 행방을 수소문하던 중에 2013년 10월 13

일, 북한에 있는 딸과 통화를 하게 되었다. 딸이 한국에 오고 싶다고 하자 북한의 브로커를 소개받아 딸의 탈북을 부탁하고 자신이 직접 중국에 가서 딸을 데려오겠다는 계획을 세웠다.

중국에서 2013년 11월 5일에 딸을 만나기로 약속했는데 그보다 앞선 10월 30일에 국가보안법 위반 혐의로 경기경찰청 보안수사대에 의해 체포된다. 보안수사대에서는 그에게 북한으로 탈출하려고 했다는 사실을 인정하라고 했다. 김덕일 씨는 수사관에게 딸을 중국으로 넘겨주기로 한 브로커와 통화해서 사실 확인을 해보라고 했다. 김덕일 씨가 북한에 가려고 한 게 아니라 중국에 가서 딸을 데려오려고 했다는 게 확실해지자 그때부터 다른 혐의를 만들기 시작했다고 한다.

김덕일 씨의 주장에 의하면 보안수사대는 김덕일 씨를 아는 탈북민들을 만나서 "김덕일이 그동안 북한 보위부의 간첩 노릇을 하다가 보위부에 전화해서 이거 못 해먹겠다고 하니까 보위부에서 철수하라고 해서 북한으로 가려다가 현행범으로 잡혔다"고 거짓말을 하면서 김덕일 씨가 북한에 살 때 어떤 사람이었는지 탐문했다는 것이다.

장경욱 변호사에 따르면 탈북민들이 김덕일 씨가 북한에서 보위부와 잘 통하던 사람이고, 탈북을 돕는 브로커를 보위부에 고발하고 탈북하려는 사람들도 고발한 적이 있다고 증언했다는 것이다. 김덕일 씨가 주변 사람들한테 러시아에 가서 돈을 벌어오겠다는 말을 한 사실도 그의 혐의를 입증하는데 동원되었다. 김덕일 씨가 체포되기 얼마 전에 그에게 전화

탈북 마케팅

해서 중국에 가느냐고 묻고, 중국에 가면 자기가 먹는 약을 사다달라고 했다는 후배가 있었는데, 그가 김덕일 씨의 간첩 활동에 대해서 증언했다고 한다. 나중에 보안수사대가 그의 간첩 활동이라고 내놓은 것은 탈북자에 대한 정보를 수집해서 북한 보위부에 넘겼다는 것인데, 그 사실을 앞서 전화한 후배가 증언했다는 것이다.

유우성 1심 무죄 선고 두 달 만에 벌어진
탈북자 간첩 사건

김덕일 씨가 체포된 것은 2013년 10월 30일이다. 유우성 씨는 간첩 조작 사건으로 구치소에 갇힌 채 재판을 받다가 2013년 8월 22일에 1심에서 무죄 선고를 받고 풀려났다. 국가기밀인 탈북자의 신원정보를 수집하고 북한에 전달했다는 것은 유우성 씨에 대한 간첩 조작 사건에서도 등장했던 죄목이다.

유우성 씨 사건 당시 공소장에 따르면, 유우성 씨가 동생인 유가려 씨를 통해서 북한에 전달했다는 탈북자 정보는 170명에서 200명 정도다. 처음 유우성 씨 사건이 터졌을 때 언론에서 요란하게 보도한 '탈북자 1만 명의 신원정보'는 공소장에서 사라졌다. 유우성 씨가 보위부 공작원 임무를 부여받은 것은 2006년이라 했고, 유우성 씨가 탈북자 명단을 처음 북한에 제공했다는 시점은 2011년이다. 5년 동안 유우성 씨가 수집했다는 탈북자 정보는 50건이다. 어지간히 게으른 공작원이 아닌가? 그런데도 강압에 의해 진술한 유가려 씨의 진술에 따르면 유우성 씨가 회령시 보위부의 표창까지 받았다고 한다. 1심 재판부나 2심 재판부 모두 유우성 씨의 혐의를 인정하지 않았다.

유우성 씨는 연세대학교에 다닐 때 '한우리'라는 단체의 산하 단체인 '영 한우리'에서 활동했다. 한우리는 일반 탈북민과 남한의 가톨릭 신자들의 모임이고, 영 한우리는 그중 대학생들의 모임이다. 유우성 씨는 영 한우리에서 활동하면서 대학에 다니는 탈북민들에게 장학금과 탈북민 청년들에게 돌아가는 혜택에 대한 정보를 주기 위해서 그들의 전화번호를 가지고 있었다. 국정원에서는 유우성 씨의 컴퓨터에서 찾아낸 탈북민 대학생 명단과 연락처를 동생인 유가려 씨에게 보냈고, 유가려 씨가 이것을 USB에 담아서 직접 두만강을 건너서 회령시 보위부에 전달했다는 스토리를 만들었다. 이런 것도 재판 과정에서 다 사실이 아닌 것으로 밝혀졌다. 유우성 씨는 서울시 공무원으로 근무하면서 탈북민들의 고충 상담도 했는데, 국정원에서는 그 업무를 하면서 알게 된 탈북민 정보도 넘겼다고 주장했지만 이것도 모두 사실이 아닌 것으로 밝혀졌다.

유우성 씨 사건이 1심에서 무죄 선고가 난 지 두 달 만에 김덕일 씨를 국가보안법 위반 혐의로 체포했는데 북에 탈북자 명단을 넘겼다는 메뉴가 또 등장한 것이다. 경찰청 보안수사대나 국정원이나 메뉴가 빈약하기는 마찬가지다. 김덕일 씨의 경우는 체포되기 직전 그에게 전화해서 중국에 가느냐고 묻고 약을 사다달라던 고향 후배가 김덕일 씨를 고발했다는 것이다.

김덕일 "1,000명의 탈북자 명단을 북한에다 보냈다면 경로를 얘기해달라" 이렇게 하니까 검사가 이야기한 게 나한테 중국에 가서 약을 가져다달라던 그 인간이 탈북둥지회라는 단체에 속해 있는데 그 둥지회 회원이 1,000명이래요.

필　자 아, 많이 듣던 얘기네. 유우성 씨 때와 똑같은 패턴이네요.

김덕일 그 친구가 1,000명을 작은 수첩에다 다 적었대요. 그 수첩을 어느 날 내가 걔네 집에 가서 도둑질했다는 거예요. 탈북자 명단을 도둑질해 가져다가 그걸 북한에 넘겼다는 거예요. "그럼 본인을 참석시켜달라. 증인으로 불러달라. 나는 생각조차도 못한 일이고 그 얼굴짝만 한 번 보고 싶으니까 증인으로 불러달라" 그러니까 그것도 슬쩍 빠졌어요. 그 죄도 다시 묻지 않더라고. 200명 명단 있다던 이것도 없어지고. 순전히 북한에 있을 때 뭐 어쨌다 이런 걸로 가더라고.

검찰과 국정원, 보안수사대가 변호인을 압박했다

김덕일 씨를 고발했다던 탈북둥지회 회원이라는 사람
은 끝내 증인으로 출석하지 않았다. 김덕일 씨가 있는 자리에
서 증언할 자신이 없었는지, 검찰 측 증인으로도 변호인 측 증
인으로도 나오지 않았다. 김덕일 씨는 구치소에서 재판을 받
기 시작했을 때 박준영 변호사를 알게 되었고 그가 항소심 재
판에서 처음에 변호를 맡게 되었다.

김덕일 박준영 변호사가 탁 일어서서 "존경하는 재판장님, 북
한도 UN에 가입한 나라인데 왜 북한에서 난민으로 받
아놓고 북한에서 있었던 일을 가지고 죄를 묻느냐. 있
었다 한들 죄가 되냐. 근데 본인이 아니라고 하지 않는
가. 만약에 이 나라에서 그게 죄가 된다 하면 피고인이
신청한 증인들 왜 하나도 아니 불러주냐? 1심에서 불러
달라고 했는데 왜 불러 아니 주냐? 예를 들어 1,000명
의 탈북자 명단을 북한에 보냈다 그러면 그게 근거가
있어야 되지 않는가?" 이렇게 하나하나 올려 따지더라
고요. "북한에서 고생하다가 난민이라고 받아줘서 고
맙게 생각하는 사람들에게 이렇게까지 해야 되겠습니
까?" 하고 막 올려 받아치는 거예요. 막 날아갈 것 같은
거 있죠, 너무 좋아서(웃음). 그래도 나를 역을 들어주
는 사람도 있구나. 박 변호사가 처음에는 내 말을 인정

하지 않다가 나를 아는 사람들을 전화번호를 다 달라고 해서 직접 만난 거예요. 그래서 그런 일이 없다, 그 사람은 그런 사람이 아니다, 실제로는 중국에 드나들고 한국에 오다가 잡히고 한 숱한 사람들을 다 살려준 사람이지 보위부하고 이렇게 하는 사람이 아니다, 이런 걸 얘기를 하니까 그걸 인정을 한 거죠. 그래서 재판 처음 참석해서 그렇게 소리를 지른 거예요. 그런데 어떻게 됐는가.

검사가 보안수사대를 시켜서 박준영 변호사에 대해서 조사를 해라, 이렇게 하니까, 털어서 먼지 안 나는 사람이 어디 있어요? 박준영 변호사를 불러다가 조사를 시작했어요, 이틀 후부터. 이것도 들춰내고 저것도 들춰내면서 난리를 치니까 사무실까지 빼고 이렇게 됐어요. 박 변호사가 1주일 있다가 나한테 찾아왔더라고. 못할 거 같다고 말하더라고. "어떻게 된 일이냐? 어째서 못한다 그러느냐. 안타깝다" 그러니까, "나도 정말 안타깝다. 내가 밥통 떨구고 끝까지 우겨서라도 내가 그냥 변호를 하겠다면 변호사 자격을 박탈시킬 수도 있다. 그럼 내가 변호도 못하고 변호사 자격도 상실하게 되고 사무실도 빼야 되고" 이렇게 사정 얘기를 하는데 머리 숙여지더라고. 나를 살리겠다고 변호사님이 망가지면 안 되지 않느냐고 그랬죠. "그러나 장경욱 변호사는 내가 꼭 보내주겠다" 이렇게 하며 이야기를 하더라고. 그렇게 끝났어요. 그래서 그 사람이 겨우 살았다고 그러더라고.

김덕일 씨의 사건은 유우성 사건이나 홍강철 사건처럼 언론에 많이 보도되지 않고 묻혔다. 김덕일 씨는 1심과 2심에서 징역 5년을 선고받고 복역하다가 2018년 10월 30일에 만기 출소했다. 김덕일 씨는 감옥에서 5년 지내는 동안 몸과 마음이 완전히 망가졌다. 그는 국가기관에 대한 원망과 실망, 그리고 친하게 지냈던 탈북민들이 자신을 무고한 것에 대한 배신감 때문에 5년 내내 분노가 치밀어 잠을 이룰 수 없었다. 한국으로 데리고 오려다가 체포되는 바람에 데려오지 못한 딸에 대한 걱정도 컸다.

김덕일 교도소에 5년 동안 있는 기간에 나는 절반 미쳐 있었거든요. 이빨 다 빠졌어요. 내가 너무나도 미쳐서 막 난리를 치다나니까 지금 다 틀니예요. 너무 억울하게 5년을 거기서 살았어요. 교도소에 있는 5년이라는 시간이 나는 50년도 더 되는 것 같아요. 너무 힘들게 살았어요.

필 자 그 뒤로 따님 소식 들으셨어요?

김덕일 딸이 북한에 가서 도로 있다 이런 뜬소문은 돌았지만 딸의 행처를 못 찾고 있어요. 나오고 나서 나하고 살던 샛별군에는 사람들한테 부탁해서 이 잡듯 다 뒤졌어요. 거기서는 살지 않아요. 지금 북한에 있다는 애기를 하

탈북 마케팅

는데 주소를 달라 하면 못 주고 있거든요.

김덕일 씨는 하루에도 열두 번 씩 죽고 싶은 마음이 든다고 했다. 딸만 아니면 살고 싶은 생각이 전혀 없다는 그에게 건넬 수 있는 위로의 말이 생각나지 않았다.

북한에서 있었던 일로 처벌하는 것은 드문 사례

김덕일 씨가 재판을 받을 당시에 언론이 이 사건을 보도한 내용을 살펴보면 그가 북한에서 저질렀다는 범죄를 근거로 처벌했다는 것을 알 수 있다. 이 기사에 나오는 A 씨가 김덕일 씨를 말한다.

수원지법 형사11부(부장판사 나상용)는 국가보안법상 목적수행 등 혐의로 기소된 A(58)씨에게 징역 5년에 자격정지 5년을 선고했다고 23일 밝혔다. A씨는 2000년대 초반까지 북한의 한 탄광지대 작업소에서 근무했다. 당시 북한을 탈출해 한국국적을 얻은 뒤 중국에 머물던 B씨가 딸을 탈북시키기 위해 북한 주민에게 전화를 건 사실을 알게 된 보위부가 A씨에게 딸을 이용해 B씨를 체포하라고 지시했다는 것이다. 이에 A씨는 "딸을 만나게 해주겠다"며 두 차례에 걸쳐 B씨를 약속장소로 나오게 한 뒤 보위부에 넘기려 했지만 수상한 낌새를 눈치 챈 B씨가 약속장소에 나오지 않아 미수에 그쳤다. 2000년대 중반 귀순한 뒤 불법 사기 대출 등의 범죄를 저지른 A씨는 탈북 전 보위부에 협력한 혐의까지 더해져 지난해 12월 기소됐다. 재판부는 판결문에서 "피고인은 B씨를 북한 당국에 넘길 경우 중한 처벌을 받게 될 것을 알면서도 보위부 지령에 따라 범행했다"며 "이 과정에서 B씨의 어린 딸을 이용하는 등 죄질이 나쁘고 범행을 부인해 엄한 처벌이 필요하다"고 판시했다.*

김덕일 씨는 자신의 모든 혐의에 대해서 완강하게 부인했고 아무 증거도 없이 자신을 처벌했다고 반발했다. 경찰과 검찰이 주장하는 범죄인 탈북한 사람을 유인해서 납치하려 했다는 것은 전혀 사실이 아니고, 그런 일을 당했다는 당사자가 나와서 증언한 것도 아니라는 것이다. 같은 고향 출신의 안면만 있는 정도인 탈북민 여자가 그런 일이 있었다고 증언했다. 김덕일 씨는 구속 후 수사 과정과 재판 과정에서 방어권을 제대로 행사하지 못했다.

김덕일 씨는 국가보안법 위반(목적수행), 국가보안법 위반(편의제공), 사기, 출입국관리법 위반, 밀항단속법 위반 등의

---

*   최종호, 〈법원, 탈북 전 北 보위부에 협력한 50대에 유죄 선고〉, 《연합뉴스》, 2014년 5월 23일 자. https://www.yna.co.kr/view/AKR20140523110100061.

혐의가 적용되어 징역 5년에 집행유예 5년을 선고받았다. 그러나 재판부에서도 사기죄로 본인이 이득을 취한 것은 없다고 판시하고 있으며, 출입국관리법 위반·밀항단속법 위반 같은 혐의도 그런 계획을 이야기했을 뿐 실제로 실행한 것이 없다. 편의제공이란 지인인 탈북민이 인천 연안부두에서 중국으로 가려다가 체포됐는데 그 지인이 재입북하려고 했고, 김덕일 씨가 그를 연안부두까지 차로 데려다주었다는 것 때문에 추가된 죄목이다. 김덕일 씨는 본인이 구속되기 전에 탈북민을 연안부두에 태워주었기 때문에 참고인 신분으로 조사를 받았다. 이때 김덕일 씨가 경찰 조사에 고분고분하게 응하지 않아서 경찰과 마찰을 빚은 적이 있다고 했다. 김덕일 씨는 이 일로 경찰이 자신을 괘씸하게 생각하고 있었던 것이 본인 사건과 관련이 있다고 주장했다.

한국에서 국가나 개인에게 큰 피해를 준 일도 없는데 김덕일 씨가 징역 5년의 실형을 선고받은 것은 과잉금지의 원칙**에 벗어나는 것은 아닌지 의심스럽다. 그리고 다음의 논문에서 밝힌 것처럼 탈북민이 북한에 살았던 당시의 행위를 가지고 우리 형법으로 처벌할 수 있는지에 대해서도 법리적으로 따져봐야 할 것이다.

** 과잉금지의 원칙 또는 비례의 원칙은 국민의 기본권을 제한함에 있어서 국가 작용의 한계를 명시한 것으로 크게 목적의 정당성, 수단의 적합성, 침해의 최소성, 법익의 균형성 등을 들 수 있다. 대한민국 헌법 제37조 제2항은 과잉금지의 원칙을 "필요한 경우에 한하여 법률로써 제한할 수 있"다고 표현하고 있다.

규범적인 측면에서는 당연히 북한지역도 우리 형법이 적용되는 것이나 현실적으로는 조선민주주의인민공화국이라는 체제가 현실적으로 지배하고 있어 통치권이 미치지 못한다. '법률이 없이는 범죄가 없고 법률이 없이는 형벌도 없다'라고 표현되는 죄형법정주의라는 근대형사법의 기본원리는 국민의 기본권을 제한하는 법률은 반드시 피치자인 국민의 대의기관인 의회에 의하여 제정되는 법률의 형식에 의하도록 하고 있기 때문에, 남한주민들만의 대의기관에 의하여 제정된 법률인 남한형법을 제정에 관여한 바 없는 북한주민들에게 강제하는 것은 근대국가의 국민주권의 원리, 죄형법정주의 원리에 반하는 것이기 때문에 남한형법은 북한주민들에게 직접 적용될 수는 없다고 보아야 한다. 따라서 북한지역은 헌법적 내지 국법적 영역에서는 당연히 대한민국의 영토이지만, 형법적 영역에서는 특히 국민주권의 원칙, 죄형법정주의의 원칙상 외국의 영토에 준하는 것으로 취급하는 것이 타당하다고 본다. 이렇게 보는 것이 형사피고인의 인권 보호를 위해서도 필요한 해석이라고 할 것이다.[*]

***

[*] 김웅기, 〈북한이탈주민이 북한에서 범한 범죄의 형사처벌에 대한 연구: 수원지방법원 2013고합846 국가보안법 위반 사건과 관련하여〉, 《법학논총》 제28권 제3호, 국민대학교 법학연구소, 2016.

9.

비보호 처분

빙두 때문에 간첩으로 찍혔다

배지윤 씨는 중국에서 10년 살면서 탈북 브로커로 일했다. 자기처럼 인신매매로 중국에 시집와서 살고 있는 북한 여성들 중에 한국행을 원하는 여성들을 한국으로 보냈다. 중국에 살고 있는 북한 여성들은 중국어를 잘 못하기 때문에 배지윤 씨처럼 장사를 하거나 브로커로 일하기 어렵다. 배지윤 씨는 열심히 공부해서 중국어가 능숙한 편이었다.

배지윤 씨는 생존을 위한 노력과 열정이 남다른 사람이었다. 중국에서 돈을 벌고 자리가 잡히자 2009년에 큰아들을 중국에 데려와서 살다가 아들이 한국행을 원해서 2년 반 만인 2011년에 먼저 한국으로 보냈다. 2013년 3월에는 남편 지영강 씨와 작은 아들을 중국으로 불러내 한국으로 먼저 보내고 자신은 2013년 5월 31일에 한국으로 왔다.

배지윤 저는 정말 당당하게 들어왔거든요. 내가 한국에 사람을 하도 많이 보냈으니까 저는 떳떳하다고 생각한 거예요. 왜 그런가 하면 정부를 도운 거나 같잖아요.

필 자 한국에 사람 몇 명이나 보내셨다고요?

배지윤 한 5, 60명 될 거예요. 더 많으면 많지 적지는 않거든요. 들어올 때 남들은 태국 난민수용소에서 한 40일씩 있으면서 빨리 못 가서 울고불고 말이 아니에요. 저는 20일 만에 나오니까 사람이 긍지감이 있잖아요. 그렇게 들어왔는데 조사관이 "들어올 때 떨리지 않았는가?" 이렇게 말하는 거예요. 처음부터 그 사람들이 저한테 위압감을 주더라고요.

필 자 처음 만나자마자?

배지윤 네. 떨리지 않는다고, 떨릴 일이 뭐 있는가 하니까 떨려야 된다고 하더라고요.

필 자 처음에 들어왔을 때는 일반적인 조사만 받으셨어요?

배지윤 아니오. 저는 도착하자마자 여자 조사관이 저한테 전화오더라고요. 목소리는 여러 번 들어본 아줌마거든요. 중국에 있을 때 여러 번 통화했어요.

필 자 중국에 있을 때부터 그 사람을 알았다고요?

배지윤 네. 저보다 먼저 들어와서 조사받고 간첩돼서 2013년 3월에 교도소 들어간 애가 있는데 그 위은영* 때문에 전화 몇 번 왔댔어요. 첫날에는 과장이라는 여자 조사관이 저한테 전화 몇 번 하더니 그다음에는 남자 조사관 둘이 데려다가 면담을 하더라고요. 그런데 3일 만에 짐 싸라고 하더니 6월 2일부터 독방에 데려갔어요.

---

* 합신센터 조사 중 간첩이라고 자백하고, 재판 과정에서도 이 진술을 유지해서 징역 4년을 선고받아 복역하고 만기 출소한 사람이다. 이혜련 씨, 김정애 씨와 청주여자교도소에서 같은 시기에 복역했다. 장경욱 변호사와 만나서 자신이 무죄라고 밝혔으나 언론 인터뷰 등에 응하지 않고 있다. 배지윤 씨는 중국에 있을 때 탈북 브로커로 일했기 때문에 합신센터의 국정원 조사관들이 위은영처럼 간첩 혐의를 받는 탈북민에 대한 정보를 묻기 위해서 여러 번 통화했다는 것이다.

탈북 마케팅

필　자　처음서부터 간첩 임무 받은 거 자백하라고 해요?

배지윤　아니요. 처음부터 안 그랬어요. 제가 이제 얼음을 한 번 했거든요. 팔았거든요. 여기로 말하면 마약.

필　자　빙두.

배지윤　2010년 10월에 제가 [마약 거래를] 했어요. 457그램을 딱 한 번 팔았거든요. 중국 있을 때 북한에서 받아서 중국에 팔았는데 그게 딱 한 번인데 사실은 그것 때문에 크게 된 거예요.

필　자　그것을 자백을 하셨어요?

배지윤　위은영이가 와서, 걔가 좀 판 게 있거든요. 걔가 말하다 나니까 저는 와서 숨길래야 숨길 수 없잖아요. 저는 숨길 필요도 없다고 생각했어요. 그때 한국 공민도 아니고 북한 공민도 아니고 중국 땅에서 아무 신분이 없는 사람으로 했으니까 그게 그렇게 큰 문제라고 생각 안 했거든요. 그걸 큰 문제로 삼으면서 제가 팔지 않았어도 하겠다고 시도한 것도 다 걸린다는 거예요. 첫날 면담할 때도 그 문제 갖고 면담을 했거든요.

　　배지윤 씨는 처음에 2010년에 중국에서 빙두 거래를 했다는 것이 큰 문제인 줄 알았다. 조사관들은 자꾸만 2009년에도 거래를 했다고 자백하라고 했다. 배지윤 씨는 열흘 넘게 아니라고 버텼다. 그러자 거짓말탐지기가 등장했다. 그는 중국에서 가지고 있던 돈을 같이 살던 중국인 남편에게 맡기고

왔는데 합신센터 조사관에게 그것을 사실대로 말하지 않은 것
이 마음에 걸렸다.

배지윤 저희는 신분이 없으니까 어디다 건사를 못해요. 거기다
　　　 적금 다 해놨으니까 걔[중국인 남편]는 나한테 돈 얼마
　　　 있고 어떤 행동을 했는지 걔는 다 잘 알고 있잖아요. 나
　　　 하고 9년 반 살았으면 사람이 서로 알 만큼 알잖아요.
필　자 아, 그 얘기만 안 하고 다 했다?
배지윤 돈 소리만 안 했어요. 돈이 얼마 있다는 것만 말 안 했
　　　 어요. 속였죠. 예를 들어서 한국 돈으로 한 2,000만 원
　　　 있으면 1,000만 원 있는 걸로 거짓말을 했어요.
필　자 자기 개인 돈인데 뭐.
배지윤 근데 그걸로 인해서 마음속에 자꾸 불안이 생기더라고
　　　 요.
필　자 거짓말탐지기 한다고 하니까?
배지윤 괜히 속였나 이런 생각을 했는데 탐지기 한다고 하니까
　　　 '그래, 뭐 아무것도 아니겠지' 이렇게 생각하고 내려갔
　　　 는데, 진짜 우리가 병원에 가서 혈압을 재도 정상으로
　　　 안 나올 때 있잖아요. 긴장해가지고.
필　자 그럼요.
배지윤 근데 하물며 거짓말탐지기라는 걸 처음 해보니까…….
　　　 끝나고 나서 다음 날인데 전화가 왔어요. 거짓말탐지
　　　 기에서 걸렸다는 거예요. 돈 뺏길까봐 속인 것밖에 없

　　　　　　　　　　　　　　　　　　　탈북 마케팅

는데. 저는 에둘러 가는 성격이 아니라서 돈 얘기했어요. "선생님, 중국에 있는 통장을 다 까자" 그랬어요. 깐다는 말은 그 여자[합신센터에서 처음에 배지윤 씨를 담당했던 여자 수사관]한테 배운 거거든요. 그랬는데 "정옥[개명 전 이름] 씨는 여자가 깐다는 말을 그렇게 쉽게 하느냐"고 그러는 거예요. 저는 한국 사람들 말꼬리 잡고 하는 거 그때 배웠어요(웃음). 말을 하면 꼭 그 뒤에 말꼬리를 쥐는 거예요. "이자처럼 까자 한다고 왜 말을 그렇게 쉽게 하는가, 까자는 말을……." 그러면서 2010년도에 네가 얼음을 한 거는 2009년도에 해봤으니까 한다는 건데 그런 억지가 어디 있어요. 무슨 일이건 작년에 해봤다고 금년에 하는 건 아니잖아요.

남편이 다 자백했다

그때부터 두 달 먼저 들어온 남편 지영강 씨가 등장했다. 조사관들은 지영강 씨가 다 자백했다고 배지윤 씨를 압박했다.

필 자 2009년도에 빙두 거래한 것을 지영강 씨가 자백을 했다는 거예요?

배지윤 네, 하도 뻗치니까 애들 아빠가 쓴 편지라고 편지를 하나 갖다 읽어주는 거예요. 이거 지영강 씨가 한 건데 보여주면서 A4용지 있잖아요. 진술서 쓰고 자백서 쓰는 종잇장을 딱 들어 보여요. 조사관이 맞은편에 앉고 제가 앉았는데 제목만 보여주는데 보니까 애들 아빠 쓴 글씨가 맞더라고요. 그러면 그 편지를 저한테 다 보여 줘야 되는 거잖아요. 그렇게 보여주는 게 아니고 읽어주는 거예요. "여보, 내가 다 불었으니까 당신도 진술하라"고.

필 자 (웃음.)

배지윤 제가 그래서 선생하고 해보다 못해 나를 이기지 못해 까무러치면서 쓰러졌어요. 그다음에 의무실에 실려가고 난리가 났어요(울음). 아무리 아니라고 해도 안 되잖아요. 그래서 거기서 올라가서 편지를 한 장 썼어요. 철벽이[큰아들]한테(울음). 한국에 온 게 우리 잘 살자고 왔으니까 동생하고 잘 살아라. 애들 아빠는 중국에 있을 때 말했거든요. 내가 당신하고 안 살고 중국 사람하고 살 거니까 알아서 하라고. 북한에서 살던 여자를 데려다준다고 그랬거든요. 여자 하나 살던 게 있거든요.* 저는 이제 제 생각에 나하고 같이 못살겠으니까 그렇게 하는 줄 알았어요. 나한테 다 뒤집어씌우는 걸로 그렇

---

* 배지윤 씨가 중국에 팔려 가서 중국인 남자와 살게 되자 몇 년 후 지영강 씨도 북한에서 다른 여자를 만나서 살고 있었다.

탈북 마케팅

게 생각했어요.

필　자 오해를 하셨어요?

배지윤 그렇죠. 그렇게 하고 편지를 제가 쓴 거예요. 철벽이한 테 아버지를 용서해라 [하고] 저는 죽으려고 했어요.

필　자 아, 그게 유서 쓰신 거예요?

배지윤 유서 식으로 써놨죠. 조사받으러 내려갈 때 너무 억울 해가지고 그 편지 보면서 혼자 위안했어요, 거기서(울 음). 그다음에 안 되겠더라고. 내가 이것만 양보하면 되 겠지, 안 했더라도 이것만 양보하면 되겠지 해서 진술 서를 썼거든요. 2009년에도 빙두 거래했다는 거짓 진 술서를 썼어요.

2003년 12월에 돈을 벌기 위해 중국으로 간 배지윤 씨 는 인신매매 브로커에게 속아서 중국인 남자에게 팔려서 시집 을 간다. 중국에서 닥치는 대로 돈을 벌어서 북한에 살고 있던 남편과 두 아들에게 송금했다. 나중에는 중국에 있는 북한 사 람들을 한국으로 보내는 탈북 브로커로 일했다. 2009년에 큰 아들을, 2013년 3월에는 남편 지영강 씨와 작은아들을 중국으 로 불러내 한국에 먼저 보내고 자신은 2013년 5월 31일에 한 국에 왔다. 탈북 브로커로 일한 것이 한국에 이로운 일이라고 생각하고 자신 있게 한국으로 왔지만 합신센터의 조사관들은 그가 중국에 있을 때 빙두 거래를 한 것을 문제 삼아 간첩 혐 의를 씌우기 시작했다. 한 번의 빙두 거래를 두 번 거래한 것으로 몰아가는 것이 간첩 만들기라는 사실은 나중에 알았지만 배지윤 씨는 빙두 거래에 대해 거짓 자백을 하게 되었다. 거짓말탐지기 수사와 남편이 다 자백했다는 조사관의 압박에 넘어간 것이다.

하도 억울해서 죽을 생각까지 했지만 죽는다는 게 말처럼 쉽지 않았다. 배지윤 씨는 타협을 택했고, 2010년의 경험을 바탕으로 2009년에도 빙두 거래를 했다고 진술서를 썼다. 배씨는 진술서를 쓰면서 어떻게 팔았는지 설명하기 위해서 없는 애인까지 만들었다.

배지윤　내가 그걸 팔 재간이 있어요? 2010년도에 겨우 팔았는데 2009년도에 어떻게 팔았는지 설명하려고 중국 텐진에 애인이 하나 있었다고……. 거짓말이죠. 애인도 없어요. 우리 아들이 2009년도에 저와 살아봐 알거든요. 없는 애인을 데려다 만들었어요. 성도 뭐라고 했는지 생각도 안 나요. 만들어 가지고 애인을 하나 만들어가지고 (어이없이 웃음) 거기서 제가 한 번 양보를 했잖아요. 양보를 하고 그 진술서를 쓰고 그 편지를 유서 같은 걸 남겼어요. 저한테 제일 악착스럽게 구는 선생을 따라 4층에서 내려가다가 그냥 계단에서 뚝 떨어져 죽으려는 마음을 먹었거든요. 그런데 하루 조사 갔다가 오니까 그 편지가 없어졌대요. 거기다가 이자처럼 [아까 말한 것처럼] 아버지 용서해줘라, 선생님들한테 한 가지 부탁은 2009년도 것은 진실이 아니니까 꼭 해명해주기 바란다, 그렇게 썼거든요. 그 편지도 어디 있을 거예요. 있을까요? 그 편지를 보관해놨을까요? 걔네가 저희한테 불리한 건 보관 안 하겠죠?

필 자 갖고 있어도 남들한테 보여주진 않겠죠.

배지윤 안 보여주겠죠.

필 자 아니, 그 여러 번 번복된 진술서도 내놓으라고 해도 하나도 안 내놔요.

2009년에 없는 거래를 했다고 거짓말을 하고 나자 보위부가 등장했다. 지영강 씨가 보위부에서 시키는 대로 빙두 거래를 했다고 진술했다는 것이다. 2009년과 2010년 두 차례에 걸쳐 보위부에서 빙두 거래를 지시했고 판매대금을 보위부에 보냈다고 진술했다며 배지윤 씨에게도 그 사실을 인정하라고 했다.

배지윤 2010년도에 거래할 때 저는 보위부는 아무 상관없고 우리 조카와 연결해서 외상으로 가져와서 팔고 돈 보낸 거밖에 없어요. 딱 한 번 그런 일이 있거든요. 선생한테 무릎 꿇고 부탁했어요. 나 진짜 아닌데 중국에서 살던 남자 여기 좀 꼭 데려와달라. 데려오는 건 내가 돈 다 내겠다고. 데려만 와달라고. 데려오면 걔는 알잖아요. 내가 어떻게 한 건 걔만은 정확히 아는 사실이잖아요.

조사관들은 지영강 씨가 보위부 일을 해주었고, 2009년에 빙두 1킬로그램을 팔아서 보위부에 바쳤다고 하면서 그 후로 배지윤 씨가 보위부의 지령을 받아서 간첩 임무를 하게 됐다고 말을 만들었다.

배지윤 회령 보위부장하던 사람 이름이 지영수인데 애들 아빠가 지영강이거든요. 그 이름을 의심한 거예요. 형제간이다. 지영수, 지영강……. 거기서부터 의심을 사가지고 지영강 마누라는 저라는 걸 알잖아요. 하루는 와서 하는 말이 철벽이 아빠는 그런 사람이 아니니까 애들 아빠 시켜서 너를 간첩 두목으로 시켰다는 거지요. 보위부가 바보가 아닌데 얼굴도 보지 못한 저를 간첩을 시킬까요? 말도 안 되는 말을 거기서 너무 엮어가는 게 정말 이해가 안 되고요. 저한테 간첩 임무 줬겠어요? 아니라 해도 맞대요. "아, 그래요, 했어요" 하면 우리집에서 교회 했으니까 교회 사람들 명단 적어 보냈다고 할 거라는 게 그것밖에 없는 거예요. 간첩에 대한 지식이 하나도 없잖아요. 진짜 간첩이라면 어떤 임무 받았겠다, 영화에 보면 그렇던데 제가 뭐 안다고 그런 걸 한다고. "우리집에서 모이는 목사 이름 적어 보냈고요. 장로 이름 적어 보냈고요" 그런 식으로 말했어요. 임무라는 게 그거예요. 그게 임무예요. 참 나, 말두 안 되죠. 만약의 경우 드라마에서 본 것처럼 나 변호사 대달라 할 수 있

탈북 마케팅

고 나 오늘부터 묵비권이라고 해봤어요. 변호사 대달란 말도 해봤어요. 거기 있으면 하나도 안 된다 하더라고요. 제가 하나원 나와가지고 보니까 인권에 대한 것 많이 떠들더라고요. 인권은 무슨 인권이요? 거기서 그거는 인권 유린이 아니에요? 우리한테 아무 권한도 없는데, 권리도 안 주는데.

간첩 하나 잡으면 혐의 벗는다는 국정원

배지윤 씨는 아무리 부인해도 통하지 않아서 모든 것을 체념하고 조사관들이 원하는 대로 진술서를 써주었다. 배지윤 씨는 독방에 갇힌 상태에서는 외부와 단절되어 있으니 차라리 교도소에 가서 누구에게든 호소해서 언론에 나가는 게 제일 빠른 길이라고 판단했다. 그런데 2013년 10월 25일에 반전이 일어났다. 국정원 본원에서 두 명의 수사관이 배지윤 씨의 진술을 최종적으로 확인하러 온 것이다. 과장이라는 여자 조사관이 배지윤 씨를 불러서 그들이 지금까지 진술한 내용에 대해서 물어보면 다른 말은 하지 말고 그저 선처해달라고만 하라고 당부했다.

배지윤 그전에 8월에도 본원에서 한 번 왔을 때는 한 면이 다 유리로 되어 있고 저쪽에서는 나를 보는데 나는 저쪽을 볼 수 없는 그런 방에서 조사받았거든요. 그때는 다 인정했어요.

필　자　본인이 보위부 지령받고 간첩 임무 했다고?

배지윤　네. 근데 10월 25일에는 조사관 선생들이 모여서 커피도 먹고 신문도 보고 쉬는 공간에서 면담을 했어요. 거기는 CCTV가 하나도 없거든요. 그래서 과장이 말하던 '민변'인가 혼자 생각했어요. 그전에 과장이 "민변 사람들한테 잘못 말하면 징역 2년 살 거 10년 살게 되니까 아무 말도 하면 안 된다"고 그런 말 했거든요. 그 과장이라는 여자가 안절부절못하니까 더 민변인가 생각했죠. 남자 둘이 A4용지 하나 가지고 와서 앉았더라고요. CCTV가 없으니까 마음 놓고 이 사람들은 분명 내가 도움받을 수 있는 사람이라고 혼자 판단하고 이야기했어요. 나 6월 15일 조사까지는 그때 이야기한 게 다 맞고 그 이후에는 100프로 거짓말이라고 말했거든요. 한 사람이 A4용지에다가 제가 이야기하는 걸 한 장을 가득 다 썼어요. 제가 세 시간 반 동안 울었어요. 너무 억울하니까 눈이 퉁퉁 부을 때까지 울면서 이야기하는데 도중에 그 과장이 또 들어왔어요. "정옥 씨 화장실 보내야 될 것 같아서 왔다"고 그러는 거예요. 그 전에 제가 화장실 혼자 갔다 왔거든요. 아들한테 쓴 편지 방에 놔뒀다 잃어버리고, 유서 다시 써서 브래지어 속에다 감춰서 가지고 있었는데 그날은 신발 속에 감춰가지고 있

　　　　　　　　　　　　　　　탈북 마케팅

었거든요. 모든 건 엄마가 다 안고 갈 테니까 너는 인정만 해라, 아니어도 옳다고 하라고 썼거든요. 아들이 면회 오면 이거 보이려고 했다고 했어요. 나는 했다 하는데 아들이 안 했다 하면 안 되니까 이렇게 썼다, 그 편지를 본원에서 온 선생들한테 보여줬어요. 그 선생들이 가고 나니까 또 남자 선생이 물어보는 거예요. 무슨 말 했냐고 해서 나는 이제까지 말한 거 다 사실 아니고 억울하다고 말했다고 했죠. 그러니까 왜 그랬느냐고 자꾸 물어봐요. 그다음에 여자 선생이 또 방에 와서 왜 그랬냐고 추궁하고. 저를 거기서 한 30분을 못살게 굴더라고요. 과장이 "필요 없는 말을 왜 했는가" "왜 진술을 번복했는가" 그러고 가더니 전화로 또 40분을 못살게 굴어요. 다 듣다가 할 말 다 하니까 속이 시원하다고 했죠. 그러더니 1주일을 침묵하더라고요. 1주일간 아무 소리도 안 하고 그대로 두더니 저를 내보냈어요.

필　자　그래서 하나원으로 가게 됐군요.

배지윤　하나원 가고 나서 그 여자 선생이 한 번 찾아왔댔어요. 그래서 제가 물어봤죠. "선생님, 저 간첩 혐의는 벗었어요?" 그랬더니 아니라고 하더라고요. "그럼 어떻게 하면 벗어요?" 그렇게 물어봤거든요. 그랬더니 간첩 하나 잡으면 혐의 벗는대요(웃음). 말도 안 되잖아요.

죄 없는 사람을 간첩으로 몰아서 고통을 주고 나서도

조금도 미안해하지 않을 뿐 아니라 "간첩 하나 잡으면 혐의를 벗는다"라고 말했다는 것이다. 믿기지 않는 말이었다. 얼마나 어이가 없는지 배지윤 씨는 그 말을 하면서 실소를 터뜨렸다. 유우성 간첩 조작 사건 때 유우성 씨를 변호했던 양승봉 변호사가 했던 말이 생각났다. 그는 증거 조작이 드러나고 나서도 조금도 부끄러워하지 않는 국정원과 검찰의 태도를 보면서 자기가 유우성 씨한테 너무 미안했다고 했다. 나도 배지윤 씨의 이야기를 듣는데 배지윤 씨한테 부끄럽고 미안했다.

국정원은 통일부에 배지윤 씨가 중국에서 마약 거래한 사실이 있다고 통보해서 비보호 처분을 받도록 만들었다. 비보호 처분을 받으면 정착금과 집을 받을 수 없고, 취업 알선도 해주지 않으며 탈북민이 직장을 잡지 못했을 때 일정 기간 동안 도움을 주는 기초생활수급 신청도 할 수 없다. 배지윤 씨는 비호보처분이 국정원이 원하는 대로 간첩을 만들지 못한 데 대한 보복이라고 생각하고 있었다. 북한이탈주민법은 비보호 처분에 대해서 다음과 같이 규정하고 있다.

제9조(보호 결정의 기준) ① 제8조제1항 본문에 따라 보호 여부를 결정할 때 다음 각 호의 어느 하나에 해당하는 사람은 보호대상자로 결정하지 아니할 수 있다.
1. 항공기 납치, 마약거래, 테러, 집단살해 등 국제형사 범죄자
2. 살인 등 중대한 비정치적 범죄자

3. 위장탈출 혐의자

4. 체류국滯留國에 10년 이상 생활 근거지를 두고 있는
사람*

5. 국내 입국 후 1년이 지나서 보호신청한 사람

6. 그 밖에 국가안전보장·질서유지·공공복리에 대한 중
대한 위해 발생 우려, 보호신청자의 경제적 능력 및 해
외체류 여건 등을 고려하여 보호대상자로 정하는 것이
부적당하거나 보호 필요성이 현저히 부족하다고 대통
령령으로 정하는 사람

2012년에서 2016년까지 탈북민 7,700여 명 가운데 175
명이 비보호 처분을 받았다. 전체의 2퍼센트 정도 되는 숫자
다. 통일부에 따르면 비보호 처분을 받은 175명 중 151명은 위
장 여권으로 한국에 들어와 1년 이상 생활한 탈북자이고, 7명
은 10년 이상 중국에서 안정적으로 살았던 탈북자라고 한다.
이런 두 가지 경우를 제외하고는 비보호 처분을 받는 경우는
드물다. 간첩 혐의로 실형을 살았던 탈북민들도 만기 출소 후
에 보호처분을 받았다.

배지윤 씨와 지영강 씨가 보위부의 지시로 마약을 판매
하고 그 돈을 보위부에 상납했다는 것은 합신센터에서 했던
허위진술이다. 그것이 사실이 아니라는 것을 국정원이 인정했

---

*   2020. 12. 8. 삭제.

기 때문에 배지윤 씨는 구속되지 않았다. 그런데도 국정원은
그 허위진술을 통일부에 통보했고 그것을 근거로 두 사람은
비보호 처분을 받은 것이다. 배지윤 씨가 비보호 처분을 국정
원의 '보복'이라고 받아들이는 이유다.

지영강 씨는 위암으로 수술을 받았지만 스트레스가 심
해 병세가 악화되었다. 지영강 씨와 배지윤 씨는 10년 이상 함
께 살지 않았기 때문에 북한에서 이혼한 상태로 한국에 왔다.
지영강 씨는 아들 둘과 한 세대로 인정되어 따로 임대주택을
받을 수 없지만* 배지윤 씨는 독립세대로 보호조치를 받았다
면 따로 임대주택을 받을 수 있었다. 지영강 씨와 배지윤 씨는
아들 둘과 함께 좁은 임대주택에서 살다가 배지윤 씨는 지방
에 따로 셋집을 얻어 장사를 하면서 살고 있다.

민들레는 지영강 씨와 배지윤 씨, 그리고 두 아들을 대
리해 2016년 8월 3일 서울중앙지법에 대한민국을 상대로 손
해배상을 청구하는 소장을 접수했다. 이 재판에서 배지윤 씨
가 "자신은 간첩이 아니고 보위부 관련 내용은 모두 거짓으로
진술한 것"이라고 국정원 본원 조사에서 밝힌 진술서가 가장
중요한데 국정원은 배지윤 씨와 지영강 씨가 허위자백한 진술
서만 제출하고 정작 진실을 밝힌 진술서는 국가 기밀이라면서

---

* 가족이 함께 탈북하면 한 세대에 한 주택만 배당된다. 지영강 씨가 세대주
이고 아들들은 세대원이라 세 부자가 하나의 임대주택을 제공받는다. 지영
강 씨와 배지윤 씨는 북한에서 이혼한 상태로 왔기 때문에 보호 처분을 받
았다면 배지윤 씨가 따로 한 채의 임대아파트를 받게 되었을 것이다.

제출하지 않았다.

배지윤 씨 부부는 비보호 처분이 부당하다면서 통일부에 행정소송도 제기했다. 통일부는 국가배상소송 진행 상황을 보고 판단하겠다면서 어떤 자료도 내놓지 않고 있다. 배지윤 씨는 손해배상청구소송 재판을 하러 법정에 갔다온 이야기를 들려주었다.

배지윤 선서하는데 제가 막 울컥하대요(울음).

필 자 그러니까 증인으로 나가신 거예요?

배지윤 그쪽[통일부]이 피고잖아요. 그쪽 변호사가 알지도 못하면서 그 편이니까 그렇게 말한다고 생각은 하지만 너무 얄미운 거예요(울음). 그날 갔다 와서 너무 스트레스 받아가지고 며칠 앓았어요.

필 자 남편분 오셨어요?

배지윤 네, 그날 갔었거든요.

필 자 몸이 안 좋아서 입원 중인데도 가셨네요.

배지윤 남편이 형편없이 야위었거든요. 판사 좀 보라고 데리고 갔는데 아무 관심도 없더라고요. 사건이 하도 많으니까 우리 사건 같은 건 아무것도 아니라고 생각하는지……. 오히려 재판을 받고 교도소 갔으면 덜 억울하겠는데 비보호[비보호 처분] 받은 게 더 억울한 거예요.

필 자 그런 말씀 마세요. 지금 많이 힘드시지만 아니라고 밝혀진 게 훨씬 나은 거예요.

배지윤 그날 [통일부 측] 변호사도 그렇게 얘기하더라고요. 아닌데 왜 그렇게 거짓말을 했겠느냐고. 거기[합신센터에서 조사받을 때 갇혀 있었던 독방] 냉장고 있었죠, TV 있었죠, 그런 식으로 시설 좋은 데 있었다고 말하는데, 냉장고가 문제겠어요, TV가 문제겠어요. 정신적으로 어떤 스트레스를 받는가 하는 게 문제지. 그 사람은 너무나 가볍게 그렇게 물어보는 게……. (한동안 울면서 말을 잇지 못함.) 문 닫히면서 잠기는 소리, 철커덕 하는 소리가 지금도 귀에 쟁쟁한데 감옥이랑 뭐가 달라요? (울음) 저는 TV에 나와서 인권을 떠들 때 너무 가소롭다고 생각했어요. CCTV 카메라를 두 개를 설치해놓고 화장실에 앉으면 다 보여요. 여기 카메라 있고 화장실이 저기 있으니까 안 보이기를 바라는 건 내 마음뿐이었겠죠. 샤워도 앉아서 해야 되고 서서도 못하고 그거는 인권 유린이 아닌가요? (울음) 울지 않으려고 제가 많이 노력하고 있어요.

배지윤 씨는 합신센터에서 거짓 자백을 했다가 번복하고 가까스로 간첩 혐의를 벗었지만 통일부의 비보호 처분으로 정착에 어려움을 겪고 있다. 간첩 혐의를 인정하고 실형을 살고 나온 이혜련 씨나 김정애 씨 같은 탈북민들은 보호 처분을 받았다는 것을 알고 나서 배지윤 씨는 자기도 차라리 혐의를 인정하고 교도소에 갔다 왔으면 덜 억울할 것 같다는 이야

탈북 마케팅

기를 하는 것이다. 한국에 와서 아무 기반 없이 새로 시작해야 하는 탈북민들에게는 임대아파트를 배정받고 정착금을 지원받는 것이 그만큼 중요하다.

그는 자신이 당한 인권 침해에 대해서 아무도 사과하지 않고 보상해줄 생각도 없는 한국 사회의 무관심에 절망하고 있었다. 지영강 씨는 위암 수술을 받고 나서 건강이 악화되어 60킬로그램이 넘던 체중이 40킬로그램이 될 정도로 야위었다. 통일부를 상대로 한 손해배상 청구 소송 때 재판부에서 남편의 병든 모습을 보고 자신들이 당한 고통에 대해서 생각해줄까 해서 남편과 함께 갔으나 판사는 아무 관심도 없더라고 했다.

배지윤 씨는 중국에 있을 때 윤재호 감독의 다큐멘터리 영화 〈마담B〉에 출연해달라는 요청을 받고 승낙했다. 〈마담B〉에는 그의 중국 생활과 탈북 과정, 그리고 탈북 이후의 삶이 담겼다. 이 영화는 제69회 칸 국제영화제 초청되었고 2016년에 프랑스에서 먼저 개봉되었다. 제38회 모스크바국제영화제 다큐멘터리 최고작품상과 제12회 취리히영화제 베스트 다큐멘터리상을 수상했고 전 세계 30여 곳의 영화제에 초청받아 주목을 받았다. 그러나 국내에서는 영화가 극장에 걸리는 것조차 힘들었고 2018년에야 소수의 극장에서 상영되었으나 이 영화를 본 관객의 숫자는 극소수였다.

윤재호 감독은 사회의 시스템 밖으로 밀려나 '경계'의 삶을 살아갈 수밖에 없는 소수자들에게 많은 관심을 가지고 영화를 만들어왔다. 〈마담B〉도 분단 문제를 다루었지만 자신의 관심은 '사람'과 '삶'이라고 밝혔다. 그는 국경을 넘는 탈북민들의 위태로운 모습을 담느라고 위험을 무릅썼는데 배지윤씨가 합신센터에서 간첩 혐의로 조사를 받는 바람에 국정원에불려가서 촬영한 영상의 일부를 내놓아야 했다.

배지윤 같이 온 애들이 뭔가 이상하다고 카메라로 무언가 찍고 그랬다고 국정원에 그런 식으로 이야기해서 감독님이 영상을 빼앗겼어요. 촬영한 장면은 영화에 나온 것보다 더 많아요.

필　자 아, 그랬어요?

배지윤 영상을 다 조사해보고 뒷조사를 해봤겠지. 해보니까 별게 없으니까 그 사람은 무사히 나오고 저는 이제 또 다르게 넘어갔죠.

　　　배지윤 씨는 합신센터에서 허위자백을 하고 간첩이 될 뻔했으나 스스로의 판단력을 믿고 국정원 본원의 수사관들에게 진실을 밝혀 혐의를 벗은 사람이다. 그는 통일부의 비보호처분에 대해서 소송을 제기하고, 기회가 닿는 대로 매체에 출연해 적극적으로 억울함을 호소하고 있지만 지금까지 크게 달라진 것은 없다. 위암으로 투병하면서 마음고생을 하던 지영강 씨는 2019년 11월 3일, 끝내 세상을 떠났다. 그는 죽기 전 판사에게 보내는 유서 형식으로 자신의 억울함을 토로하는 글을 남겼다.

존경하는 판사님, 저는 간첩 누명을 쓰고 억울하게 살고 있는 지영강입니다. 저는 조카와 제 처 배정옥[배지윤]에게 전화 연결시켜준 것밖에 없는데, 조사관은 마약을 팔아서 보위부 충성자금으로 보냈다고 계속 협박하면서 저를 간첩으로 몰았습니다. 나는 간첩을 한 적도 없고 마약을 팔아서 충성자금 보낸 적도 없다고 하고 간첩이 아니라고 허위자백을 번복을 하면 반성문을 쓰라고 해서 두 번씩이나 반성문을 썼습니다. [중략] 죽어서도 간첩 누명을 벗고서야 눈을 제대로 감을 수 있을 것 같습니다. 꼭 벗겨주시기를 부탁합니다.

아들 둘과 함께 한국에 정착해 살고 있는 배지윤 씨와 이미 이 세상 사람이 아닌 지영강 씨, 이 두 사람의 억울함은 아직 풀리지 않았다.

10.

동원: 정보 조작과 여론몰이

믿을 수 없는 간첩들

장경욱 변호사는 이혜련 씨처럼 간첩 혐의로 조사받고 감옥에 다녀온 탈북민 중에 심리불안 증세가 심하고 상습적으로 거짓말을 하는 등 정신적 문제가 심각한 사람들이 많다고 했다. 간첩 사건의 피의자들 중 현실과 허구를 구분하지 못하는 리플리증후군*에 시달리는 사람들이 있다는 것이다. 그중 가장 대표적인 경우가 '한국의 마타하리'라면서 세간을 떠들썩하게 했던 여성 간첩 원정화 씨다.

1974년 생으로 함경북도 청진시 출신인 원정화 씨는 위장 탈북해서 대한민국 국군 장교와 탈북자 단체 간부를 통해서 주요 군사기밀을 유출한 뒤 북한으로 빼돌렸다고 자백했다. 그는 1989년부터 남파 공작원 훈련을 받았으나 1992년에 의병 제대했고, 1998년부터 중국에서 보위부 공작원으로 활동하기 시작했다고 주장했다. 1999년에서 2001년까지 한국인 7명과 탈북자 등 100여 명을 납치하는 데 관여했다고 주장하기도 했다.

원정화 씨는 2001년에 중국에서 일하던 한국인 사업가 최 씨와 결혼해 한국에 들어왔다. 그는 당시 최 씨의 아이를 임신했다고 했으나 사실이 아니었고 최 씨와 이혼한 후 다

---

*   현실 세계를 부정하고 허구의 세계만을 진실로 믿으며 상습적으로 거짓된
     말과 행동을 일삼는 반사회적 인격장애를 말한다.

른 사람과의 사이에서 딸을 낳았다. 그는 시흥에서 대북 수산물 무역업체를 차리고 2002년 말부터 중국을 14번 왕복하여 보위부의 지령을 받았다고 했다. 그가 받은 지령은 남한의 주요 국가시설 위치를 파악하는 것, 황장엽을 찾아내는 것, 그리고 대북 관련 정보를 수집하는 요원 2명을 암살하는 것이었다고 했다. 이를 위해 독침을 지니고 다녔지만 실행에는 옮기지 못했다는 것이다.

원정화 씨는 2006년 9월에서 2007년 5월에 군부대를 돌아다니면서 안보강연을 50여 차례 했다. 이 과정에서 탈북자 출신 군 안보 강사 명단, 하나원 동기 명단, 군부대와 국정원 등 중요 국가시설의 위치, 비전향 장기수 현황, 100여 명의 장교 명단을 확보해서 북에 보고했다고 했다.

안보 강연을 하던 기간에 황주용 중위를 만나 연인관계가 되었다. 2008년 7월, 대위로 진급한 황주용 씨는 국가보안법상 불고지죄를 이유로 국군기무사령부의 강도 높은 조사를 받게 되었다. 8월 27일에 대한민국 검찰청은 "중국에서 보위부 공작원을 만나고 돌아온 원정화를 체포하여 본격 수사에 착수하였다"라고 발표하는 보도자료를 내고 모든 언론이 그 내용을 받아썼다. 그리고 원정화 씨와 그녀의 계부 김동순 씨가 구속되었다. 원정화 씨의 계부는 북한의 보위부에서 지령을 받아 원정화 씨에게 전달하고 그 이행 여부를 보위부에 보고하는 윗선이라고 원정화 씨가 자백했기 때문이다.

원정화 씨는 국가보안법 위반 혐의로 징역 5년을 선고

받은 뒤 2013년에 만기 출소했다. 황주용 중위는 대위 진급이 취소되고 불명예 전역을 당했으며 징역 3년 6개월의 실형을 살고 나왔다. 원정화 씨의 계부 김동순 씨는 2012년 7월 대법원에서 무죄 판결을 받았다.

원정화 씨가 구속된 뒤 북한에서는 "나라와 인민의 반역자"라는 입장 발표를 했다. 그리고 그녀의 가족들의 생사도 알 수 없게 되었다. 원정화 씨와 함께 간첩 업무를 수행한 공범이자 보위부 고위직으로 지목된 이복 여동생은 원정화 간첩 뉴스가 터지자 북한 보위부에 잡혀가 간첩 혐의로 조사를 받으며 4년 4개월간 감옥살이를 했다고 주장했다. 원정화 씨의 이복 여동생은 2013년 탈북해 중국에서 살다가 2016년 베트남을 거쳐 한국에 들어와 한국 국적을 취득했다. 그는 한국에 들어와 국정원 합신센터에서 조사받을 때 원정화와 관련해서 간첩 활동을 했는지에 대해서 일체 묻지 않았다고 주장했다.

원정화 씨 사건에 대해서는 논란이 끊이지 않았다. 실형을 살고 나온 황주용 중위의 아버지는 자기 아들은 죄가 없다면서 국민청원 게시판에 이 사건의 재조사를 요구하는 글을 올렸다. 이 사건은 처음부터 '조작이다', '만들어진 간첩이다'라는 의혹이 제기되었다. 원정화 씨의 자백 이외에는 뚜렷한 물증이 없는 데다가 2006년부터 원정화 씨를 수사하기 시작했던 소진만 전 경기경찰청 보안수사대장이 "간첩을 잡은 게 아니라 만들었다"라면서 공개적으로 반발했기 때문이다.

원정화 씨가 '김정일 장군의 전사'로 자신에게 지령을

내리는 사람이라고 지목했던 의붓아버지 김동순 씨가 대법원에서 무죄 선고를 받았다는 것도 이상했다. 원정화 씨는 7명의 군 간부에게 접근했다고 자백했는데도 기소된 사람은 황주용 중위 한 사람뿐이라는 것도 의혹을 키웠다. 원정화 씨의 여동생 역시 언니가 그런 일을 했다는 사실을 받아들일 수 없다고 주장했다. 소진만 전 보안수사대장은 사건 뒤에 10년 넘게 원정화 간첩 조작설을 주장하다가 2017년에 자살했다. 〈뉴스타파〉는 소진만 전 보안수사대장의 투신 이후 "여간첩 원정화, 조작의 증거들"이란 동영상을 공개했다.

무엇보다도 의혹을 키운 것은 원정화 씨 자신이었다. 그는 2013년 출소 이후 여러 방송에 출연해서 "북한 보위부 남파 간첩이며, 탈북 이후 3차례 북한에 들어가 지령을 받았다"라는 주장을 계속하고 있다. 전 남파 간첩이라는 타이틀로 여러 종편과 보수 매체 등에 계속 출연하고 있다. 좌우를 막론하고 언론에서는 계속 조작 같다고 의문을 제기하는데, 정작 당사자는 자신은 간첩이 맞다고 주장하는 이해할 수 없는 상황이 계속되고 있다.

그런가 하면 원정화 씨는 2014년 4월 17일 발간된 《신동아》 5월호에서 '북한 보위부 남파 간첩'이라는 그간의 주장을 스스로 뒤집었다. 《신동아》는 원정화 씨의 고백이 담긴 녹음 파일을 단독 입수해 보도했다. 3월 15일 만들어진 이 녹음 파일은 원정화 씨가 자신의 계부 김동순 씨와 대화를 나누는 형식으로 세 시간이 넘는 분량이다. 원정화 씨의 고백을 녹음

한 김동순 씨는 "언젠가 '간첩 원정화 사건'의 진실이 밝혀질 것이다. 그때를 대비해 정화의 동의를 받은 상태에서 녹음을 했다"라고 밝혔다. 녹음 파일에서 확인할 수 있는 원 씨의 고백을 요약하면 다음과 같은 내용이다.

- 북한 보위부에 차출되어 간첩 교육을 받은 사실이 없다.
- 탈북 이후 북한에 들어가 간첩 지령을 받은 적도 없다.
- 북한에 있는 엄마와 가족이 보고 싶어 북한 단동 무역대표부 김교학 부대표에게 북한 입국을 부탁한 사실이 있고, 그 과정에서 부탁을 받아 군·탈북자 관련 정보를 전달한 적이 있다.
- 2008년 수사 당시 검찰이 매일 술(폭탄주)을 먹이며 진술 조서를 받았고, 다른 사람의 진술 내용을 달달 외우게 했다.
- 수사 당시 주임검사였던 모 변호사가 최근 "네가 거짓말을 했다는 것을 다 안다"라며 조용히 살라고 협박했다.

더 놀라운 것은 《신동아》와 이런 인터뷰를 하고 나서도 최근까지 종편 방송이나 유튜브 방송 등에 출연해서 자신이 간첩이 맞다는 종전의 주장을 되풀이하고 있다는 점이다. 원정화 씨는 스스로 만들어낸 허구를 진실로 믿고 사는 리플리 증후군에 빠진 것은 아닌지 의심된다. 혹은 인터뷰를 해서 돈을 벌기 위해서는 계속 세간의 관심을 끌 필요가 있기 때문에 자꾸만 말을 바꾸는지도 모른다.

　　장경욱 변호사는 원정화 씨뿐만 아니라 이혜련 씨, 이경애 씨, 위은영 씨 등도 현실 인식이 위태로운 경우라고 말했다. 그들은 수사와 재판 과정, 그리고 수감생활을 거치는 동안 스스로의 진실을 부정하고 허구의 세계를 믿도록 강요받았다. 허구를 지어내면서 일종의 보상도 받았다. 국정원 조사관들이 원하는 대로 거짓 답변을 하면 좋은 음식을 주고 술도 주고 서울 구경도 시켜주었다. 이혜련 씨의 경우에는 국정원 수사관에게 '꼼새를 잡게 해줄 테니 영치금을 넣어달라'는 식으로 거래를 제안하기도 했다. 이경애 씨는 교도소에 있을 때 국정원 수사관에게 협조하는 대가로 제빵 기술을 배우는 등 공안사범에게는 허용되지 않는 특혜를 누리기도 했다. 이경애 씨는 변호사들에게는 무죄라고 했다가 국정원 직원에게는 진술을 번복하지 않겠다고 약속하는 등 왔다 갔다 하는 태도를 취했다. 심지어 자신이 딸을 낳았는지 여부에 대해서도 말이 달라진다고 했다.

　　이혜련 씨도 처음 장경욱 변호사를 만났을 때는 다섯 시간 동안 자신이 간첩이라고 주장하다가 계속해서 사실을 털어놓으라고 설득하자 방어의 둑이 무너지면서 모든 것이 조작되었다고 고백했다. 진술을 번복하면 더 큰 처벌을 받게 될까봐 두려웠다고 한다. 국정원 합신센터에서 조사받을 때 조사관들이 재판에서 진술을 번복하면 징역 20년을 받게 된다고 했다는 것이다. 이혜련 씨는 피해의식과 배신감 때문에 탈북

　　　　　　　　　　　　　탈북 마케팅

민들을 만나지 않고 다른 사람들과도 잘 만나지 않으며 아직
도 스스로를 마음의 감옥에 가둔 채 살아가고 있었다.

국정원이 생산하는 가짜뉴스

간첩이라고 자백하고 실형을 살고 나온 사람들을 이
용해서 북한에 대한 확인되지 않은 정보를 유통하는 것은 주
로 극우 언론들이다. 간첩 혐의자들의 입을 통해서 나온 뉴스
가 아니더라도 출처가 불분명한 다수의 북한 관련 뉴스들이
언론에 등장하곤 한다. 홍강철 씨는 국내에 유통되는 북한에
대한 거짓 정보들 중 상당수가 국정원이 탈북민을 이용해서
'만들어낸' 정보라고 말한다.

필　자　북한 관련 정보를 남한에서 어떤 식으로 심는지, 정보
　　　　원으로 활동하는 사람들은 어떤 사람들인지 강철 씨는
　　　　알고 있을 것 같은데.
홍강철　나는 그런 사람들을 북한 있을 때 만나는 못 봤는데, 탈
　　　　북자 가족들이겠죠. 북한에서 정보를 주는 게. 가족이
　　　　아니고는 그런 정보를 안 줄 거예요.
필　자　탈북자 가족들? 남한 대사관과 국정원이 정보를 얻는
　　　　데가?
홍강철　탈북자 단체들이죠.

필 자 탈북자들인 거예요, 주로?

홍강철 네. 탈북자 단체들인데 그들도 북한에 있는 가족과 친척들이 알려주기 때문에 아는 거예요.

필 자 그 사람들이 북한 가족들한테 들은 정보를 국정원에다 말한다? 그럼 왜곡은 언제 일어나는 거예요? 거짓 정보들은?

홍강철 가족들이 주는 정보들은 북한 최상위층에 대한 그런 정보들이 아니고 보통 사람들이 알 수 있는 정보들이거든요. 북한 최상위층에 대한 정보는 내가 전에 말씀드린 것처럼 국경 근처에 누군가가 가서 이미 어떤 정보를 말해야 된다, 약속이 다 되어 있는 거죠. 그래서 국경 근처에 가서 전화를 하는 거예요. 내가 북한에 있는 누군데 이렇게 전화를 하는 거죠. 그러면서 왜곡된 정보를 말해주는 거죠.

필 자 정보 왜곡을 누가 하느냐는 거지?

홍강철 국정원에서 하죠. 국정원에서 먼저 소스를 주고, 그 사람이 북한에서 말하는 것처럼 일종의 정보 세탁을 하는 거죠. 또 국정원이 탈북자 단체한테 한 번 힌트를 주면 그다음은 탈북자 단체가 알아서 하는 거죠.

우리는 끊임없이 북한에 대한 가짜뉴스들을 언론을 통해 접한다. 홍강철 씨는 국정원이 이런 가짜뉴스를 만드는 데 탈북민을 동원하고 있다고 했다. 특히 북한의 최고위층에 대

탈북 마케팅

한 가짜뉴스는 국정원이 만들어서 북한에서 온 것처럼 조작하는데 그 역할을 탈북민들이 하고 있다는 것이다. 북한에 대한 가짜뉴스들은 어떤 것들이 있을까?

"김정은의 옛 여자 친구는 포르노비디오(혹은 다른 정보에 따르면 『성경』)를 유통시켜서 12명의 은하수관현악단 단원들과 함께 처형되었다. 김정은의 고모부 장성택은 굶주린 120마리의 개들에게 잡아먹혔다. 젊은 지도자의 고모 김경희는 김정은의 지시로 독살되었다. 국방부 장관 현용철은 사열 중 졸았다는 이유로 대공미사일로 '폭파'되었다. 평양 신공항 건축가 마원춘은 김정은을 실망시켜 처형되었다. 북한 전 군총참모장 리영길 대장은 '부패와 당파주의'로 처형되었다. 김정은은 '무절제한 섭취와 폭음' 문제로 고통 받고 있다. 미국 리얼리티쇼 「독신남」The Bachelor에 버금가는 서바이벌 프로를 만들어 지도자의 여동생 김여정의 혼처를 찾고 있다…".*

현송월, 마원춘, 리영길, 김경희는 죽지 않았다. 현용철도 실제로 처형되었는지 확인되지 않았다. 김정은 위원장이 죽었다거나 건강이 악화되어 의식이 없어졌다는 등의 뉴스는

---

* 쥘리에트 모리요·도리앙 말로비크, 《100가지 질문으로 본 북한》, 조동신 옮김, 세종서적, 2018, 294쪽.

끊임없이 나돈다. 반북 성향의 탈북민들은 유튜브 방송을 통해서 북한에 대한 가짜뉴스들을 날마다 내보내고 있다. 한국의 언론사들이나 유튜버들은 그런 뉴스가 사실이 아님이 밝혀져도 정정 보도를 하거나 사과하지 않는다. 북한에 대한 뉴스를 조작하는 것에 대해서는 아무런 윤리적 책임을 지지 않는 것이다.

정보 조작은 언제나 하나의 무기였고, 남북 모두 다르지 않다. 반도 전문 연구자와 기자들 모두 자기 경력의 어느 순간, 다른 어디에도 없는, 혹은 비밀 접촉을 통해 기밀로 전달된 '정보'나 '특종'에 직면하는 경우가 있다. 미국의 북한 역사가 브루스 커밍스는 이렇게 말했다. "하나부터 열까지 조작된 북한 정권 관련 정보를 기자에게 흘리는 일은 북한이 존재한 이래 전 세계 남한 대사관과 정보부의 정상적이고 관례적인 실무였다."*

북한 인권 운동가 박연미는 누구인가?

한국보다 미국과 서구 세계에서 더 알려진 박연미라는 탈북민이 있다. 위키백과는 박연미에 대해서 다음과 같이 소

---

*   앞의 책, 296~297쪽.

개한다.

> 박연미(1993년 10월 4일~)는 북한이탈주민이자 대한민국의 인권 운동가이다. 2007년 탈북해 중국으로 간 후 2009년 대한민국에 정착하게 되었다. 채널 A의 프로그램《이제 만나러 갑니다》에는 박예주라는 이름으로 출연하였다.**

미국으로 건너가 활동하던 박연미 씨는 2017년에 미국인과 결혼했다. 한국 언론에서는 그의, 결혼 소식을 보도하며 그를 이렇게 소개했다.

> 북한 양강도 출신의 박씨는 2007년 탈북해 2년간 중국과 몽골을 거쳐 2009년 한국에 정착했다. [중략] 그러다 2014년 아일랜드 더블린에서 열린 '세계 젊은 지도자 회의One Young World Summit'에서 영어로 북한 주민과 탈북자의 참담한 인권유린 실태를 생생히 증언한 것이 인생의 새로운 전환점이 됐다. 당시 한복을 곱게 차려입고 북한의 인권탄압 실상을 눈물로 호소하는 박씨의 모습은 깊은 인상을 남겼다. 탈북을 도운 중국인 브로

** https://ko.wikipedia.org/wiki/%EB%B0%95%EC%97%B0%EB%AF%B8.

커에게 어머니가 성폭행당한 사실을 고백한 대목은 전세계에 충격을 안겼다. BBC가 선정한 '올해의 여성 100인'에 선정된 박씨는 이후 북한 주민과 탈북자의 인권 개선에 힘쓰는 북한 인권운동가가 된다. '북한 인권의 아이콘'으로 떠오른 그는 2015년 펴낸 저서 '내가 본 것을 당신이 알게 됐으면'(원제 IN ORDER TO LIVE)에 직접 보고 경험한 북한의 참상, 인권유린에 노출된 탈북자의 처참한 삶, 인권운동가가 되기까지의 고된 여정을 두루 담았다.*

박연미 씨는 현재 미국에 살면서 트위터, 페이스북, 유튜브 방송 등을 통해서 북한의 인권 실태를 고발하는 내용을 계속해서 올리고 있다. 그는 특히 김정은 국무위원장을 비판하는 데 주력하고 있다. 김정은 위원장의 사망설이 나돌던 2020년 5월 2일에는 트위터를 통해서 사망설을 부정하면서 김 위원장이 코로나19를 피하기 위해 원산 대저택에 머물고 있다면서 2,000명의 성노예를 거느리고 있다고 주장했다. '즐거운 그룹'이라고 불리는 비밀스러운 연예인 그룹이 있고 그들이 북한 지도자와 엘리트들을 위해 봉사하는 현대판 위안부라고 하면서 트위터에 화질이 좋지 않은 동영상 하나를 첨

---

*　　홍국기, 〈[단독] '세계 100대 여성' 탈북민 박연미, 작년 미국인과 결혼〉, 《연합뉴스》, 2017년 3월 15일 자, https://www.yna.co.kr/view/AKR20170314178200014.

탈북 마케팅

부하기도 했다. 벗은 몸을 드러낸 어린 여성들이 군무를 추는 이 짧은 동영상이 그가 말하는 연예인 그룹인지 확인할 길은 없다.

홍강철 씨는 자신의 조카가 박연미 씨와 같은 시기에 탈북해서 태국의 난민수용소와 하나원에서 같이 생활했다고 말했다.

필 자 박연미 씨가 내놓는 북한에 대한 공포를 조성하는 이야 기들은 어디서 나오는 거예요?

홍강철 자기 머리에서 나오는 거죠.

필 자 자기가 창작한다?

홍강철 다른 사람들이 말하는 걸 듣고 자기가 창작해내는 거예 요. 북한에서 나올 때 업혀서 나온 애가 북한에서 살던 기억이 남아 있을 리 없죠. 박연미 같은 경우는 북한에 서 엄마 등에 업혀서 중국으로 건너왔거든요. 우리 조 카가 알아요. 박연미가 우리 조카 후배란 말이죠.

필 자 조카가 몇 살이죠?

홍강철 스물아홉이요.

필 자 박연미는 핵심계층 출신인 거 같던데.

홍강철 아니에요. 걔 아버지가 밀수꾼이었대요. 구리 밀수하다 가 잡혀서 교화소 갔다는 거죠. 노동교화소 갔다가 병 보석으로 나왔는데 죽었대요.

박연미 씨는 아버지와 함께 중국에 갔고 중국에서 아버지가 죽었는데 열세 살인 자신이 직접 시신을 묻었다고 했다. 그런데 홍강철 씨의 조카가 들은 얘기는 박연미 씨의 아버지는 북한에 있을 때 죽었다는 것이다. 박연미 씨를 아는 다른 탈북민들도 그의 아버지가 북한에서 죽었고 중국에 간 적이 없다고 한다.

홍강철 우리 조카가 그러죠. 쟤는 우리가 다 아는데 왜 저런 거짓말을 하냐고. 하나원 통해서 같이 오면서 대안학교 같은 데 가서 같이 공부하면서 생활하잖아요. 그동안에 서로에 대해서 말해준단 말예요. '나 언제 왔어' '몇 살 때 중국에 왔다' '어디서 살았다' '너 북한에 있을 때 너희 아버지 뭐했어?' '우리 아버지 뭐 했어' 다 이야기하는 거예요. 우리가 태국에서 거쳐서 하나원까지 나오자면 옛날에 6개월 걸렸어요. 그동안에 서로에 대해서 다 아는 거야, 알 거는.

박연미 씨가 홍강철 씨의 조카에게 한 이야기도 다 사실이라고 믿기 힘들다. 15년 동안 북한을 연구했다는 한반도 문제 전문가이자 기자인 쥘리에트 모리요와 도리앙 말로비크는 박연미 씨에 대해서 어떻게 이야기하고 있을까?

그녀는 오열을 삼키며 떨리는 목소리로 시체가 떠내려

탈북 마케팅

가는 강, 강간당한 어머니를 언급했고, 끝내 눈물을 펑펑 쏟으며 자기 민족을 '홀로코스트'에서 해방시키기 위한 투쟁에 세계가 도와줄 것을 애원했다. 이 소녀는 박연미. 베스트셀러 『나는 단지 살고 싶었다』의 저자다. 미디어의 초미의 관심사로 떠오른 그녀는 인터뷰를 연이었고, 되풀이해서 북한에서 보낸 공포의 유년 시절을 이야기했다. 단, 그녀가 언급한 모든 것이 그녀의 실제 경험은 아니라는 사실만 빼고.*

박연미 씨에 대한 이들의 평가는 홍강철 씨의 이야기와 부합한다. 박연미 씨는 거짓말을 하고 있다는 것이다.

탈북민들은 왜 거짓말을 할까?

앞서 언급한 원정화 씨의 이야기도 어디서부터 어디까지 믿어야 할지 모를 정도로 오락가락한다. 이순옥이라는 탈북자는 2004년 미국 하원에서 자신이 감금된 정치범 수용소에서 기독교인들을 용광로에 던졌다고 증언했다. 하지만 나중에 그를 아는 다른 탈북민의 증언으로 이순옥 씨는 정치범

---

* 쥘리에트 모리요·도리앙 말로비크, 《100가지 질문으로 본 북한》, 조동신 옮김, 세종서적, 2018, 301쪽.

수용소에 가본 적 없는 경미한 경제사범이었던 것으로 드러났다.

탈북민 신동혁 씨는 1982년 평안남도 개천 14호 수용소에서 태어나 어머니가 교수형을 당하고 형이 총살당하는 것을 지켜봤고 자신도 수용소 내 지하 감옥에서 7개월간 구금되어 보위부원들에게 고문받고 손가락을 잘리는 고통을 겪었다고 알려졌다. 그는 2005년에 600킬로미터를 이동해 중국으로 탈출했고 2006년에 한국에 입국했다고 말했다. 신동혁 씨는 '죽음의 수용소'라고 알려진 14호 수용소에서 태어나 탈출에 성공한 유일한 탈북자로서 수용소에서의 생활과 탈출 경험을 외부 세계에 증언해 유명세를 탔다.

미국 언론인 블레인 하든이 그의 이야기를 정리해서 쓴 《14호 수용소 탈출》은 20개 이상의 언어로 출간돼 북한의 참상을 알리는 데 큰 역할을 했다고 평가받았다. 신동혁 씨는 스위스 제네바에 위치한 UN 감시기구인 '유엔워치UN Watch'라는 인권 단체가 수여하는 '올해의 도덕 용기상'을 수상하기도 했다. 이 단체의 힐렐 노이어 대표는 "잔혹한 북한 인권 문제의 산 증인이자 북한 주민들의 기본적인 인권을 보호하기 위한 인류 양심의 대변자"라고 시상 이유를 밝혔다. 그는 현재 미국으로 이주해 캘리포니아주 토렌스에 있는 북한 난민 구조기관 링크LiNK에서 일하고 있다.

신동혁 씨는 14호 수용소에서 어머니와 형이 탈출을 모의하다 들켜, 자신이 보는 앞에서 처형당했다는 충격적인 진술을 했다. 그것을 엿듣고 밀고한 것이 신 씨 자신이었다는 비극적인 서사가 큰 관심을 끌었고 그의 책은 UN 인권보고서에도 담겼다. 그러나 신동혁 씨를 아는 탈북민이 의문을 제기하면서 반전이 시작되었다. 18호 수용소에서 20여 년을 생활하다 탈북한 김혜숙 씨는 그가 정치범을 가두는 14호가 아닌 18호 수용소에서 생활했다고 증언했다. 14호나 18호나 큰 차이가 아니라고 할 수 있지만, 18호는 일반 범죄인 수용소이기 때문에 신동혁 자신이 범죄를 저질러 수용됐을 가능성이 높다. 김혜숙 씨는 또 신동혁 씨의 어머니와 형이 처형된 이유가 '탈출 모의'가 아니라 '살인'이었다고 반박했다. 처형 현장인 18호 수용소에 본인도 있었다는 것이다. 결국 신동혁 씨의 증언 곳곳이 거짓으로 드러나자, 그는 《14호 수용소 탈출》의 내용 일부가 잘못됐다고 오류를 인정했다.

국민통합당(현재 국민의힘) 비례대표 국회의원에 당선된 지성호 씨가 과거에 했던 증언에 대해서도 의문이 제기되고 있다. 지성호 씨는 북한에서 살 때 석탄을 훔치다가 팔과 다리에 장애를 입고, 한때 '꽃제비' 생활을 했다고 했다. 그런데 지성호 씨는 자신의 아버지에 대해서 불법적인 일을 못하는 고지식한 사람이라고 말했다가 자신과 함께 석탄을 훔치다 젊은 군인에게 매를 맞았다고 말하는 등 과거에 대한 증언이 앞뒤가 맞지 않는다는 지적을 받았다.

지성호 씨는 2020년 5월 김정은 위원장이 오랫동안 공식석상에 나타나지 않아 온갖 추측이 난무할 때 "김정은이 이미 죽었고 섭정 체제에 들어갔다"라고 주장했다. 지성호 씨의 주장은 사실이 아닌 것으로 밝혀졌지만 그가 거짓말을 지어냈는지 그에게 정보를 제공한 사람이 거짓 정보를 준 것인지는 분명치 않다. 지성호 씨의 주장을 검증 없이 보도한 언론의 책임이 더 크다고 할 수도 있다.

내가 만났던 탈북민들도 앞뒤가 맞지 않는 이야기를 많이 했다. 과거에 다른 매체와 인터뷰했던 내용과 다른 이야기를 하는 경우도 많았다. 사람의 기억이란 정확하지 않을 뿐 아니라 위험을 무릅쓰고 도망쳐 신분을 감춘 채 살아야 했던 사람들의 심리 상태는 매우 불안정할 수밖에 없다. 앞서 간첩 혐의를 받았던 사람들의 경우처럼 탈북민들은 강요된 자백을 하거나 사람들이 듣고 싶어하는 이야기를 하는 와중에 스스로 혼란에 빠져 사실과 허구를 구분하지 못하게 된 게 아닌가 싶다. 그들의 증언을 극적인 것으로 만들어 이용하려는 인권 단체나 종교 단체들, 그리고 증언이 잔혹할수록 띄워주는 언론이 그들이 거짓말을 하도록 부추기는 측면도 있다.

탈북민들이 거짓말을 하는 중요한 이유 중 하나는 '돈'이다. 탈북민들이 종편 방송에 출연해서 출연료를 받고 방송국에서 준 '각본'에 따라 증언을 한다는 것은 알려진 사실이다. 탈북민이 교회에 나가서 예배 시간에 앉아 있기만 해도 돈을 주는 교회들이 있다. 이런 교회에서 북한에서 있었던 일을 이야기하거나 '신앙 간증'을 하면 더 많은 돈을 준다. 한국 사회에서 안정된 직업을 갖기 어려운 탈북민 입장에서는 쉬운 돈

벌이 수단인 셈이다. 통일부의 실태 조사에 따르면, 현재 탈북민 중 절반에 가까운 사람들이 실업 상태에 있다. 많지 않은 수입 중 일부를 북한에 있는 가족들에게 송금해야 하는 탈북민도 많다. 대부분의 탈북민들은 언제나 돈에 쪼들리고 있다. 이런 탈북민의 상황을 이용한 탈북민의 증언 거래가 한국 사회에서 제도화되어 있다는 것은 믿기 어려운 사실이다.

수년 전부터 기자와 연구자에게 증언을 해주면 보수가 지불된다(2000년대 초반에는 그렇지 않았다). 원칙은 하나다. 증언이 더 끔찍할수록 비싸다. 이 공포의 무게에 비례하는 거래는 극적인 것을 갈구하는 기자들, 그리고 소위 '구조' 활동에 돈을 대려는 기독교계 단체들에 의해 유지되고 있다. 게다가 한국의 통일부장관은 이를 제도화했다. 2015년 말, 1시간의 인터뷰는 60~600달러였다.*

박연미 씨처럼 젊고 아름다운 외모를 가진 탈북민 여성은 돈만 벌어들인 것이 아니다. 인권운동가로 불리면서 세계적인 명성까지 얻고 대단한 영향력을 갖게 되었다. 지금 그의 페이스북과 유튜브 채널에는 한국뿐만 아니라 세계 여러 나라

---

* 쥘리에트 모리요·도리앙 말로비크, 《100가지 질문으로 본 북한》, 조동신 옮김, 세종서적, 2018, 303쪽.

사람들이 와서 그의 활동을 격려하고 있다. 박연미 씨는 자신의 영향력을 유지하기 위해서 더욱 극단적인 방식으로 북한의 최고지도자를 비난하고 있다. 지성호 씨는 북한의 '꽃제비'에서 남한의 '국회의원'이 된 극적인 인생역전을 내세우면서 소위 '극우'의 입맛에 맞는 정보를 제공하기 위해 최선을 다하고 있다. 유튜브 채널을 활용하고 자극적인 소재를 찾는 국내 언론들과 협력해서 북한에 대한 부정적인 정보들을 유통시키고 있다. 한국 사회는 듣기 좋은 말로 '통일의 마중물'이라고 부르는 탈북민을 이렇게 북한에 대한 적대감과 혐오감을 부추기는 데 이용하고 있는 것이다.

극우세력의 여론몰이에 동원되는 탈북민들

최근 들어 언론에 가장 자주 등장하는 탈북민은 박상학 씨다. 양강도 혜산시 출신인 박상학 씨는 '자유북한운동연합'이라는 단체의 대표를 맡고 있다. 박상학 씨는 1998년에 탈북해 1999년에 한국에 정착했다. 그가 언론에 자주 등장하게 된 것은 대북전단 살포 때문이다. 박상학 씨가 대표로 있는 자유북한운동연합이 전단 살포를 시작한 것은 2008년부터다. 대북전단 살포의 원조는 '북한동포직접돕기운동'의 이민복 단장이 이끄는 '대북풍선단'이다. 자유북한운동연합과 대북풍선단은 사이가 좋지 않다. 이민복 씨는 자신은 대북전단 살포를 북

탈북 마케팅

한동포를 돕는다는 순수한 의미에서 하고 있는데 박상학 씨가 물을 흐렸다고 주장한다. 이민복 씨는 자유북한운동연합이 대북전단을 돈벌이 수단으로 이용하고 있다고 비판했다. 2008년부터 10여 년간 대북전단은 2,000만 장 이상이 살포된 것으로 알려졌다. 통일부 자료에 따르면 자유북한운동연합은 2008년부터 81차례 대북전단을 보내 전체(116회)의 70퍼센트를 차지했다. 박상학 씨는 특히 언론에 대북전단 살포 계획을 미리 알리고 많은 취재진과 동행해서 대북전단 행사를 벌이는 것으로 유명해졌다. 북한의 반발이 커지고 언론의 주목도가 높아지면서 박상학 씨는 더욱 유명세를 타게 되었다.

접경지역에서 전단을 살포하는 행위는 분단 뒤 남북이 심리전의 일환으로 계속 해오던 일이다. 전단 살포로 갈등이 잦아지자 1991년 9월 남북한의 UN 동시 가입 이후, 같은 해 12월 〈상호 체제 인정과 상호불가침, 남북한 교류 및 협력에 관한 남북기본합의서〉를 채택하고 상대방을 비방·중상하는 전단 살포를 하지 않기로 합의했다. 2004년에도 고위군사회담을 열고 〈서해상에서 우발적 충돌 방지와 군사분계선 지역에서 선전활동 중지 및 선전수단 제거에 관한 합의서〉를 채택했다. 2000년대 들어서는 남북이 합의한 대로 정부 차원에서의 전단 살포는 중단되었다.

하지만 탈북자 단체 등 민간에 의한 살포는 지속되었다. 북한은 이에 반발해서 심리전은 전쟁 행위라면서 직접 조준 사격으로 자위권을 발동할 것이라고 여러 차례 경고하고 나섰다. 인천아시안게임이 열리고 남북 간에 대화 분위기가 무르익던 2014년 정부의 자제 요청과 북한의 경고에도 불구하고 그해 10월 10일에 자유북한운동연합이 파주시 통일전망대에서 전단 20만 장을 살포했다.

2018년 4월 27일, 문재인 대통령과 김정은 국무위원장은 〈판문점선언〉에서 "5월 1일부터 군사분계선 일대에서 확성기 방송과 전단살포를 비롯한 모든 적대 행위들을 중지"하기로 약속했다. 그러나 자유북한운동연합 등은 전단 살포를 멈추지 않았다. 결국 2020년 6월 4일 북한의 김여정 북한노동당 제1부부장은 담화문을 통해 "수십만 장의 반공화국 삐라를 우리 측 지역으로 날려 보내는 [중략] 이런 악의에 찬 행위들이 '개인의 자유'요 '표현의 자유'요 하는 미명하에 방치된다면 남조선 당국은 머지않아 최악의 국면까지 내다보아야 할 것이다"라고 엄중한 경고를 보내기에 이른다. 파주와 연천, 강화도 등 전단 살포를 하는 접경지역 주민들도 전단 살포를 강력하게 반대하고 나섰다.

전단 살포로 남북관계가 경색되고 접경지역 주민들의 안전이 위협받는다는 비판이 계속되자 통일부는 2020년 6월 10일 북한자유운동연합을 남북교류협력법 위반으로 고발하고 법인 설립 허가 취소 절차에 착수했다. 그러나 박상학 씨는 표현의 자유를 억압한다면서 강력히 반발하고 나섰다. 그는 전단 살포를 그만두지 않겠다는 의사를 거듭 밝혔다. 그는 자신을 취재하기 위해 집으로 찾아온 방송사 제작 스태프들

탈북 마케팅

을 폭행한 협의로 기소되기도 했다. 박상학 씨의 북한자유운동연합 등이 살포한 대북전단은 실제로 북한으로 날아가지 않고 대부분 남한 지역에 떨어진다는 비판도 제기되었다. 실제로 홍천 등지에서 그들이 살포한 대북 전단이 다수 발견되기도 했다.

북한자유운동연합이 2016년에 받았다는 후원금 내역을 보면 미국 정부의 예산을 받는 인권 단체인 '미국인권재단HRF'으로부터 2만 달러, 또 다른 미국 비영리 단체인 '북한자유연합NKFC'에서 5,000달러를 받았다고 되어 있다. 미국 비영리 단체의 후원금은 국내 탈북자 단체의 중요한 돈줄이다. 미국 국무부 산하 단체로 알려진 '국립민주주의기금NED'는 2016년 부터 2019년까지 4년간 국내 북한 관련 단체 10여 곳에 126억 원이 넘는 돈을 지급했다. 미국 단체로부터 더 많은 후원금을 따내기 위해서는 언론의 주목을 받고 논란이 심한 '대북전단 살포'가 가장 좋은 사업이었던 것이다.

박상학 씨의 대북전단 살포 등 '극우' 행보는 현재 문재인 정부와 대립각을 세우면서 극우 단체와 극우 성향의 국민들에게 지지를 받고 있다. 박상학 씨는 '대한민국어버이연합(이하 대한민국어버이연합)'이나 사랑제일교회 전광훈 목사와 발을 맞추며 반정부·반북 성향의 국민들을 향한 구애를 계속하고 있다. 박상학 씨 같은 탈북민은 자신이 여론몰이에 동원된다기보다 적극적으로 앞장서고 있는 것처럼 보인다. 하지만 탈북민이라는 불안정한 자신의 입지 때문에 '극우세력'이라는 울타리가 필요하다는 측면에서 그는 역시 '동원'되고 있는 탈북민일 수밖에 없다.

　　이명박·박근혜 정부에서는 친정부 활동이 곧 애국 활동이었던 반북 단체의 탈북민들이 문재인 정부가 들어서면서 반정부 활동으로 돌아설 수밖에 없는 아이러니를 국정원은 어떻게 보고 있을까? 많은 사람들이 극우 단체들의 시위에 성조기가 등장하는 이유에 대해서 의아하게 생각한다. 그러나 반북 성향의 탈북 단체들의 속내를 들여다보면 그 이유를 쉽게 이해할 수 있다. 미국의 후원금이 주 수입원인 그들에게는 '친미=애국=극우'의 등식이 성립하기 때문이다. 자신이 떠나온 '조국'에 침을 뱉어야 생존할 수 있는 반북 단체의 탈북민들은 그 '조국'에서 사는 동안 내내 타도 대상으로 증오심을 키워온 '미국'을 떠받들어야 살아남을 수 있게 된 것이다.

김미화는 누구인가?

　　박근혜 정부 시절인 2016년 4월에 어버이연합과 청와대·전국경제인연합회(전경련)와의 유착관계에 대한 보도가 세상을 떠들썩하게 했다. 여기에 탈북민들이 일당 2만 원을 받고 어버이연합이 주도한 '관제 시위'에 참여했다는 뉴스가 더해졌다. 탈북민들은 꼭 돈 때문만이 아니라 자신들을 차별하고 소외시키는 사회 분위기 때문에 극우 진영의 '애국 마케팅'

에 넘어갔다는 지적도 있었다. 한국에 와서 기댈 데 없이 외롭게 살아가는 탈북민에게 애국도 하고 돈도 벌게 해준다는 어버이연합의 유혹은 달콤할 수밖에 없었을 것이다.

어버이연합이 청와대와 전경련의 뒷돈을 받고 있다는 의혹이 터져나온 배경에는 탈북자 단체의 주도권 싸움이 있었다. 종로구 인의동에 있는 어버이연합 사무실에는 '대한민국 어버이연합', '자유네티즌 구국연합', '탈북난민인권연합' 등 3개의 사무실 간판이 붙어 있다. 김미화 씨가 대표로 있는 '비전코리아' 역시 통일부 등록 주소는 어버이연합 사무실로 되어 있다. '탈북어버이연합'과 '자유민학부모연합'이라는 단체의 대표까지 맡고 있는 김미화 씨는 국정원 합신센터에서 간첩이라는 자백을 했던 사람이다.

탈북자로 위장해 국내에 잠입해 간첩활동을 한 여간첩 김미화(36) 씨가 전향 의사를 밝혔다. 서울중앙지검 공안1부(부장검사 이진한)는 8일 국내 지하철 전동차 운행 현황 등을 빼낸 혐의 등으로 구속된 북한 국가안전보위부(보위부) 소속 간첩 김 씨가 전향 의사를 밝힘에 따라 공소보류를 결정했다고 밝혔다. 검찰이 공소보류 결정을 내림에 따라 이날 김 씨는 석방됐다. 다만 김 씨의 신병은 앞으로 상당기간 국가정보원에서 관리하게 된다.*

김미화 씨는 보도에 나온 것처럼 공소보류 결정으로 통

일부의 보호 처분을 받고 사회에 나왔다. 그런데 김미화 씨에게 서울 지하철에 대한 정보를 건넸다는 서울메트로 전 간부 오 모 씨는 국가보안법 위반 혐의로 징역 3년 6개월의 실형을 선고받았다. 2013년에 만기 출소한 오 씨는 "김미화는 간첩이 아니고 자신도 간첩을 도운 적이 없다"라고 주장했다. 김미화 씨의 행적은 앞서 말한 원정화 씨처럼 이상한 점이 많다. 김미화 씨는 중국에서 살 때 오 씨와 내연의 관계를 맺고 오 씨에게 호텔 건설에 투자하라는 등의 명목으로 3억 원을 가로챘다. 국정원 합신센터에서 자신을 담당했던 조사관 신 모 씨에게는 자신의 오빠가 오래전에 한국에 남파된 거물 간첩이고 자신은 오빠를 찾아서 데려오라는 지령을 받았다고 말했다. 조사관 신 씨는 김미화 씨에게 2년여 동안 5,800만 원에 달하는 활동비를 지급하며 오빠를 찾아내라고 했다. 2015년에 김미화 씨는 북한에 있는 아버지와 통화해보니 오빠가 북한에 와서 자폭했다고 했다면서 더 이상 오빠를 찾을 수 없다고 했다. 국정원과 신 씨는 김미화 씨에게 아무 소득도 얻지 못한 채 5,800만 원을 날린 셈이 됐다. 이 일로 신 씨는 징계를 당하고 국정원을 그만두었다.

기사화되지 않았지만 〈뉴스타파〉에서 오 씨와 김미화 씨를 인터뷰한 자료가 있다. 민들레가 제공한 자료에 이와 같

---

* 류철호, 〈"남한이 좋다" 여간첩 김미화 전향〉, 《머니투데이》, 2010년 7월 8일 자. https://m.mt.co.kr/renew/view.html?no=2010070814214661627&type=outlink.

탈북 마케팅

은 내용이 나와 있다. 김미화 씨는 자신의 학력이나 경력, 북한에서의 행적 등에 대해서 일관성 없는 답변을 하고 있고, 기자들이 확인한 정보에 따르면 김미화 씨의 아버지가 근무했다는 직장이나 김미화 씨가 다녔다는 학교는 존재하지 않는다고 추궁하자 그는 변변한 답변을 내놓지 못했다.

김미화 씨는 간첩으로 유명세를 타지는 않았으나 여러모로 원정화 씨와 비슷한 점이 많다. 장경욱 변호사는 김미화 씨가 간첩이 아닌 것은 물론이고, 국정원이 김미화 씨의 거짓말에 놀아나서 활동비를 낭비한 사건이라고 말했다. 그렇다면 김미화 씨 사건으로 3년 6개월이나 징역을 살아야 했던 오 씨는 애꿏은 피해자라고 볼 수 있다.

김미화 씨는 그런 전력에도 불구하고 탈북자 단체 대표로 활동하고 있고, 그가 대표로 있는 비전코리아는 박근혜 정부 당시에 통일부의 지원금까지 받았던 것으로 밝혀졌다. 국정원은 합신센터에서 간첩을 조작하고 간첩을 조작하려다가 실패하고 심지어 간첩을 잡아준다는 탈북민에게 사기를 당해 돈까지 털린 셈이다. 국정원을 가지고 놀았던 탈북민 김미화 씨는 탈북자 단체의 대표를 하며 어버이연합과 힘을 합쳐 반북 활동을 하면서 애국자 행세를 하고 있는 것이다. 다시 한 번 묻고 싶다. 김미화 씨는 누구이며 국정원은 도대체 무엇을 하는 곳인가?

11.

길들이기와
지배하기

이상한 가족

　유우성 간첩 조작 사건에 대한 책을 쓰면서, 합신센터에서 독방에 갇혀 6개월간 조사받으며 오빠가 간첩이라는 자백을 하게 된 유우성 씨의 동생 유가려 씨의 이야기를 듣던 중 가장 이상한 점은 유가려 씨와 국정원 조사관들의 관계였다. 유가려 씨는 그들에게 고문에 가까운 협박과 회유에 시달리다가 결국 오빠가 보위부의 지령을 받고 간첩 활동을 했다는 허위자백을 했다. 유가려 씨의 조사를 담당했던 나이 많은 조사관은 자신을 '큰삼촌'이라고 부르도록 시켰다. 여성 수사관은 유가려 씨에게 자기를 돌아가신 엄마처럼 생각하라고 했다. 조사관들은 유가려 씨가 조사가 끝나고 나서 그 여성 수사관 앞에서 무릎을 꿇고 고맙다고 절을 했다면서 결코 자기들이 강압적으로 자백을 받아낸 것이 아니라고 했다. 심지어 조사관 중 한 사람은 집에서 기타를 가져다가 유가려 씨에게 기타를 치게 하고 같이 노래를 불렀다고 한다. 그들은 조사관들과 유가려 씨가 마치 가족처럼 지냈다고 주장했다. 그들은 딸이나 조카처럼 생각하는 여성의 친오빠를 간첩으로 만드는 데 힘을 합치는 '이상한 가족'이었다. 유가려 씨는 이 이상한 가족들에게 둘러싸여 심리적 박탈감과 위안이라는 혼란에 휩싸여 더욱 고통스러운 시간을 보냈던 것이다.

　국정원 조사관들은 유가려 씨에게 "자신들이 시키는 대로 하면 한국에서 오빠와 살게 해주겠다" "좋은 집도 주고 가

전제품도 주고 학교에 보내주고 직장도 구해주겠다"고 약속했다. 유가려 씨는 '국가의 큰 기관인데 설마 나에게 거짓말을 하겠나'라고 생각했다고 했다. 당시 스물다섯 살이었던 유가려 씨가 그런 생각을 했다는 것은 당연해 보인다.

합신센터에서 간첩 혐의로 조사를 받은 사람들은 대개 유가려 씨와 비슷한 경험을 했다. 그들이 요구하는 자백이 별 것 아닌 것처럼 이야기하고 자백하면 많은 보상이 따를 것이라고 하면서 실제로 그들이 요구하는 대로 거짓 진술을 하면 보상도 해주었다. 담배를 못 피워 금단증상에 시달리던 홍강철 씨는 1주일 만에 담배 한 대를 피우게 해준 조사관에게 '담뱃값'을 해주기 위해서 보위부의 정보원 노릇을 했다는 최초의 거짓 진술을 하게 되었다. 이혜련 씨는 친한 척하면서 같이 맥주를 마시고 잡담을 하는 여자 조사관을 만만하게 보고 '거짓말탐지기 회피 약물'이라는 '선물'을 건넸다가 돌아올 수 없는 강을 건넜다. 두렵고 불안하고 외로웠던 탈북민들은 자신을 파멸시키려는 조사관들에게 점차 심리적으로 결박되어갔던 것이다.

국정원 합신센터에서 간첩 혐의로 조사를 받던 탈북민과 국정원 조사관 사이에는 그루밍 성범죄*를 연상시키는 관계가 형성된다. 절대적인 권력을 가진 것처럼 보이는 조사관은 한국에 대한 지식이 전혀 없고 새로운 환경에 대한 두려움에 가득 차서 어린아이나 다름없는 탈북민을 쉽게 심리적으로 지배할 수 있었다. 혼자서 마음대로 드나들 수 없는 독방에 감

탈북 마케팅

금되어 있다보면 더욱 위축될 수밖에 없다. 이런 관계는 쉽게 진술을 번복할 수 없게 만든다. 구치소나 감옥에 가서까지 그들에게 의존하는 경우도 있다. 국정원 조사관들은 감옥에 있는 탈북민에게 접견을 가고 영치금을 넣어주고 출소할 때가 되면 교도소 앞으로 찾아가서 숙소를 구해주고 살 집을 마련 해주는 등 친절을 베푼다. 출소 후에도 그들을 자신의 지배력 아래 두고 이용하려는 속셈이다. 탈북민들의 진술을 들으면서 피해자가 가해자에게 심리적으로 지배당하고 의존하는 관계 를 맺고 거기서 잘 벗어나지 못하고 있음을 확인했다.

김관섭 씨는 한국에 오고 난 후 30년 넘게 안보 강연을 다니고 기무사나 중앙정보부(안기부, 국정원) 등 정보기관에 협조해왔으면서도 그들이 자신을 간첩으로 의심하고 있다는 두려움을 떨쳐버리지 못했다. 1974년에 귀순했을 때 중앙정보부와 대성공사에서 고문당한 사실을 고발하고 국가배상을 청구하기 위해 청와대 앞 1인 시위를 할 때도 미리 기무사에 그런 사실을 알렸다. 그는 자신의 일거수일투족을 정보기관에 보고 하지 않으면 불안해지는 강박을 갖고 있는 것처럼 보였다. 자신이 피해자라는 것을 인식하고 나서도 가해자에게 지배당하

---

* 가해자가 피해자에게 호감을 얻거나 돈독한 관계를 만드는 등 심리적으로 지배한 뒤 성폭력을 가하는 것을 뜻한다. 보통 어린이나 청소년 등 미성년 자를 정신적으로 길들인 뒤 이뤄지는데 그루밍 성폭력 피해자들은 피해 당시에는 자신이 성범죄의 대상이라는 것조차 인식하지 못한다. 그렇기 때문에 마치 표면적으로는 성관계에 동의한 것처럼 보여서 수사나 처벌이 어려운 경우가 많다.

고 의존하는 습관을 버리지 못하고 있는 것이다.

장경욱 이 사람들은 간첩 조작을 당해서 징역을 살고 나와서
도 국정원 수사관들한테 의존하고 심리적으로 지배당
하고 그래요. 출소해서 당장 갈 데도 없잖아요. 그러니
까 그 사람들을 따라가야 숙소도 마련해주고 집도 받게
해준다고 생각하죠. 같이 밥도 먹고 술도 마시고 용돈
도 주고 하면서 친밀한 관계를 맺죠. 그런데 국정원은
이분들을 계속 의심하고 감시하는 거예요. 그래도 쉽게
떨쳐버리지 못해요. 의지할 데가 없고 아는 사람도 없
는 데다가 잘 보여야 한다는 그런 것도 있어요.

필　자 김관섭 선생님도 그러셨어요?

김관섭 고문을 당하고서도 정보기관 사람들이랑 술도 마시고,
철책선 부대에 같이 가서 반공 안보 강연도 하고 그랬
죠. 그 사람들이랑 '형, 동생' 했는데 속으로는 서로 안
믿었죠. 그들은 조금만 수틀리면 안면을 바꾸고 고압적
인 태도로 나오죠. 요새도 기무사 사람들한테서 전화
가 오는데 건강하시냐고 하면 "건강 못하다, 남산 정보
부에서 얻어터진 것 때문에 날마다 물리치료 받고 다닌
다"고 하고 끊어버립니다.

담당 형사가 두렵다

하나원을 수료하고 전입신고와 신분증 발부, 하나센터 교육 등의 과정을 마치면 탈북민이 반드시 만나는 공무원이 있다. '담당 형사', 곧 신변안전보호관이다. 신변안전보호관은 담당 관내에 살고 있는 탈북민이 대한민국의 법 테두리 안에서 안전하게 정착할 수 있도록 보호하고 도와주는 국가 공무원이다. 일반 탈북민들은 신변안전보호관과 좋은 관계를 맺고 도움을 받는 경우도 많다.

간첩 혐의로 처벌받고 만기 출소한 탈북민에게도 담당 형사가 있다. 그들은 일반 탈북민들이 만나는 신변안전보호관과는 다르다. 국가보안법으로 처벌을 받은 탈북민은 보호관찰처분*을 받게 되고 출소하고 나서 보호관찰을 담당한 형사가 배정되는 것이다.

합신센터에서 구치소를 거쳐 감옥에 간 사람들은 하나원을 수료한 사람들과 달리 남한 사회에 대한 지식이 거의 없다. 그들이 한국에 와서 경험한 것은 합신센터의 '닫혀 있는 방'과 조사를 가장한 가혹한 수사, 그리고 법에 대한 지식이 없이 방어권을 제대로 행사하지 못한 채 진행된 재판 과정뿐이다. 구치소나 감옥에서도 공안사범인 그들은 다른 수감자들과

---

* 보호관찰처분이란 내란죄 등 특정범죄를 범한 자에 대하여 재범의 위험성을 예방하기 위하여 국가의 안전과 사회의 안녕을 유지할 목적으로 검사의 청구에 의하여 법무부 장관이 행하는 처분이다.

잘 어울리지 못한다. '학교'라고 불리는 교도소에서도 한국 사회를 배울 수 있는 기회가 주어지지 않는 것이다. 청주여자교도소에서 복역한 이혜련 씨는 복역 당시에 탈북민 위은영 씨, 이경애 씨, 김정애 씨와 함께 있었다고 했다. 그는 청주여자교도소에서 있었던 일을 다음과 같이 기억하고 있었다.

이혜련　경애 언니는 교도소에 저하고 같이 있었잖아요. 교도관들이 그랬단 말이에요. 교도관들이 "몇 동 몇 호에 이경애라고 있는데 약간 정신이 이상한 것 같다"고 그러더라고. 우리가 운동을 할 때는 교도관들이 딱 지킨단 말이에요. 경애 언니는 국정원에서 보증을 서가지고 거기서 빵 만드는 기술을 배웠어요. 영치금도 국정원에서 다달이 들어왔어요. 그래서 교도관들도 이 언니를 곱게 안 봐요. 저건 진짜 간첩인가 하고. 우리 같은 경우는 제 스스로 간첩 아니라고 하니까 교도관들이 뭐가 있으면 주머니에 넣었다가 주려고 하고 그래요. 간첩들은 운동도 다 따로 걷게 하고 그 큰 운동장 혼자 쓸 때가 많아요. 그런데 이 언니가 운동을 내려왔는데 운동장을 쭉 도는데 북한군 인민군들이 행진하는 것처럼 딱딱 각을 지어서…… (웃음). 운동장 모서리를 각을 지어서 걷고 하니까 처음에는 교도관들이 보고 그냥 웃어넘겼는데 계속 그렇게 하니까 "정신이 좀 나간 여자 맞네" 하고, 국정원에서 돌봐주지 하니까 곱게 안 보더라고. 나는 이 언

　　　　　　　　　　　　　탈북 마케팅

니에 대해서 듣긴 들었는데 얼굴도 몰랐어요. 어느 때
던가 운동시간에 나는 나오고 이 언니는 들어가고 하면
서 딱 어긋났는데 교도관이 지나가면서 "저게 경애잖
아" 하고 알려주는 거예요. 경애 언니가 그때 십몇 번을
달고 있었는데 내가 10번, 정애 언니가 1○번, 이 언니
가 십 단위였어요. 위은영인가 그 여자가 1○번이던가?

두려움과 분노, 좌절감과 고립감 속에 한국 사회에 나
온 출소자들이 제일 먼저 접촉하는 것은 보호관찰을 담당한
형사다. 간첩 사건으로 징역형을 다 살았어도 국정원이 자신
을 계속 의심하고 있다는 자의식에 시달리는 출소자들은 보
호관찰 경찰관이 국정원의 지시를 받고 자신의 일거수일투족
을 감시하고 보고한다고 믿고 있다.

징역 4년의 형을 살고 만기 출소한 김정애 씨의 경우는
담당 형사에게 누구를 만나는지 일일이 보고한다고 했다.

필　자　출소한 지 얼마나 되셨죠?

김정애　만 2년 됐어요. 보통 출소한 지 2년 되면 보호관찰처분
　　　　을 해제하는데 저는 연장되어서 담당 경찰관이 주2회
　　　　정도 방문하거나 전화하고, 누구 만나고 어디 가는지
　　　　다 보고해야 합니다. 형을 살고 나온 사람이 이제 와서
　　　　형사하고 아니라고 싸울 수 있는 것도 아니고, 이왕 이
　　　　렇게 된 거 나 혼자서 말썽 없이 지내다가 보호관찰처

분이 끝나서 여권이라도 나오면 중국에 가서 소식이라도 알아볼 수 있을까, 가족들 생사라도 확인하면 좋겠다고 생각하고 있어요. 여기서 중국과 전화했다 하고 그러면 혹시 저쪽[북한]하고 연계되지 않았나 그럴까봐 안 했어요. 형사보고도 그랬어요. "앞으로 나 때문에 어떤 일도 없을 거예요. 내가 저쪽하고 연계하는 일도 없을 거고, 10년이 지나고 20년이 지나도 그런 걱정은 하지 마세요" 그런 말을 했어요. 형사한테 '나 간첩 아니다' 그딴 말도 하기 싫어서. 나 때문에 형사가 피해 보는 일은 하나도 없을 거예요. 가뜩이나 가족들이 나 때문에 피해보고 있는데……. 내가 4년 동안 살고 나왔으면 이제 됐잖아요. 그 사람들 말대로 하면 내가 북한하고 연계가 되어야 하잖아요. 연계가 된 것도 없는데 왜 아직 날 붙잡아놓고 자유도 주지 않는 거냐고.

필　자　그러니까 막 대들고 세게 나가셔야 돼요.

김정애　저는 저 사람들이 무섭더라고요. 나는 그냥 포로가 되어 어떻게 할 수가 없더라고. 내가 아무리 아니라고 해도 들어주지 않고 결국 나를 간첩으로 만들었잖아요.

김정애 씨는 출소 후에도 스스로를 포로라고 이야기할 정도로 무력감에 빠져 있었다. 한국에 와서 6년 동안 생활하다가 감옥에 가게 됐던 김덕일 씨는 좀 다르다. 그는 보호관찰 담당 형사에게 나를 불러내지 말라고 큰소리를 쳤다고 했다.

필 자 보호관찰관이 있으세요?

김덕일 네, 있어요.

필 자 그 사람은 몇 번이나 만나셨어요?

김덕일 두어 번 만났는가? 만났는데 내가 막 짜증을 냈죠. "국가에서 법적으로 나를 감시해야 한다면 감시를 해라. 그러나 나를 불러내지 말라. 시어머니 역정에 개 옆구리 찬다고 내가 다른 생각하고 있는데, 당신이 호박밭에 가서 앉아서 놀 생각을 하게 되면 어느 때든지 당신하고 내가 해볼 수 있다. 나는 이제는 막다른 골목에 들어선 사람이고 살기를 원하지 않는 사람이다. 죽음을 두려워 안 하니까 겁나는 게 하나도 없다. 내가 모르게 감시를 해보겠으면 해봐라. 이 나라에서 경찰이 할 짓은 다 하고 다니더라. 그리고 국민의 지팡이 된다고 그러는데 지팡이를 끊어버리지만 말라" 그리고 막 얘기를 하고 "나를 자꾸 뚜껑이 열리게 하지 말기를 권유드린다"고 그렇게 했어. 그랬더니 밥이라도 같이 먹자고 그래. "내 밥을 굶지 않는다. 걱정하지 마라"(웃음) [그렇게 말했어요].

필 자 아, 그래서 그 사람은 자주 안 만나시는구나. 그 뒤로 안 만나셨어요?

김덕일 내가 싫어하는 거 아니까 찾아오지 않고 휴대폰 문자로 "어떻게 지내세요? 아픈 데는 없으세요? 지금 어디 가 계세요?" 하고 문의를 해. 답 안 해(웃음).

김덕일 씨는 한국에 오자마자 합신센터에서 독방에 감금되어 한국에 대해서 아무것도 모르고 어린애처럼 당한 사람들과 달리 수사 과정이나 재판 과정에서 강하게 저항했다. 그러나 혐의를 벗기에는 역부족이었고 결국 5년이라는 시간을 감옥에서 지낼 수밖에 없었던 것이다. 그는 자존심이 강하고 남과 북 모두에 대해서 비판적인 시각을 가지고 있었다. 한국에 와서 겪은 일로 상처는 컸지만 아직 저항할 수 있는 힘이 남아 있어서 다행스러워 보였다. 그러나 자기 때문에 죽었다고 생각하는 아내와 아들, 그리고 북한에 혼자 있는 딸에 대해 이야기할 때면 스스로를 자책하고 어쩔 줄 몰라 하는 모습을 보였다.

나를 간첩으로 만들지 말아달라는 신호

유우성 씨가 간첩 혐의로 재판을 받고 있을 때 법원 앞에서 탈북자 단체들이 연일 시위를 벌였다. 그들은 유우성은 간첩이니 처벌하라는 구호를 외쳤다. 탈북자 단체 회원들은 민변 사무실 앞에도 몰려가서 시위를 했고, 유우성 씨가 1심에서 무죄 판결을 받고 임대아파트로 돌아갔을 때는 그가 사는 아파트에까지 찾아와서 시위를 했다. 그들은 아파트 단지에서 확성기에 대고 "간첩 유우성을 당장 추방하라"라고 외쳤다. 홍강철 씨가 재판을 받을 때도 마찬가지였다. 탈북민들은 재판이 열리는 날마다 줄기차게 법원 앞으로 모여들어 "홍강철은 간첩이니 처벌하라"라고 외치면서 시위를 했다.

유우성 씨와 홍강철 씨는 탈북민들이 자신들의 재판에 나와서 그런 시위를 하는 것이 꼭 돈 때문만은 아니라고 했다. 그들은 국정원에 신호를 보내고 있다는 것이다. 다음 간첩이 자기가 될 수도 있다고 생각하기 때문에 '나는 간첩이 아니다. 나를 간첩으로 만들지 말아달라'는 뜻으로 시위를 하는 것이라고 했다. 탈북민들은 국정원이 자신들을 잠재적 간첩으로 보고 있다는 것을 다 알고 있다는 것이다.

돈벌이의 수단으로, 국정원에 잘 보이기 위해서, 그리고 나도 내 편이 있다는 소속감을 느끼기 위해서 반북 시위에 나오는 탈북민들은 점차 일자리는 팽개치고 전문 시위꾼이 되는 경우가 많다. 다수의 탈북민이 그렇게 자진해서 극우 진영이 일원이 되는 것이다.

JTBC는 2016년 4월 21일 서울시 공무원 간첩 조작 사건 당시에 "국정원이 유 씨의 간첩 혐의 증거를 수집할 당시 탈북자 단체가 나섰는데, 이때 어버이연합이 그 활동비를 댔다"라고 보도하기도 했다.*

---

*   김태영, "[단독] 유우성 사건에도 연관? …"자료 모아 국정원에 전달"", 〈jtbc 뉴스〉, 2016년 4월 21일 자, https://news.jtbc.joins.com/article/article. aspx?news_id=NB11218922.

국정원에서 나를 이용하고 버렸다

유우성 씨의 재판에 검찰 측 증인으로 나와서 허위증언을 했던 사람들이 있다. 그중 김순복이라는 탈북 여성이 가장 적극적으로 증언을 했다. 그는 북한에 있을 때 유우성 씨의 집에서 그의 아버지와 유가려 씨와 몇 달 동안 같이 살았던 사람이다. 처음에는 유가려 씨와 친해서 그 집에 들어가 가사를 돕고 함께 살다가 유가려 씨의 아버지와 가까워지면서 유가려 씨와 사이가 틀어졌다. 김순복 씨가 아버지 돈으로 장마당에서 흥청망청 쓰고 품행이 좋지 않다며 유가려 씨가 아버지에게 이야기를 해 끝내 김순복 씨를 내쫓았고, 김순복 씨는 그 후 한국에 와서 함께 탈북한 남성과 결혼해서 살고 있었다.

김순복 씨는 유우성 씨가 북한에 여러 차례 왔었고 보위지도원을 만나 지령을 받았으며 훈장도 탔다는 이야기를 유우성 씨 아버지로부터 들었다고 진술했다. 김순복 씨의 이야기는 결과적으로 재판 결과에 별 영향을 주지 못했지만 김순복 씨와 함께 살다가 이혼한 전 남편이 그가 국정원의 돈을 받고 허위증언을 했다고 폭로하면서 파장을 일으켰다.

'서울시 공무원 간첩 증거 조작 사건'의 피고인 유우성 씨에 대한 재판에서 검찰 쪽 증인으로 출석한 한 탈북자가 포상금을 타기 위해 거짓 증언을 했다는 주장이 제기됐다. 유 씨의 1심 재판 주요 증인으로 나선 탈북자 A 씨의 전 남편 B 씨는 'A 씨가 유 씨 집안에 대한 복수, 간첩 신고 포상금 획득 등을 목적으로 유 씨가 북한 보위부 일을 했다며 허위 진술했다'는 취지의 이야기를 복수의 언론을 통해 밝혔다. B 씨는 또한 "A 씨가 허위 증언 및 인터뷰 대가로 국가정보원으로부터 2000만 원 상당의 현금을 받았다"고 했다.*

허위증언을 했던 또다른 사람의 경우는 이렇다. 유우성 씨 재판이 진행 중이던 2014년 2월, 북한 보위부 출신 탈북민 ㄱ 씨는 《동아일보》 기자와 만나 "2013년 12월 유우성 씨 관련 비공개 재판에 출석해 증언했는데 그 내용이 북한 보위부로 흘러들어가 북한에 사는 딸이 보위부에 붙잡혀 조사를 받았다. 재판부에 이를 항의하는 탄원서를 냈다"라고 말했다. "이런 내용이 언론에 나가면 내가 유우성 씨 재판에 나갔다는 걸 확인해주는 거나 마찬가지니까 보도하지 말아달라"라고 부탁했다. 《동아일보》에서는 그 말을 듣고 보도를 하지 않았다. 그런데 2014년 4월 1일에 일부 언론에서 ㄱ 씨에 대한 보도가 나오자 ㄱ 씨는 자식들의 안전을 확인해보았다. 그리고 북한으로 증언 정보를 유출한 사람과 언론에 탄원서를 유출한 사람을 모두 찾아 처벌해달라는 내용의 고소장을 서울중앙지

---

*   서어리, 〈'유우성 사건' 검찰 측 증인, 국정원 돈 받고 거짓 증언〉, 《프레시안》, 2014년 11월 17일 자. https://www.pressian.com/pages/articles/121803?no=121803.

검에 냈다.

ㄱ 씨는 국정원이 도와달라고 해서 간첩 사건 재판에 나가 증언을 했다고 주장했다. 그런데 국정원이 증거 조작이 드러나 여론의 뭇매를 맞게 되자 자신을 이용하고 있다고 했다. 국정원은 그에게 탄원서에 대한 인터뷰를 하라고 종용했고 그가 소송 준비를 하자 국정원 직원들이 사무실로 찾아와 소송하지 말라고 회유하기도 했다고 주장했다. 장경욱 변호사에 따르면 ㄱ 씨는 국정원의 요청으로 유우성 씨의 비공개 재판에 출석해 국정원의 주장을 옹호하는 증언을 했다. 유 씨의 변호인단은 그가 국정원의 사주로 허위증언을 한 것으로 보고 있다. ㄱ 씨는 북한 보위부에 정보를 흘린 것이 국정원이 아닌가 의심하고 있다. 국정원은 그에게 탄원서를 낸 것은 잘못 생각한 것이라는 내용으로 언론에 인터뷰를 하라고 종용했다.

국정원은 필요할 때마다 탈북민을 이용한다. 간첩 사건에서 핵심 증인으로 등장하는 것은 언제나 탈북민이다. 언론은 국정원이 주는 정보를 확인도 하지 않고 그대로 베껴 쓰고 국정원이 하라는 대로 탈북민을 인터뷰한다. 국정원은 이렇게 탈북민을 이용하면서도 탈북민이나 그의 가족의 신변을 보호하는 데는 관심을 갖지 않는다.

2020년 9월 10일에 유우성 씨에 대한 비공개 재판 정보를 언론에 유출해 재판에 넘겨진 서천호 전 국가정보원 2차장이 1심에서 실형을 선고받아 법정 구속됐다. 법원은 국가정보원직원법 위반 혐의로 기소된 서 전 차장에게는 징역 1년, 함께 재판에 넘겨진 이태희 전 대공수사국장과 하경준 전 대변인에게는 각 징역 10월에 집행유예 2년을 선고했다. 이태희 전 국장은 이밖에도 유우성 씨의 중국-북한 출입국 기록에 대한 영사 사실 확인서를 허위로 작성해 유우성 씨 재판에 증거로 제출하도록 한 공문서변조 혐의로 재판에 넘겨져 2019년 대법원에서 징역 1년에 집행유예 2년을 확정받았다.

고향 사람들을 보고 싶지 않다

간첩 혐의로 수사를 받고 재판을 받았던 사람들은 자신을 고발하고 허위증언을 한 사람들을 용서하기 힘들다고 했다. 유우성 씨의 재판에서는 김순복 씨나 그가 잘 알지도 못하는 고향 사람들이 그가 보위부의 일을 했다거나 북한에 여러 번 다녀가는 걸 봤다는 허위증언을 했다. 유우성 씨는 그런 사실보다 한국에서 친하게 지내고 자신에 대해서 잘 아는 지인들이나 탈북민 청년들 대부분이 침묵하거나 심지어 자신에게 불리한 진술을 했다는 것이 더욱 괴로웠다. 그는 1심 재판에서 무죄 선고를 받고 구치소에서 풀려나 항소심 재판을 받게 되었을 때, 무죄 선고가 그의 인생을 사건 전으로 되돌릴 수는 없다는 사실을 깨달았다. 그를 믿어주고 도움을 주려고 애쓰는 사람들도 많았지만 그와의 친분이나 인연을 아예 없었던 것으로 하고 싶어하고 외면하는 사람들이 더 많다는 것을 알게 되었다. 입장을 바꿔서 자기가 알던 어떤 사람이 간첩이라고 붙잡혀가고 세상을 떠들썩하게 하는 사건에 휘말렸다면 과연 자기는 어떻게 했을까 생각하면서 그들을 이해하려고 한다. 하지만 한번 벌어진 일은 없어지지 않고 그들도 자신도 예전으로 돌아갈 수는 없다는 것이 엄연한 사실이다.

필　자　탈북민 친구들과는 만나요? 어떤 커뮤니티는 없어요?

유우성　저는 모임 자체를 안 나갑니다. 일이 해결되고 나서 많이 불렀는데요. 제 자신이 자제하고 안 나가요.

필　자　왜요?

유우성　전부 다 그런 건 아니지만 사람들에 대한 상처가 좀 커요. 그 친구들이 한국에서 학교 다니기 힘든 걸 생각해서 제가 여러 가지 장학금이나 이런 걸 끌어다주고 했는데 나눠주는 과정에서 그 사람들 정보가 필요하기 때문에, 정보라는 게 다른 게 없어요. 그 사람들 통장번호랑 전화번호랑 그걸 요구했는데 그것 때문에 제가 마치 북한에 서류를 넘긴 걸로 조작되었잖아요.

필　자　재판 중에 그 문제가 나왔었죠.

유우성　저는 봉사하는 마음으로 한 건데 사건 당시에 많은 친구들이 등을 돌렸거든요. 내가 마치 돈을 갖다주는 게 정보를 빼내기 위해서 주는 것처럼 생각했고, 그렇게 국정원에서 진술을 했고, 그런 걸 제가 다 볼 수가 있잖아요. 제 사건은 제가 자료를 볼 수 있으니까.

필　자　아니, 그 친구들이 정말로 그렇게 생각했단 말예요?

유우성　그 친구들은 그럴 수도 있겠다고 생각했겠죠. 그런데 그 친구들이 되게 웃긴 게 그렇다면 제가 그 친구들에게 북한에 있는 가족들에 대해서 물어봐야 하잖아요. 그런데 그 친구들이 하나같이 대답하길 북한에 있는 가족들에 대해서는 물어본 게 없다고 했으니까. 그렇게 생각이 없나 해서 실망이 커가지고.

필　자　그래서 커뮤니티는 안 나가고 개인적으로 친한 사람만 만나는 거군요.

유우성　네. 친한 사람만 연말에 송년회도 하고 계속 만나고 있습니다. 저는 그게 잘 안 되더라고요. 제가 도와줬던 친구들 굉장히 많았는데 제가 정말 어려운 시기에 저를 돕기 위해서 국정원하고 싸우면서 진실을 얘기하려고 했던 사람들이 있고, 국정원의 말에 넘어가가지고 '아 그럴 수도 있겠다'고 같이 호응했던 사람들도 있고, 아예 저에 대해서 등 돌린 사람들도 있거든요. 그런데 저로서는 또 그 모임에 가서 뭔가 한다는 것 자체가 쉽지가 않더라고요. 한 2년 재판하느라고 다른 건 못 했으니까 공백이 너무 길었고요. 내가 다시 그 모임에 돌아가서 회장을 했었지만 새로운 친구들이 많아지니까 모르는 사람도 많잖아요. 그렇게 안 되더라고요.

필　자　영 한우리죠? 그쪽에서는 다시 나오라고 했어요?

유우성　예. 여러 번 연락이 왔죠. 신부님한테서도 오고. 1년에 한두 번 정도 나가서 회장도 하고 최초에 이 모임 만든 사람으로서 조언 정도만 하고 있습니다. 전혀 인연 끊고 사는 건 아니고요.

간첩이라는 주홍글씨

이혜련 씨는 고향 사람들이나 탈북민 모임에 나가지 않는다. 출소하고 난 후에 이혜련 씨의 친구들이 가끔 전화해서 이런저런 소식들을 들려주는데 그것도 듣기 싫어서 전화도 잘 받지 않는다. 이혜련 씨는 혜산에서 온 탈북민들은 누구나 다 자기가 간첩일 수 없다는 것을 잘 알 텐데 자기편이 되어준 사람이 아무도 없다고 했다. 김정애(가명) 씨는 함께 탈북한 친구도 만나지 않고 은둔자처럼 살고 있었다. 김정애 씨가 가장 자주 만나는 사람은 그의 보호관찰관인 담당 형사였다. 이혜련 씨나 김정애 씨는 기독교를 믿는 것도 아니면서 교회에 자주 나간다. 이혜련 씨는 일요일마다 교회에 나가서 예배 시간에 자리를 지키면 한 달에 20만 원씩 받는다고 했다. 건강이 좋지 않아 일을 하지 않고 기초생활수급자로 살아가는데, 20만 원은 큰돈이기 때문에 아파도 교회는 꼭 나간다는 것이다. 김정애 씨도 교회에 다닌다. 김정애 씨도 교회에서 돈도 주고 몸이 아플 때나 급할 때 도움을 받기 위해서 교회에 다닌다고 했다.

배지윤 씨는 자기가 탈북할 때 중국에서 데리고 온 여

탈북 마케팅

성들이 모두 자신에게 불리한 진술을 했다는 사실을 알고 배신감을 느꼈다.

배지윤 중국에서 한국까지 내가 공짜로 데려온 애들이 국정원에서 나를 제일 많이 헐뜯은 거예요. 제가 브로커 했으니까. 그중에 한 애가 말하는 거야. 저한테 신세를 진 애들이 더 그렇게 국정원에서 입을 쳐들고 말했다는 거예요. 여기 오면 다 400만 원씩 내야 되는데 걔들은 돈을 1전도 안 받고 오히려 돈을 주면서 데려왔는데.

필 자 몇 명이나 돼요?

배지윤 같이 온 게 열한 명인데 그중에 한 세 명인가?

필 자 이유 없이 그렇게 해줄 리가 없다는 생각으로 그렇게 한 거 아닐까요?

배지윤 그랬겠죠. 저희도 다큐 영화 찍는 거 모르고 저도 이야기 안 했거든요. 자꾸 찍으니까 희한해하면서 애들이 이상해하더라고. 그냥 괜찮다고 그랬는데* 국정원에다가 이야기를 그런 식으로 해갖고 그래서 감독님도 국정원에서 조사받고 찍은 거를 뺏겼어요. 영화에 나온 거

---

* 배지윤 씨가 탈북할 때 윤재호 감독의 영화 〈마담B〉를 촬영했다. 다큐멘터리 영화를 찍는다는 사실을 같이 온 탈북 여성들에게 미리 말하지 않았다. 그때 배지윤 씨는 자신이 윤재호 감독에게 출연료를 받았기 때문에 그때 같이 탈북한 여성 중 세 명에게 브로커 비용을 받지 않고 데려왔는데 그들이 외려 국정원 조사관에게 영화 촬영했다고 이르고 자신을 나쁘게 말했다는 것이다.

보다 찍은 장면이 더 많아요.

배지윤 씨는 간첩 혐의를 벗고 하나원에 갔을 때도 왕
따를 당했다면서 탈북민들과는 만나지 않는다고 했다.

필　자　하나원에서는 어떻게 지내셨어요?

배지윤　제가 하나원에 갔을 때 합신센터에서 150일 넘어 있었
으니까 다들 저를 잘 알죠. 너무 오랜기간 있으니까 많
은 사람들이 저를 알게 됐잖아요. '저 여자 간첩이래'
'저 여자는 북한에서 간부 집 아줌마였대', 그런 여러 갈
래 추측들을 했더라고요. 그런데 간첩이라는 추측들을
하는 사람들이 더 많대요. 그래 제가 하나원 있을 때 왕
따 많이 당했어요.

필　자　탈북 같이했던 사람들은 없고 모르는 사람들만 있었어
요?

배지윤　저하고 같이 왔던 사람들은 없죠. 저하고 온 애들은 11
월에 나갔겠는데 저는 두 달이 늦었잖아요. 왕따도 많
이 놓고 하루가 다르게 질려버리는 거예요. 하나원에
있는 게 힘들어가지고.

필　자　처음에 같이 온 사람들한테 일일이 조사를 하고 다녔군
요.

배지윤　그렇죠. 같이 온 사람도 그렇고 후에 온 사람들한테도
자꾸 나에 대해서 물어보는 거예요. 그렇게 하다나니까

내 후에 오는 애들도 내가 간첩이라고 소문이 난 거예
요. 입말로 우리 기수만 아는 게 아니라 우리 후에 오는
애들까지도 저 여자 간첩이라고 소문 나가지고 하나원
에서 왕따당한 거지. 애들이 저하고는 말을 안 했다니
까요.

필 자 아!

배지윤 그러니까 제가 북한 사람들하고 연결하고 싶겠어요. 그
래서 연결 안 하는 거지.

간첩으로 한 번 찍히면 혐의를 벗어도, 재판에서 무죄
선고를 받아도 주홍글씨가 되어 탈북민 사회에서 자의반 타의
반으로 외톨이가 되기 쉽다. 김덕일 씨의 경우에도 제일 친하
다고 믿었던 고향 후배가 자신에게 전화해서 중국에 가는지
떠보고, 자기가 갖고 있던 1,000명의 탈북민 명단이 적힌 수
첩을 김덕일 씨가 가져갔다고 허위증언을 했다는 것이다. 나
중에 탈북민 명단에 대한 이야기는 공소장에서 사라졌고, 김
덕일 씨가 그 후배를 증인으로 불러달라고 요청했으나 그 후
배는 끝내 재판에 나오지 않았다. 자기가 잘 알지 못하는 고
향 여자가 재판에 나와 북한에 있을 때 김덕일 씨에 대해 들은
'수상한' 소문에 대해서 증언하기도 했다. 나중에 교도소에 접
견 온 사람들에게 들으니 그에게 불리한 진술을 한 탈북민이
한둘이 아니었다. 김덕일 씨는 감옥에 가기 전에 알던 탈북민
들과 일체 연락을 끊고 살고 있다.

12.

우리는
도구가 아니다

탈북 과정은 다 힘들다

독방에 갇혀 조사를 받는 일 없이 하나원을 거쳐 보호조치를 받고 사회에 나온 탈북민의 경우는 사정이 훨씬 더 나을까? 김성실 씨의 이야기를 들어보니 태국의 난민수용소를 거쳐 합신센터와 하나원을 거쳐서 나오는 과정이 다 힘들었다고 한다.

필　자　태국의 난민수용소에서는 어떻게 생활해요?

김성실　큰 방에서 100명 넘게 같이 있어요. 방은 그렇게 크지 않은데 거의 120명 됐어요. 너무 덥고 좁고 하니까 여자들끼리 싸움도 많이 하고 그래요.

필　자　다 북한 사람들이에요?

김성실　같은 북한 사람들이라도 성격이 다르잖아요. 성격이 다르고 온 고장이 다르고 과정이 다 다르잖아요. 북한에서 바로 온 사람 있고 중국에서 살다 온 사람 있고 별의별 사람들 다 있으니까. 그리고 북한 사람들 성격이 세요. 그러니까 싸움도 세게 하는 거예요.

홍강철　다 저 잘났다 하니까(웃음).

필　자　거기서 아는 사람 만나고 그런 건 없었어요?

김성실　그런 건 없었고, 불편한 데서 지내니까 그때 우리 시엄마[조정순]를 내가 돌본 거나 같죠. 젊은 사람들 와글와글하는데 나이 많은 사람들은 목욕 한번 하려고 해도 힘들거든요. 목욕탕이 하나인데 늙은 사람들은 턱도 없죠. 젊은 사람들 다 저 먼저 하겠다 하지 늙은 사람에게 양보해줘요? 반장한테 할매가 나이 많은데 목욕도 시켜야 되지 않냐고 얘기해서 목욕도 내가 시켰죠. 태국 밥은 안남미라 푸슬푸슬하고 음식이 맞지 않으니까 거기서 내주는 걸 못 먹었어요. 그 수용소에 팔러 오는 거 있거든요. 내가 그런 걸 사먹으면서 같이 먹었죠. 내가 설거지할 때 엄마 것도 같이 해주고 그렇게 가깝게 왔죠. 거저 우리 시엄마는 그때는 딸이라 생각하고 그렇게 왔던 거지.

필 자 그러셨구나. 한국 와서 처음에 합신센터 들어갔을 거 아네요. 지금은 북한이탈주민보호센터라고 이름이 바뀌었던데. 거기 들어가면 강철 씨 같은 경우는 간첩 혐의 받아가지고 독방생활도 하고 그랬지만 그냥 일반 탈북민은 집단생활하다가 조사받고 나오는 거죠?

김성실 네.

필 자 한 방에서 몇 명씩 생활해요?

김성실 국정원에서는 대기반에 있을 때는 한 방에 대여섯 명 있다가 조사반으로 옮겨져요. 조사받을 때는 우리 있을 때는 세 명 정도 같이 있고, 어떤 때는 네 명 있을 때도 있고 그래요.

필 자 대기반에서 하루 이틀 있어요?

김성실 한 보름 있어요. 그때는 아무 조사도 안 받아요. 거기 순

서가 있더라고요. 이름 찍어가지고 조사반으로 내려오
라면 짐을 싸가지고 국정원 사람들이 데리고 가는 거예
요. 조사반에서 한 1주일 있었어요. 1주일도 다 받는 게
아니고 딱 받는 날짜는 한 3일밖에 안 걸려요. 나머지
시간은 국정원 직원이 불러가서 한마디 물어보고 뭐 이
런 식으로 하거든요. 3일 동안은 집중적으로 막 물어보
더라고요.

필　자 뭘 물어보던가요?

김성실 동기를 물어보는 거죠. 북한에서 어떻게 살았는가 한국
까지 오게 된 노정을 다 글로 써야 되고요.

필　자 지금 내가 물어본 것과 같은 거 물어보고, 자세하게 얘
기해야 돼요?

김성실 네. 조사관이 말하는 게 평상시처럼 쭉 말해요. 말하다
가 딱 자기가 물어보고 싶은 말 짚는 거예요. "그때 몇
년도에 입학했어?" 또 에둘다가 한참 다른 말 하다가
"언제 입학했는가" 하고 이렇게 물어보는 거예요.

필　자 거짓말하지 않는지 확인하는구나.

김성실 3일 동안 계속 그러더라고요. 그거 한 번씩 받는데 한
한 시간 동안 받거든요. 직원들이 다 다르겠지만 나를
대상하는 직원은 하루에 딱딱 한 시간만 하는데 그 한
시간 하는 게 완전히 눈이 다 들어가더라고요. 스트레
스 받아서 조사를 받고 턱 나오면 점심밥을 먹어야 되
는데 밥을 못 먹겠더라고요.

필 자 조사관이 여자예요?

김성실 남자인데 조사받는 게 그렇게 힘들더라고요. 그 사람은 말을 탁 돌렸다가 갑자기 자기가 알고 싶은 말을 딱 집어서 물어보는 게, 했던 말 자꾸 물어보니까 사람 스트레스 주더라고요.

홍강철 이 사람은 북한에 가서도 조사받았잖아요. 중국에서 한국 기도하다가 잡혀가서.*

필 자 그렇죠.

홍강철 그러니까 조사관들이라면 몸서리치는 거죠. 국정원 조사관이 뭘 캐려는지 아니까.

김성실 이 사람이 나한테서 뭘 알아내려고 하는구나 이걸 다 아는데…….

홍강철 저 사람이 지금 뭘 바라고 있네 하는 걸 다 아는 거지.

필 자 북한에서 조사받을 때도 그랬어요?

김성실 북한에서는 그렇게까지 하지 않아요. 북한에서는 한국처럼 안 그래요. 간단해요. 북한에는 여기하고 좀 다르니까. 여기서는 국정원에서 자꾸 의심하더라고. 또 교화소 갔다니까 그 사실은 안 알리려고 해도 이게 연도가 안 맞아요(웃음).

필 자 (웃음) 몇 년에서 몇 년 사이에 뭐 했다, 이런 게?

---

*   중국으로 탈북한 북한 사람들이 한국으로 가려고 하는 것을 '한국 기도'라고 한다. 김성실 씨는 중국에서 한국으로 가려다가 중국 공안에 붙잡혀서 북송된 적이 있다.

김성실 솔직하게 말해야지 그 사람이 열 번 물어보든 스무 번 물어보든 같은 대답이 나오잖아요. 연도를 숨길 수 없는 거예요. 그러니까 교화소 갔다온 말 해야 되는데 교화소에서 일거일동도 다 쓰라고 해요. 교화소 일만 다 따로 쓰라고. 교화소 일만 계속 물어봐요. 교화소에서 나올 때 저는 그랬거든요. 내가 태어난 이 땅이지만 이 땅을 떠나면 다시 돌아 안 보겠다 그랬어요. 북한을 돌아 안 보겠다 그랬어요. 너무 상처 많이 받고 이래가지고.

필 자 교화소에서?

김성실 네. 그런데 자꾸 그걸 들추고 또 뭐 써라 하고 거기서 어떻게 했냐 어쨌냐 하니까 스트레스 받잖아요. 지나간 일 자꾸 말하면 사람이 가슴 아픈 일도 많잖아요. 사람이 눈물 나고 하는데 그런 걸 자꾸 꼬집어 뜯으니까.

홍강철 교화소 안의 담당 지도원이 누구였나?

김성실 그런 거 다 물어보지. 지도원이 누군데…….

홍강철 그 사람이 어떤 사람인가? 몇 살인가?

김성실 교화소 안의 실태 이런 거 물어보지요.

홍강철 성격은 어떻고.

김성실 저 같은 경우는 그런 일 이제는 다 묻고 이제는 조용하게 잘 살자고 이렇게 생각하는데 그런 거 자꾸 들춰내니까 스트레스라는 말이에요. 말하고 싶지 않고 회상하고 싶지 않은데 자꾸 물어보니까.

필 자 거기 나와가지고 하나원으로 가셨죠?

김성실 네. 국정원에서 두 달 반 있고 하나원에서 두 달 반 있
　　　어야 돼요. 다섯 달을 거쳐야 나와요.

필　자 오래 있었네.

김성실 네, 다 그래요. 그렇게 하고 집에서 태국까지 오는 과정
　　　이 한 달 되더라고요. 한 달 좀 넘었는데 그러니까 내가
　　　계산해보니까 딱 6개월 만에 사회로 나오게 되더라고
　　　요.

필　자 하나원에서는 어떻게 생활했어요?

김성실 하나원은 그래도 국정원보다 낫죠. 갇힌 생활이 아니니
　　　까요.

필　자 교육 같은 거 받았어요?

김성실 네. 그냥 역사 같은 거 배워요. 한국 사회를 알아야 되잖
　　　아요. 나가서 어떻게 정착해야 되는가 그런 걸 수업도
　　　받고 교육도 받아요. 실습으로 밖에 나가서 무슨 돈 쓰
　　　는 거 배우고.

필　자 물건 사는 거?

김성실 네. 한국 사람들하고 같이 가서 물건 사보고 버스 타는
　　　것도 교통카드 갖다대고 이렇게 타는 거 실습시키고 그
　　　랬죠. 그렇게 두 달 반 했어요.

필　자 직업 관련한 것도 시켜요?

김성실 그런 것도 선생들이 수업으로 배워줬죠.

필　자 나중에 나가면 뭐하고 싶은지 그런 것도 물어보고 그래
　　　요?

탈북 마케팅

김성실 자기 진로도 작성해보라고 하고 배워줘요. 여러 가지 배워주거든요. 그다음에 언어도 배우고요. 우리 한국에는 외래어 많이 쓰잖아요. 그런 것도 배워주고.

필 자 북한에서 알던 한국하고 하나원에서 가르치던 한국하고 많이 다르던가요?

김성실 엄연하게 다르죠.

필 자 받아들이기 쉽지 않은 거 아니에요?

김성실 쉽지 않은 건 아닌데 저 같은 경우는 들어보니까 북한에서 금방 넘어온 거 아니고 중국에서 좀 살다가 왔잖아요. 그 사람들이 얘기하는 게 너무나 빤한 내용이에요. 제가 다 알 수 있는 내용을 아이들처럼 가르치고 하니까 그게 싫더라고요.

필 자 (웃음) 내용이 너무 유치하구나.

김성실 유치원 아이들 교양시키듯 그렇게 하니까 그게 싫더라고. 그래서 어떤 때는 거기서 수업 안 하고 도망쳐가지고 숙소에 와가지고, 호실에 와가지고 있고 어떤 때는 그랬어요.

김성실 씨와 조성실 씨는 독방에 갇히는 일 없이 무난하게 합신센터를 통과해 하나원을 거쳐 사회에 배출된 경우다. 중국에서 브로커를 따라 국경을 넘는 일은 무섭고 불안한 일이었고, 한 방에 100명 이상 수용하는 태국의 난민수용소 생활은 고생스러웠다. 합신센터의 조사 과정에서도 자신의 들추고 싶지 않은 과거까지 낱낱이 밝혀야 하는 고역이 기다리고 있었다. 그들 역시 한국의 법이나 자신들의 권리에 대해서 아무것도 모르기 때문에 조사관들이 자신들을 존중하지 않아도 스스로를 지킬 엄두를 내지 못했다.

북한에서 나와 중국에 잠시 머물다가 한국으로 온 사람들과 중국에서 수년간 살다가 한국으로 온 사람들 사이에는 차이가 있다. 중국에서 수년간 머물렀던 사람들은 한국에 대해 더 많은 정보를 가지고 있다. 그런데 하나원은 탈북자들의 경험과 환경에 따라 차별화된 교육 과정을 갖추고 있지 않다. 그런 점 때문에 김성실 씨처럼 한국에 대해서 이미 많은 정보를 갖고 있는 사람은 하나원의 교육 과정 중 불필요하고 유치한 부분이 많다고 생각하는 것이다. 통일부는 탈북민들에 대한 조사 과정에서 인권을 존중하고 하나원의 교육 과정이 탈북민들에게 실질적인 도움을 줄 수 있도록 좀더 현실에 맞게 구성하는 노력을 기울여야 할 것이다.

한국 사회는 탈북민을 차별한다

김성실 씨는 하나원을 나와서 정착하는 과정에서 탈북민에 대한 한국 사회의 차별 때문에 힘들었던 경험을 털어놓았다.

필 자 북한에서 사는 것보다 중국에서 사는 것보다 지금 여기
서 사는 게 제일 좋아요?

김성실 네, 한국이 좋지요. 어떤 때는 좀 나쁜 점도 있지만 그래
도 한국이 좋은 것 같아요.

필 자 한국 사회에 대해서 제일 나쁘다고 생각되는 점이 뭐예
요?

김성실 한국에서 나쁘다는 건 직업을 잡자 할 때 북한 사람이
라고 말해야 되는 게 스트레스예요.

필 자 아아…….

김성실 어디 식당이나 회사 다니면 차별주는 것. 말씨가 다르
고 남한 사람 아니라고. 북한 사람만 그런 거 아니더라
고요. 조선족들도 막 무시하고 그러는 게 싫더라고요.
저도 죽 집도 다녀 보고 감자탕 집도 다녀 보고 우동 집
도 다니고 이렇게 식당 세 군데 다녀봤어요. 학원 다니
면서.

홍강철 아르바이트한 거죠.

김성실 차별주는 게 그게 싫더라고요.

필 자 차별한다?

김성실 그걸 좀 참고 이렇게 해야 되는데 이게 북한 사람들 같
은 경우는 성격도 급하고 아닌 건 아니다, 자기가 정당
한데 상대방이 이거 뭐 아니라고 주장하고 이럴 때는
참지 못하는 거죠. 내가 분명 이거는 잘못하지 않았는
데 나를 헐뜯거나 잘못했다 할 때는.

필 자 사람들이 고분고분하지 않죠? (웃음.)

홍강철 사장이라 해서 참지 않거든요. 일 그만두면 그만뒀지.

김성실 우리는 사장도 안 무섭거든요. 우리는 사장이라서 머리 숙이기 싫고.

홍강철 북한에서 그렇게 살았으니까 그런 거죠.

김성실 할 말을 해야 되고 그렇죠. 차별주는 것 때문에 스트레스 좀 받고 그다음에는 괜찮은 것 같아요. 여기는 자기 주민증 있고 신분이 되잖아요. 대한민국 국민이 되잖아요. 중국에서도 살기는 그럭저럭 살지만 자기 신분이 없으니까 그게 언제나 위험하죠. 아무 순간이라도 북한 사람인 거 탄로 나면 잡혀갈 수 있고. 한국에서는 대한민국 국민 다 만들어주고 하니까 그게 제일 좋아요.

간첩 혐의를 벗긴 했지만 합신센터에서 조사를 받고 비보호 처분로 사회생활을 시작한 배지윤 씨는 더 기막힌 경험을 했다.

배지윤 하나원 졸업하고 하나센터에서 한 보름 정도 있다가 누가 부산에 일자리를 소개해줬어요. 일당이 하루에 7만 원이라고 해서 많다고 생각하고 갔어요. 거기 있는 건설업체 소개해주더라고요. 새로 지은 아파트 입주하기 전에 청소하는 일인데 먼지가 얼마나 나는지 몰라요. 거기서 한 4일 일했어요. 나 소개해준 여자가 내가 국

정원 조사받았다는 말을 한 거예요. 하루는 소장이라는
사람이 오라고 하더니 자기는 조사받은 사람 안 쓴다는
거예요. 제가 뭐 나를 써달라고 저한테 빌었어요? 소개
해주니까 간 건데.

필 자   그런 말을 해요?

배지윤   제가 상처받았어요. 그렇지 않아도 억울해 죽겠는데 내
가 어떻게 해야 되지 마음이 영 갈팡질팡해지더라고요.
그래서 바로 올라와서 인터넷 뒤져가지고 청호나이스
들어간 거죠. 거기는 그런 것도 안 따지고 가정주부도
된다니까 들어가 일한 거지. 많이 울었어요. 말하면 눈
물이고.

민주주의는 일방적 동화를 강요하지 않는다

떳떳한 대한민국 국민이 되는 것, 탈북민이 가장 원하
는 것이다. 간첩 혐의를 받고 고초를 겪은 사람들은 "우리는
북한에 태어나고 싶어서 태어난 것이 아닙니다"라고 항변한
다. 그들은 대한민국 국민이 되기 위해서 많은 대가를 지불했
다. 거짓으로 간첩이라고 자백한 사람들도 그렇게 해야 대한
민국 국민이 될 수 있다는 국정원 수사관들의 회유에 넘어갔
다고 한다. 대한민국 국민으로서 처음 주민등록증을 발급받은
탈북민들은 하나같이 감격에 겨웠다고 말한다. 그렇다고 그들

이 북에 두고 온 고향과 가족과 친구들이 그립지 않은 것은 아니다.

대한민국 국민이 되어 살아가도 북한은 여전히 자신을 낳고 길러준 조국이다. 탈북민을 대할 때 그들에게 무조건 북한을 부정하고 비판하라고 강요하는 것은 옳지 않다. 그들을 있는 그대로 이해하고 존중하는 태도가 우선되어야 한다.

내가 공직자를 대상으로 강의하던 중에 탈북민 정착 시설인 하나원 이야기가 나온 적이 있었다. 하나원을 방문한 공직자들이 탈북민과 대화가 통하지 않아 하나원 직원들이 통역해 줬다고 하여 남북의 언어적 이질감을 토로하는 줄 알았다. 그러나 내가 놀란 것은 그다음 발언 때문이었다. '탈북민이 한국이라는 문명사회에 하루빨리 적응하려면 북한에서 배우고 익힌 모든 것을 남김없이 없애야 한다'는 취지의 발언이었다. 물론 탈북민이 한국 사회를 배우고 적응해야 하는 것은 필수적이다. 하지만 그들이 한국 사회에 적응하는 것만큼이나 우리 사회도 탈북민과 북한 사회를 이해하려고 노력해야 한다. 학부 전공 수업에서 들었던 인상 깊은 문장이 아직까지도 뇌리에 남아 있다. "민주주의는 일방적 동화同化를 강요하지 않는다."*

---

*   주승현, 《조난자들》, 생각의힘, 2018, 110~111쪽.

홍강철 씨 어머니 조정순 씨는 처음 한국에 왔을 때 인민반장을 찾았다고 했다. 서울 변두리에 작은 임대아파트를 배정받았는데 북한에 있을 때처럼 처음 이사 오면 인민반장에게 신고해야 하는 걸로 알고 있었다.

조정순 난 처음에 여기 와서 인민반장이 누군가 하고 자꾸만 물어봤지(웃음). 인민반장과 알고 지내고 잘 보여야지, 이러고 찾았는데 한 번도 인민반장이 와서 '이 집이 새로 북한에서 왔습니까?' 이런 소리 들어 못 봤다는 겁니다.

필　자 서울에서는 누가 자기 이웃집에 사는지 몰라요. 10년 동안 살아도 몰라요.

조정순 글쎄 모르겠더라고요. 2년 남아 살았는데 이 옆집을 모릅니다. 그러니까 저 옆파리[옆쪽]에 다 모르지. 어떤 집에 새로 온 사람이 있으면 우리는 누가 왔는가 해서 다 들여다보고 이러는데 이거는 무슨 어디서 왔는지 늙은 이인지 젊은이인지 뭐 묻지도 않습니다.

필　자 남한테 참견한다고 생각하고 싫어하죠. 물어보는 것도 싫어해요.

홍강철 북한은 안 그래요. 인민반장의 역할이 중요하단 말이에요. 어느 집에 먹을 게 떨어졌다 하면 온 동네 돌아다니며 '저 집에 먹을 게 없는데 우리 모아주자' 이렇게 하면 매 집마다 1킬로, 2킬로 이렇게 모아지고, '어느 집에 아

생겼는데 우리 다 가자 어느 날에' 그러면 집집마다 바리바리 싸들고 생일 쇠줄라고 가고 합니다. 그걸 인민반장이 할 일이란 말입니다.

조정순 인민반이 쎕니다.

홍강철 가두라 하죠. 쎕니다, 그게. 별동대라 그러잖아요, 별동대.

필 자 인민반은 단위가 몇 명이예요?

홍강철 세대로 하는 거니까 한 30세대 이 정도가 인민반입니다. 20세대, 30세대, 구역별로 나누니까 세대 수가 많은 데도 있고 적은 데도 있고 그렇긴 하죠.

필 자 어디든지 다 있어요?

조 / 홍 다 있슴다.

홍강철 힘이 있습니다. 전투력이 있죠. 인민반 안에 간부도 있고 노동자도 있고 각양각색의 사람들이 다 있잖아요. 그 안에 인민반별로 작업을 하나 띄워준단 말예요. 수도 공사 한다고 하면 수도관 어느 인민반은 몇 미터, 이렇게 세대 수에 따라서 끊어주는 거예요. 국가가 돈이 없잖아요.

조정순 우리나라[북한]는 이제 무슨 공사 한다 하면 인민반에다 쫙 노나놓슴다. 국가가 하는 게 아니고 인민반에서 다 함다.

홍강철 인민반에 각종 사람 다 있잖아요. 간부도 있고. 그럼 인민반에서 누구 아버지는 자동차를 대고 누구 아버지는

탈북 마케팅

굴삭기를 대고 누구 아버지는 기름을 대고 누구는 어떻게 하고 이렇게 다 해요. 그렇게 하면 순식간에 다 하거든.

필 자 인민반의 리더가 인민반장이군요.

홍강철 사람들이 선출해요.

조정순 다 여성들이죠. 남자들이 인민반장 하는 건 없어요. 다 가족이니까.

홍강철 인민반장한테는 남자들도 함부로 안 합니다. 말싸움하면 지는데요 뭐.

조정순 다 거기 잘 보이자 하지.

홍강철 그리고 우리 간부 사업 나오는데, 료해 사업[간부 물망에 오른 사람에 대해서 자질을 심사하는 일] 나오거든요. 그러면 인민반장한테 제일 먼저 찾아가거든요. '저 사람 가정은 어떤가? 어떻게 살고 있는가? 인민반 사람들과의 관계는 어떤가?' 간부 되려면 인민반장한테 잘 보여야 하는 겁니다. 말 잘 듣죠.

필 자 그 사람에 대한 신원조사를 할 때 인민반장이 중요한 정보 제공자네요.

홍강철 네, 그렇죠. 가정형편과 연결된 문제잖습니까?

필 자 우리 같은 경우는 우리 이웃집에 누가 새로 와도 전혀 모르거든요. 만약에 설사 그 사람이 간첩이라 하더라도 우린 몰라요. 북한은 그런 일은 절대 없겠네.

홍강철 네. 없슴다. 그래서 간첩이 없는 겁니다. 국정원이나

CIA가 북한 정보를 제대로 못 빼내는 이유가 그거죠. 북한 사람들은 대체로 한곳에 고착해 살거든요. 한 마을에 고착해서 20년, 30년씩 살아서 누구네 집에 숟가락이 몇 개라는 것까지 다 압니다. 마을 모임이 잦거든요.

필　자　도시도 그래요?

홍강철　네, 다 그래요. 퇴근하고 오면 앞집 사람 찾아가서 "야, 술 마시러 오라". 그 사이에 낯선 사람이 마을에 나타나면 다 보게 돼요. '누구지?' 이렇게.

조정순　뉘 집에 왔는가?

홍강철　누구네 집에 왔는지 궁금해하고 물어보죠. 그러기 때문에 낯선 사람이 배기질 못합니다.

필　자　촘촘하게 조직화되어 있는 사회네요.

조 l 홍　네(웃음).

조정순　인민반에 다 들어가 있어서 꼼짝 못합니다.

필　자　그럼 좀 답답하지 않나요?

홍강철　그런 불편은 안 느껴요.

조 l 홍　네, 그게 뭐 날 감시하는 건 아니니까 괜찮아요.

조정순　다 친구들이지.

홍강철　같이 먹고 놀고…….

조정순　가깝게 지내고 서로 도와주매 이렇게 살지. 여기처럼 옆집 사람과 말도 못 해보고 이렇게 살지 않슴다.

홍강철 씨와 조정순 씨는 인민반 이야기를 하면서 북한

　　　　　　　　　　　탈북 마케팅

사회를 그리워했다. 인간적이고 정이 넘치는 사회라는 것이다. 내가 듣기에는 그렇게 촘촘하게 조직화되어 있는 사회는 숨 막힐 것 같은데 그들은 전혀 그렇지 않다고 했다. 나는 북한 사회에 살아보지 않았기 때문에 잘 이해가 되지 않더라도 그들의 정서를 존중해야 할 것 같았다.

이혜련 씨는 같은 탈북민들이 북한에 대해서 함부로 말하는 것은 듣기 거북했다고 솔직하게 털어놓았다.

이혜련　어쨌든 내가 태어나서 자란 곳이니까 나는 그 나라를 욕하고 싶은 생각이 없어요. 지금 뉴스 보면 통일이 될 것처럼 막 하잖아요. 나는 정말 통일이 됐으면 좋겠고 한국에서 북한에다 쌀을 지원한다, 시멘트를 지원한다 하면 북한의 어느 한 사람한테라도 차례지겠지. 나는 저 쌀이 북한에 갔으면 좋겠다는 생각이 들면 들지 "저 개××들 어째 저걸 주냐" 이러고 싶지 않아요. 그런데 우리 교회도 가면 나이 드신 분들은 북한을 욕하는 사람들이 많아요. "이모, 왜 북한 사람인데 북한을 욕해요? 우리 엄마는 그 쌀을 못 먹어도 평양의 어느 한 주민은 그 쌀을 먹을 거잖아요" 그러면 "김일성이나 뭐 그 종자들이나 먹지" 그래요. 그래서 나는 참말 저런 말 좀 하지 말았으면 좋겠다는 생각이 들 때가 많거든요.

한국 사회에 적응하지 못하는 탈북민들

2010년에 〈무산일기〉라는 독립영화가 부산영화제에서 상영되고 로테르담영화제 대상을 수상하면서 화제가 되었다. 박정범 감독이 연출한 이 영화는 탈북민이 한국 사회에 적응하기가 얼마나 힘든지 적나라하게 보여준다. 이 영화는 홍강철 씨와 고향이 같은 함경북도 무산군 출신의 승철이라는 청년이 주인공이다. 박정범 감독이 대학 시절에 알게 된 전승철이라는 탈북민 후배가 있었는데 위암으로 투병하다가 죽은 그를 추모하는 영화라고 한다.

물론 이 영화는 허구지만 감독은 전승철을 통해서 알게 된 탈북민들의 실상을 사실적으로 그리고 있다. 승철이 겨우 얻은 일자리는 도로변에 광고 포스터와 플래카드를 붙이는 일인데, 자기 구역을 지키려는 깡패들에게 두들겨 맞고 쫓겨다닌다. 일을 제대로 못한다고 사장에게 욕설과 모욕을 당하는 승철은 발길질로 자신을 차 밖으로 밀어내려는 그의 발을 붙들고 "잘할 수 있습니다"라고 애원한다. 승철은 면접을 보러 간 봉제 공장에서 채용할 수 없다는 말을 듣고도 자신이 마신 찻잔을 씻으면서 잘할 수 있다고 사정한다. 영화 포스터에 있는 "여기서 살아남아야 합니다"라는 카피는 탈북민들이 항상 가슴에 품고 다니는 말이다.

이 영화를 보면서 같은 얼굴을 하고 같은 언어를 쓰는데도 한국이라는 나라는 탈북민들에게 달나라만큼이나 낯선 나라라는 것을 알게 됐다. 통일부의 보호조치를 받은 탈북민들이 받는 임대아파트와 정착금을 대단한 특혜라고 주장하는 사람들도 있지만 정착금의 상당 부분을 브로커에게 빼앗기고 남은 돈마저 사기를 당하는 탈북민들이 많다. 임금 차별을 견디가며 어렵사리 번 돈을 북한의 가족에게 보내기 위해서 또 송금 브로커에게 상당 부분을 바쳐야 한다. 사회주의 체제에서 살아온 사람들이 자본주의의 정글에서 살아남기란 만만한 일이 아니다.

통일부 자료에 의하면 2018년 탈북민의 자살률은 약 15퍼센트로 사망자 7명 중 1명이 자살했다. 같은 해 한국 전체 자살률은 4퍼센트였는데, 그 3배가 넘는다. 한국의 자살률도 OECD 회원국 36개 가운데 1위라는 불명예스러운 통계이다. 탈북민의 자살 동기는 경제적 어려움이 29.8퍼센트, 신체적·정신적 질환·장애 23.3퍼센트, 외로움·고독 20.7퍼센트 등이다.*

2019년 여름에는 탈북민 모자가 굶어 죽은 충격적인 사건도 발생했다. 2019년 7월 31일 서울 관악구의 한 임대아파트에서 탈북민 어머니와 여섯 살 된 아들이 사망한 채 발견되었다. 더구나 그들은 죽은 지 두 달 만에 발견된 것으로 알려져 더욱 안타까움을 주었다. 굶주림을 면해보려고 한국에 왔으나

---

* 더불어민주당의 심재권 의원이 통일부로부터 제출받은 '최근 5년 간 탈북민 자살률 현황'. 2019년 10월 9일.

누구의 도움도 받지 못한 채 굶어 죽게 된 것이다.

북한을 떠날 때 한국이 아닌 제3국을 선택하는 탈북민들도 있지만 한국에 정착했다가 한국을 떠나 미국이나 캐나다, 영국 등 다른 나라로 떠나는 탈북민도 늘어나고 있다. 영국에 있는 '국제탈북민연대' 김주일 사무총장은 한 언론과의 인터뷰에서 "한국에서는 탈북민들을 삼류인으로 취급하는 경향이 강합니다. 탈북민들은 말이 통하는 데서 차별받는 것보다 말이 안 통하는 곳에서 차별받는 게 더 낫다, 욕을 먹어도 못 알아들으니까 스트레스를 안 받는다고 얘기합니다"라고 말했다.* 외국에서는 탈북민을 그냥 아시아인으로 보지만 한국에서는 '탈북민'이라는 것을 알면 업신여긴다는 것이다. 외국행을 택한 탈북민들 중에는 자녀들이 학교에서 차별받고 따돌림당하는 것을 견디기 어려워서 한국을 떠났다는 사람들도 많다.

통일부에 따르면 2010년 이후 재입북한 탈북민은 29명이다.** 이 숫자는 북한 매체를 통해 확인된 수치라서 실제로는 훨씬 많은 숫자가 재입북했을 것으로 보인다. 탈북민들 사이에서는 '이번에 누가 다시 북한에 갔다더라' 하는 소문이 심심찮게 퍼진다. 2019년에 정부가 소재를 파악하지 못하는 탈

---

* 김영권, 〈캐나다 탈북민 추방사태로 본 탈남 이유 "차별과 자녀 교육 걱정"〉, 《VOA(Voice of America)》, 2018년 2월 21일 자, https://www.voakorea.com/korea/korea-social-issues/4263479.

** 더불어민주당 전해철 의원이 통일부로부터 제출받은 탈북민 재입북 관련 자료. 2020년 10월 6일.

　　　　　　　　　　　　　　　탈북 마케팅

북민은 약 900명에 달한다. 그들 중에는 중국으로 갔거나 다른 외국으로 간 사람들도 있을 것이다. 탈북민이 한국 사회에 성공적으로 정착하지 못하는 이유는 여러 가지가 있겠으나 무엇보다도 한국 사회 전체가 그들을 존중하고 이해하려는 노력이 부족한 탓이다.

언론의 무책임한 보도

탈북민에 대한 한국인의 관심은 언론의 떠들썩한 보도에만 쏠려 있다. 2017년 11월 13일, 북한군 병사 한 명이 지프를 타고 판문점 공동경비구역으로 돌진한 후 여러 발의 총탄을 맞은 채 군사분계선을 넘어왔다. 그 영상이 방송에 공개되면서 그동안 '탈북민'으로 대체되었던 '귀순자'라는 호칭이 다시 살아났고 귀순한 병사에 대한 언론 보도가 홍수를 이루었다.

나도 이 뉴스를 관심 있게 지켜보다가 충격을 받고 말았다. 의료진이 사경을 헤매는 북한군 병사의 몸속에 수십 마리의 기생충이 있다는 것과 위장 속에 옥수수 알갱이가 들어 있다는 것을 사진까지 보여주면서 설명했고 그것이 수없이 전파를 타고 기사화되었다. 총격을 받고 의식을 잃은 병사가 자신의 뱃속 상태까지 온 국민 앞에 공개하는 것을 허락했을 리는 만무하다. 이것은 무자비한 사생활 침해이고 인격 모독이다. 의료진은 국방부와 협의해서 이 같은 사실을 공개했다고 하는데 이 병사가 한국인이었어도 과연 이런 식으로 공개했을지 의문이다.

정의당의 김종대 의원이 환자의 개인정보를 일방적으로 공개한 것은 '인격 테러'이자 '의료법 위반'이라고 비판하자 정의당과 김종대 의원에 대한 '종북몰이'가 시작되었다. 탈북 병사의 몸 상태를 공개한 것은 북한의 실상을 알리기 위해 필요한 일이었고, 그것은 국민의 알 권리를 위해서도 불가피한 일이었다는 것이다. 정의당과 김종대 의원은 옳은 소리를 하고도 결국 사과를 해야만 했다.

언론은 이후에도 탈북 병사의 키와 몸무게, 영양 상태를 거론하며 선정적인 보도를 이어갔다. 언론은 광고 수입과 클릭 수를 늘리면서 돈을 챙겼고 탈북한 북한 병사는 아무 영문도 모른 채 그들의 돈벌이 수단이 되었다. 탈북민을 대하는 언론의 태도는 간첩 조작 사건으로 밝혀진 유우성 사건이나 홍강철 사건에서도 무책임하고 선정적이었다. 유우성 사건은 "탈북자 공무원, 북에 1만명 탈북자 정보 넘겼다"라는 제목으로 신문에 대서특필되었고,* 홍강철 사건에서는 "합동신문 두 달간 체중 14kg 늘어"라는 제목으로 눈길을 끌었다.** 탈북민

---

* 양원석,〈탈북자 공무원, 북에 1만명 탈북자 정보 넘겼다〉,《뉴데일리》, 2013년 1월 21일 자, http://www.newdaily.co.kr/site/data/html/2013/01/21/2013012100043.html

** 장관석,〈탈북 위장 北공작원 구속기소… 합동신문 두달간 체중 14kg 늘어〉,《동아일보》, 2014년 3월 11일 자, https://www.donga.com/news/article/all/20140311/61595668/3?comm

간첩 사건이 터졌을 때 언론은 국정원이 준 보도자료를 그대로 베껴서 기사를 쓸 뿐, 변호인을 통해서 피의자의 입장을 알아보려고 하거나 그의 주변인물을 만나서 국정원이 주장하는 내용이 사실인지 알아보는 등 취재를 할 생각을 하지 않는다. 피고인 또는 피의자는 유죄가 확정될 때까지 무죄로 추정한다는 무죄추정의 원칙 같은 것은 한국 기자들의 머리에서 지워진 지 오래다.

> 탈북민은 한국사회와 언론이 만들어낸 다음과 같은 이미지들로 얼룩져 있으며, 탈북민이라는 꼬리표를 강화하는 낙인효과를 발휘하고 있다. 한국인과 조선족 다음의 '삼등국민', 자본주의사회에 적응하지 못하는 '부적응자', 배제의 대명사인 '아웃사이더', 남북갈등의 진앙지인 '갈등의 씨앗', 투표권은 있되 목소리를 내지 못하는 '거류민', 남과 북 어디에도 속하지 못하는 '국제 미아'등등. 한국사회의 인식과 태도를 반영한 이러한 탈북민의 이미지는 창백하고 서늘하다.[***]

한국 사회의 현실을 냉정하게 직시하는 이 탈북민 통일학 박사의 지적은 반박의 여지가 없어서 서글프다. 더구나 탈북민이라는 거류민 집단은 국정원이 필요할 때면 언제든지

[***]   주승현, 《조난자들》, 생각의 힘, 2018, 98~99쪽.

간첩으로 써먹을 수 있는 공안 사건의 보급처가 되고 있는 것이다.

탈북민 사회의 균열

지금까지 우리 사회에서 목소리를 내는 탈북민들의 활동은 '극우세력'에 동조하는 '반북'의 프레임 안에 있었다. 표현의 자유를 내세우며 대북전단 살포를 강행하려는 박상학 씨나 국제적 북한 인권 활동가라는 타이틀을 두르고 북한 체제를 비방하는 데 앞장서는 박연미 씨 같은 사람들이 유명세를 탔다. 북한을 적으로 규정하고 적극적으로 부정하지 않으면 한국의 적이라고 의심받기 일쑤인 분단 체제 속에서 탈북민들은 스스로를 '극우'와 '반북'이라는 자리에 놓는 것이 안전하다고 느껴왔다. 국가보안법이 시퍼렇게 살아 있는 한국 사회에서 한국인들조차 자기 검열을 하면서 몸을 사려야 할 때가 있는데 한국 사회가 자신을 적으로 받아들이지 않을까 불안한 탈북민이 자기 검열을 하는 것은 당연하다.

그러나 수년 전부터 탈북민 사회에서 다른 목소리가 들려오기 시작했다. 2011년 9월 한국에 입국한 후 "나는 한국에 잘못 왔으니 내 조국인 조선민주주의인민공화국으로 돌려보내 달라"고 줄기차게 요구하고 있는 평양시민 김련희 씨는 한국 사회에 큰 파문을 일으켰다. 김련희 씨는 공개적으로 북한이 자기 조국임을 천명한 최초의 탈북민이기 때문이다. 김련희 씨는 북한으로 돌려보내 달라는 요구가 받아들여지지 않자 자살을 기도하고 위조 여권을 만들어 중국에 가려는 시도를 하는가 하면 스스로 간첩이라고 허위자백을 하고 자수해서 감옥에 가기도 했다. 김련희 씨의 이야기는 2015년부터 언론에 보도되기 시작했다. CNN과 《뉴욕타임스》에 소개되기도 했다. 그의 이야기는 세계적으로 많은 관심을 모았다. 한국에서도 김련희 씨를 도와주려는 사람들이 많아져서 '김련희송환준비모임'까지 생겼다.

　　보위사 직파 간첩이 될 뻔했던 홍강철 씨는 종전까지 반공 교육을 하는 안보 강사로 나섰던 탈북민들과 달리 '북한을 제대로 알리는' 강연자로 활동하고 있다. 그는 페이스북 활동을 통해서 '북맹 탈출'을 돕겠다며 자신이 알고 있는 북한의 실상을 종종 소개하고 있다. 〈왈가왈북〉이라는 유튜브 방송도 진행하고 있다. 〈왈가왈북〉은 '북을 악마화하는 가짜뉴스 검증은 새로운 통일운동이다'라는 기치를 내걸고 북한에 대한 거짓 정보를 바로잡고 북한에 대한 궁금증을 풀어주는 여러 가지 주제를 방송한다. 〈왈가왈북〉은 홍강철 씨와 김련희 씨, 그리고 유영호 씨*가 함께 진행하고 있다.

　　〈왈가왈북〉은 2020년 2월 7일에 의미 있는 방송을 내보냈다. "지난 6개월간 왈가왈북 출연자인 김련희, 홍강철 씨가

---

*　　《북한 영화, 그리고 거짓말》(학민사, 2009)의 저자

언론인권센터와 함께 이만갑(채널A)과 모란봉클럽(TV조선)을 모니터링해서 방송통신심의위원회에 고발하고, 방통심위에서 왜곡 보도로 인정하여 접수된 내용 중 일부입니다" 하는 설명을 단 방송이었다. 이 방송은 2만 회 이상의 조회 수를 기록했다. 〈왈가왈북〉은 아직 구독자가 2만 명을 채 넘지 못했지만 꾸준히 구독자가 늘고 있다.

홍강철 씨는 반북 활동을 하는 탈북민 유튜버들과 날선 댓글 공방을 벌이기도 하고, 야당인 국민의힘 국회의원이 된 탈북민 지성호 씨와 태영호 씨의 발언에 반박하는 등 반북에 반대하는 활동을 이어가고 있다. 박상학 씨의 대북전단 살포가 전 국민의 관심사가 되었을 때 홍강철 씨는 많은 언론과 대북전단 살포에 반대하는 이유에 대해서 인터뷰했다.

탈북민 홍강철 씨는 오늘(12일) TBS '김어준의 뉴스공장'에 출연해 대북전단 살포 활동을 했던 활동가의 제보를 인용해 "일부 탈북민 단체가 삐라 풍선 한번 날려주고 150만 원을 받는다"며 탈북민 단체 이를 돈벌이 수단으로 이용한다고 비난했다. 홍씨는 "국내에서 삐라를 날리는 탈북민은 3명이고, 이중 자유북한운동연합의 박상학 대표와 큰샘 박상오 대표는 형제"라며 "이들은 미국과 국내 극우 단체의 후원을 받고, 다른 단체의 요청으로 삐라를 대신 뿌려주며 패밀리 비즈니스를 하고 있다"고 지적했다. 홍씨는 "삐라를 보고 탈북하는 사

탈북 마케팅

람도 없고, 페트병에 쌀을 넣어 보내도 아무도 먹지 않는다"며 북한 인권활동을 빙자한 돈벌이일 뿐이라고 강조했다.[*]

홍강철 씨는 북한을 탈출할 때는 북한을 원망했으나 한국의 합신센터에서 강압적인 조사를 받고 간첩이라고 허위자백을 해서 구치소에 가서 고생하는 동안 자신이 살아온 과정에 대해 깊이 반성하고 성찰하는 시간을 가졌다고 했다.

홍강철 내가 강 건너 올 때는 원망이 있잖아요.

필　자 북한에 대해서?

홍강철 네, 내가 어떻게 이런 길까지 오게 됐나? 나를 떠나지 않으면 안 될 처지로 만들었으니까 그때는 그 사회에 대한 원망밖에 없었던 말예요. 그런데 와서 또 제가 이런 일을 겪었잖아요. 이런 일 안 겪었더라면 또 달라졌을 거예요. 그런 생각 가지고 살았겠죠. 이런 일 겪으면서, 국정원 6개월, 구치소 6개월 있으면서 느낀 거예요. 내가 충분히 생각할 수 있었거든요. 지나온 생활을 다 회상하면서 내가 뭘 잘못했는가, 왜 내가 이 길까지 들어서게 됐는가, 그러니까 '아, 이게 내 잘못이 많네' 그

---

[*]　조주연, 〈삐라 풍선 하나에 150만원 받는다…인권운동 빙자한 돈벌이〉, 《TBS뉴스》, 2020년 6월 12일 자. http://tbs.seoul.kr/news/newsView.do?typ_800=6&idx_800=3391425&seq_800=20384002.

런 생각 들게 된 거예요.

필　자　뭘 잘못했는데요? 잘못 살았다는 게 구체적으로 무슨 후회를 했어요?

홍강철　내가 북한에 있을 때 사심 없이 내 일을 했더라면, 맡겨진 일을 했더라면 설사 어머니가 중국에 가 있더라도 내 문제가 조금 더 잘 해결되지 않았을까 그런 생각하고 그랬죠.

필필자　강철 씨가 정말로 바랐던 것은 북한 체제에서 인정받고 그 사회의 일원으로 잘 사는 거, 그게 제일 원했던 거예요?

홍강철　그랬죠.

필　자　북한 체제에 대한 불만은 별로 없었어요?

홍강철　제도 자체에 대해서는 불만이 없었는데 체제에 대해서는 불만이 있었단 말이에요. '왜 우리는 계급투쟁 계속해야 되지?' 그리고 어머니가 중국에 가 있는데 잡아올까봐 숨긴단 말예요. 먹고살 수 없어서 떠났는데도 인정 안 해주고.

필　자　지금도 강철 씨는 사회주의가 자본주의보다 낫다고 생각하나요?

홍강철　그렇죠. 저는 그렇게 생각해요. 일당독재에 의한 사회주의, 그런 건 아니라고 보거든요. 하지만 사회주의적 시책들, 제도만은 정말 좋다고 생각해요.

탈북 마케팅

홍강철 씨는 북한의 현실에 대해서 한국 사람들이 잘 이해하지 못하고 왜곡된 시각을 갖고 있다고 했다. 북한의 사회나 정치를 이해하려면 자기들의 경험과 생각에 관심을 가져 달라고 부탁했다.

필　자　북한은 지도자들을 절대 권력으로 신격화하는 거라고 생각하거든요. 거기에 대해서 의문이나 비판적인 생각 같은 거 안 가져봤어요?

홍강철　북한에 있을 때요? 가져봤죠. 김정은 위원장이 후계자 됐을 때 우리가 그랬어요. 애가 정치하는데 얼마나 잘하나 보자고 그랬거든요.

필　자　그럼 김정일 위원장한테 승계했을 때는?

홍강철　그때는 안 그랬어요. 그때는 너무나 절대적인 지지를 받았거든요. 그때는 북한이 잘살았잖아요.

필　자　김일성 체제나 김일성 장군은 국민들의 절대적인 지지를 받은 사람이네요.

홍강철　그렇죠. 절대적인 지지 받았죠. 탈북자들, 여기 온 사람들 물어봐요. 김일성 주석 욕하는 사람들은 북한 반대하는 골수분자들이에요. 우리 탈북자들끼리 만나서 술 마시다보면 김일성 주석 욕하는 사람 없어요. 김정일 위원장부터는 욕하거든요.

필　자　어머니도 김일성 주석 시절에는 좋았다고 생각하세요?

조정순　네. 그때는 우리 고생이라는 것도 모르고, 어느 집이 더 잘살고 어느 집이 더 못살고, 먹을 게 없거나 이런 게 없었단 말입니다. 다 평등했단 말입니다.

필 자 나라에서 다 잘 보살펴줬군요?

조 / 홍 네. 싹 다 공급해주고 그랬습니다.

홍강철 1992년 지나서 김일성 주석 사망한 다음에 달라진 거예요. 고난의 행군이 김정일 위원장 시대 일이잖아요. 그러니까 북한 사람들은 김정일 위원장부터 나쁘다 하죠. 김일성 주석에 대해선 안 그래요.

필 자 그 시절을 놓고 보면 정권의 3대 세습이라는 게 실패로 보일 수 있겠네요.

홍강철 실패한 거죠. 그거 당원들도 의견이 많아요. 북한 사회라는 건 그렇잖아요. 우리 조선 사람들이 다 그렇죠. 흩어져 있다가도 조직에 위해를 가하면 딱 뭉치는 게 있어요. 북한 사람도 그렇죠. 민족적 특성인 것 같아요. 그런데 북한이라는 게 미국의 제재를 받고 있잖아요. 북한이 못사는 것도 사실은 미국 때문인 거예요. 미국이 경제 제재하지 않으면 북한 사회는 변한 지 오래였어요.

필 자 사실 그런 측면이 분명히 있죠.

홍강철 네. 그런데 그런 상태에서 김정은 위원장이 후계자가 됐단 말예요. 그러니까 사람들이 처음엔 그랬죠. "이럴 바엔 왕조국가로 가고 말지 군주제로 하고 말지 뭐하러 민주주의라고 이름 다나" 북한 사람들이 다 그랬어요.

그랬는데 김정일 위원장이 서거했잖아요. 그러니까 북한 사람들이 입 딱 다문거지. 이제는 김정은 위원장한테 뭉쳐야 되네, 그 길밖에 없는 거예요. 그러지 않게 되면 북한이 허물어진단 말예요. 사람들 다 알죠. 허물어지면 우리가 어떤 길을 갈 거라는 거. 동유럽 사회주의 나라들 허물어진 거 봤잖아요. 그들이 어떤 고통을 겪으며 살았는가 하는 것 다 알잖아요. 그러니까 다시 뭉치는 거죠. 북한 사람들은 그런 건 확실해.

홍강철 씨는 북한에 대해서 좋다, 나쁘다 판단하기 전에 먼저 북한의 현실에 대해서 정확하게 알고 북한 사람들의 생각을 이해하기 위해서 여러 의견을 들어주었으면 좋겠다고 했다. 북한에 대해서 선정적인 기사를 쏟아내는 언론에 대해서도 정확한 사실 확인을 위해서 탈북민 여러 사람을 인터뷰하고 크로스 체크를 해보는 성의가 있었으면 좋겠다는 이야기도 했다.

김덕일 씨는 소박하지만 남북관계나 통일에 대해서 자기 소신을 가지고 이야기했다. 양쪽 사회를 다 경험해 본 탈북민들의 이런 비판이나 의견에도 귀를 기울일 필요가 있다.

필　자　선생님은 살아보니까 북한이나 남한이나 다 나쁜 놈들이고 다 썩었다 이거죠?

김덕일　썩은 거는 사실이고 이 사회가 더없이 썩었어요.

필 자 남한이?

김덕일 북한이 90년대부터 경제 봉쇄를 당했어요. 그런데 지금
까지 건재하잖아요. 한국은 [그렇게 되면] 파산이 돼요.
솔직히 양심적으로 생각해보세요. 내가 허튼 소리 하는
게 아니고, 내가 교도소나 갔다 왔다 해서 이 나라를 비
방하고 안 좋게 생각하는 게 아니에요. 양쪽을 다 살아
보고 양심적으로 양쪽을 저울에다 놓고 계산해보면 한
국은 경제 봉쇄 1년만 들어가도 아마 밑에서 난리 나고
서로 때려죽이려고 했을 거예요. 북한이 핵이라도 만들
어놓고 전면전하자 소리치는 게 나는 잘못되었다고 안
봐요. 미국이 대화를 시작했다는 자체도 수그러들었다
는 건 사실이야. 미국에 경제적으로 도움받고 이래서
한국이 [미국을] 어르면서 산다, 이런 것들이 이해는 되
지만은 너무 주견이 없이 흔들리는 것에 대해서 나는
반대예요. 그리고 북한도 너무 개코도 내 코라고 우길
대로 우기는 것도 잘못이고. 그래서 나는 통일이 되면
북한에서 좋은 점, 한국에서 좋은 점을 배합시켜서 중
국이 사회주의라고 한다면 우리도 특색 있는 자본주의
를 한다든가, 양쪽에서 좋은 점만 얻어서 그런 사회로
가면 된다고 생각해요.

김덕일 씨는 수원구치소에 있을 때 한 젊은이를 만났
다. 김덕일 씨에게는 자식뻘인 30대 청년이었는데 외톨이로

탈북 마케팅

지내는 그에게 살갑게 대해줬다. 운동 시간에도 꼼짝 않고 앉아 있는 김덕일 씨에게 다가와 같이 운동하자고 권하곤 했다. 김덕일 씨는 다른 탈북민들처럼 한국에 처음 왔을 때 친절하게 다가오는 사람에게 사기를 당한 경험이 있어서 그 청년이 사기꾼이 아닌가 의심했다.

김덕일 　외롭기도 하고 억울하고 누구 와서 위로해주는 사람도 없고 죽어버리자 생각하고 있는데 야가 와서 그렇게 하면서 자기한테 구매 물건이 세 봉지 들어오면 한 봉지라도 내 칸에다 넣어주고 그랬어요. 나는 독방에 그냥 있었거든요.

필　자 　구치소에서도?

김덕일 　구치소에서도 교도소에 와서도 거저 계속 독방이에요. 5년 동안 독방에서 말 한마디 못 해보고 살았어요.

필　자 　운동할 때는 그분하고 얘기할 수 있고 그랬었어요?

김덕일 　내가 구치소에서 "이 안에 답답해서 죽는다" 하고 문을 계속 걷어차고 난리를 치니까 "그럼 어떻게 해줄까" 해서 "좀 복도라도 왔다 갔다 하게 나를 좀 내놔라" 이래가지고 안에 운동하는 데가 조그만 데가 있어요. 그다음에는 "혼자서 답답하다 같이 좀 말할 사람이라도 내보내라", 그럼 "누구를 내보내라는가" [해서], "정○○이를 좀 내보내달라. 다른 사람이면 나는 안 나오겠다" 그래서 걔가 계속 같이 운동을 했어요. 말을 안 해도 나

나오면 개 문까지 같이 따줘요. 그 친구는 여섯 명인가 일곱 명인가 같이 있는 방에 있었고, 나는 독방에 있었고. 그런데 그 사람은 해명이 돼서 금방 나갔어요. 몇 달 안 있고. 그때는 정말 눈물 나게 고맙더라고요. 그랬는데 그 친구가 출소해서 턱 나갔는데 오려니 생각 못 했어요. 자본주의 사회에서 그런 인간이 있으리라 생각 못 했는데 감옥에 있는 동안 계속 찾아왔어요.

필 자 아, 그 뒤로?

김덕일 편지도 오고 나온 날에 옷을 가지고 여기를 왔댔어요. 내가 입던 옷들을 빨아놓은 걸 가지고 왔죠. 지금까지 서너 번에 걸쳐서 돈도 조금씩 계속 보내주고 전화로 계속 잘 있느냐고 물어보고 그래요. 오늘 저녁에도 전화 왔지만 2, 3일이 멀다 하게 전화로 문의를 하고 그래요. 그리고 처음에 출소하기 전에 자기 옆집에 월세집이라도 잡아줄 테니까 오라고 했어요. 가까이 있어야 사람이 정도 깊어진다고 하면서. 장가간 지 얼마 안 되는 사람이고 내가 거기 가면 ○○이 친구들이 알게 되잖아요. ○○이한테 누가 될 것 같아서 거절했어요. 좌우간 그 친구가 현재까지 변심이 없이 한 모양으로 하고 있어요.

필 자 굉장히 좋은 친구네요.

김덕일 대한민국에서는 찾아보기 쉽지 않은 사람이죠. 대한민국뿐 아니고 이 세상에서 찾아보기 어려운 그런 친구죠.

김덕일 씨와 인터뷰하는 동안에도 그 청년이 두 번 전화를 했다. 밥은 잘 챙겨 먹는지 아프지는 않은지 물어보는 것 같았다. 천지에 아무 의지할 데 없는 김덕일 씨에게 가족처럼 따뜻한 마음을 베풀고 있는 사람이 있다는 게 신기했다. 그 청년은 김덕일 씨가 탈북민이고 간첩 혐의를 받은 사람이라는 걸 알면서도 그런 것과 상관없이 성의를 다해 김덕일 씨를 대하고 있었다. 그는 자기가 직접 보고 겪은 김덕일 씨를 인간 대 인간으로 판단하고 이해하고 호감을 가지게 된 것이다. 그 청년이 호감을 가지게 된 김덕일 씨는 '북한이 고향인 아버지 뻘의 인생 선배로 명석하고 자존심이 강한 사람인데 운이 나쁘고 상처가 많은 사람'이라고 보지 않았을까? 나도 그 청년처럼 편견 없이 그냥 사람으로만 탈북민을 대할 수 있을지 자문해보기도 했다.

국가기관의 무책임과 피해자의 아량

서울중앙지검 형사1부(부장 정진웅)는 유우성 씨가 국가보안법 위반(무고·날조)과 허위공문서 작성 및 행사 혐의로 고소한 이문성 수원고등검찰청 검사와 이시원 전 검사(현 변호사)를 2020년 4월 '증거 불충분' 사유로 불기소 처분했다.

이시원 검사는 유가려 씨에 대한 증거보전재판에서 오빠인 유우성 씨의 간첩 혐의를 인정하라고 줄기차게 요구했던 검사다. 당시 장경욱 변호사가 "조작하느라고 힘드시죠?"라고 추궁하자 "법정에서는 예의를 지켜달라"며 입씨름을 벌인 것으로 유명하다. 이시원 검사는 1심과 2심에서 사건 조작이 드러나자 정직 1개월의 징계를 받았다. 국정원의 조작을 알아차리지 못했다는 것에 대한 징계였다. 그러나 그 후 이시원 검사는 부장검사로 승진해서 근무하다가 2018년 7월에 사표를 내고 변호사로 활동 중이다. 함께 유우성 씨 사건을 담당했던 이문성 검사 역시 유우성 씨 사건으로 정직 1개월의 징계를 받았으나 2020년 4월까지 수원고등검찰청 검사로 재직하다가 2020년 7월부터 변호사로 활동 중이다.

검찰은 국정원 합신센터에서 폭력을 행사하며 유가려 씨에게 진술을 강요한 혐의(국정원법 위반, 위증)로 국정원 조사관 박 모 씨와 유 모 씨를 2020년 3월 불구속 기소했다. 검사들은 기소조차 하지 않고 국정원 조사관들은 마지못해 기소한 것이다. 유우성, 유가려 씨 남매에 대한 첫 고소인 조사는 고소장 접수 1년 만인 2020년 2월에 진행됐다. 유우성 씨는 단한 차례 세 시간 남짓 조사를 받은 게 전부였다. 그렇게 고소인 조사를 한 번 하고 나서 검사들은 불기소 처분을 내리고 국정원 조사관들은 불구속 기소한 것이다.

유우성 씨는 검찰의 이런 무성의한 대응이 부당하다고 생각하지만 국정원 직원이 간첩 사건 조작으로 재판을 받게된 것이 처음인 만큼 문제를 제기하고 사회적 관심을 환기시킨 것만으로도 큰 의미가 있다고 했다.

탈북 마케팅

유우성 씨는 2015년에 자신을 변호하던 김자연 변호사와 결혼했다. 아들 하나 딸 하나를 낳고 행복한 가정을 이루었지만 한국 정부는 그에게 국적을 부여하지 않았다. 그의 자녀들은 김자연 변호사의 호적에 올라 있다. 한국 사람과 결혼한 사람은 한국 국적을 신청할 수 있는데 유우성 씨는 그것마저 못하고 있다. 검찰이 추가로 보복 기소한 몇 가지 혐의에 대한 대법원 판결이 아직 나오지 않았는데 그것이 유우성 씨에게 국적을 부여하지 않는 이유다. 그가 국정원에 의해 체포된 것이 2013년 1월 10일이다. 그는 국가보안법 위반에 대해서 대법원에서 무죄 판결을 받았다. 8년 넘는 시간이 지났는데도 유우성 씨는 대한민국 국민으로 법적 지위를 회복하지 못하고 있다. 두 아이의 아버지인 그는 직장을 구할 수 없어서 막노동과 아르바이트를 하면서 살고 있다. 그런데도 그는 한국 사회를 원망하기보다 억울한 시간들을 의미 있게 받아들인다고 했다.

필 자 뜻대로 되는 게 없어서 울분이 많을 텐데 어때요?

유우성 괜찮아요. 그만 하면 되지. 완전히 만족하고 사는 사람이 어디 있어요? 자기 이루고자 한 거 50프로 이상만 이뤄도 잘된 거라고 봐야죠.

필 자 50프로 이상이라고 생각하고 있어요?

유우성 50프로 이상보다도 더 이루고 산다고 생각해요. 굉장히 억울한 시간을 겪었지만 그 억울한 시간들을 통해서 너무나 소중한 사람들을 만났고, 지금의 와이프를 만났고 지금의 애들을 낳게 되었으니까요. 제일 중요한 건 지금까지 간첩 조작 사건 해가지고 처벌된 사례도 없었고 이것에 대해서 명확하게 밝혀진 사건이 없었지만, 제가 어떤 계기를 만들어서 대한민국에서 간첩 조작 사건에 대한 제동 장치와 그걸 바로잡을 수 있는 계기가 됐다는 게 의미가 있었어요. 물론 앞으로 간첩이 조작 안 된다는 보장은 없어요. 그렇지만 간첩을 조작하는 데 있어서 한 번 정도는 국정원 사람들도 생각을 더 해보고, 또 우리 쪽에서도 탈북자들이 간첩이라는 점에 대해서 한 번 다시 생각해보고 그게 아닐 수 있다는 생각을 해볼 수 있고, 그 사람들 인권에 대해서 다시 한 번 들여다볼 수 있는 계기가 될 수 있기 때문에 억울하지만 값 있는 시간을 보냈다고 생각하거든요.

필　자 우성 씨가 자기가 의도한 바는 아니지만 역사적으로 중요한 일을 해낸 건 사실이죠. 중요한 역할을 했죠. 국가보안법이 폐지되면 국정원이 그런 식의 간첩 검거나 탈북자를 조사하는 업무를 할 필요도 없는데 그런 싹을 없애야 되는데 그 부분은 잘 안 되는 것 같더라고요.

유우성 쉽지가 않죠.

필　자 김대중 정부 때나 노무현 정부 때 그게 이루어질 줄 알았는데 전혀 안 됐거든.

유우성 저는 그래도 문재인 정부에서 이걸 바로잡을 거라고 기대를 하고 있는데.

　　　　　　　　　　　　　　탈북 마케팅

필　자　그랬으면 좋겠지만 아직 국회에서 논의조차 하지 않고 있으니…….

결국은 국가보안법에 대한 이야기가 나왔지만 그 자리에서는 둘 다 더 이상 이야기를 하지 않았다. 국가보안법의 폐지에 대해서 분명한 폐지 의사를 가졌던 것은 고故 노무현 대통령이었다. 노무현 대통령은 국가보안법은 반드시 폐지돼야 한다면서 이는 법리적인 문제가 아닌 역사의 결단으로 봐야 한다고 말했다. 노무현 대통령은 "(국가보안법이) 정권을 반대하는 사람을 탄압하는 법으로 많이 쓰여왔고 그 과정에서 엄청난 인권 탄압이 있었고, 그래서 이것은 한국의 부끄러운 역사의 일부분이고. [중략] 또 필요하다면 일반 형법을 고쳐서 보완하면 될 것"이라고 말했다. 그는 또 "국민주권 시대, 인권 존중의 시대로 간다고 하면 그 낡은 유물은 폐기하는 것이 좋지 않겠습니까? 칼집에 넣어서 박물관으로 보내는 것이 좋지 않겠습니까?"라면서 국가보안법 폐지에 대한 강한 의지를 보여주었다.*

그러나 당시 야당이었던 한나라당의 반대로 국가보안법 폐지는 이루어지지 않았다. 이후의 이명박 정부, 박근혜 정부 시절에는 국가보안법 폐지에 대한 논의가 없었다. 문재인 정부 들어서서도 국가보안법 폐지에 대한 논의는 없었는데 지

---

*　　MBC, 〈시사매거진 2580〉 500회, 2004년 9월 5일 방영.

난 2020년 11월 20일 더불어민주당 이규민 의원이 국가보안법 제7조(반국가단체 고무·찬양죄)를 폐지하는 개정안을 입법 발의했다. 국가보안법 자체에 대한 폐기가 당장 이루어지지 않는다면 가장 심각한 독소조항이며 인권 침해 요소가 많은 제7조부터 폐지해야 한다는 의견이 그동안 꾸준히 개진되어왔다. 아직 결과를 지켜봐야 하겠지만 이 개정안만 통과되어도 큰 진전을 이룬 것으로 보아야 할 것이다.

2021년 4월 10일 '국가보안법폐지국민행동'은 국회 본청에서 기자회견을 열고 '10만 입법동의 청원'을 시작했다. '국가보안법 폐지' 국회 국민청원은 9일 만인 4월 19일 10만 명의 동의를 받아 국회 법제사법위원회에 회부됐다. 국가보안법 폐지를 반대하는 목소리들도 분명히 존재하는 현실에서 국민청원을 통해 국회에 전달된 국가보안법 폐지 요구가 과연 어떤 결과를 맞게 될지 귀추가 주목된다.

유우성 씨 사건으로 탈북민 간첩 조작 사건이 큰 관심을 끌게 되고 미흡하나마 국가기관의 책임을 물을 수 있게 된 것은 성과라면 성과다. 김련희 씨나 홍강철 씨처럼 다른 목소리를 내는 탈북민이 등장했다는 것도 반가운 일이다. 탈북민들이 반북 활동을 해야 한다는 강박에서 벗어나 자기 생각을 자유롭게 이야기할 수 있어야 우리가 북한보다 사상과 표현의 자유를 존중한다는 것을 주장할 수 있다. 민주주의는 다양성을 존중하는 사회다. 한국에서 태어나고 자란 우리가 다 생각이 다르듯이 북한에서 태어나고 자란 사람들도 얼마든지 생각

탈북 마케팅

이 다를 수 있다. 반북 활동을 열심히 하는 사람들에 대해서도 그들이 왜 그렇게 되었는지 들여다보고 그들의 말이나 행동이 강요된 것일 수도 있다는 것을 이해해야 한다.

무엇보다도 중요한 것은 북한이탈주민들의 불안한 처지를 이용해서 정치적 목적을 위해 그들을 수단이나 도구로 활용해서는 안 된다는 점이다. 탈북자들의 다음과 같은 목소리에 우리 정부와 한국 사회 전체가 관심을 가져야 할 때다.

한국 사회는 우리를 동포는커녕 사람 취급도 아니 합니다. 정부나 정보기관은 탈북자들을 보듬고 보호할 국민이 아니라 언제 어떻게든 이용할 수 있는 도구쯤으로 보고 있습니다.*

---

* 김관섭 씨 인터뷰 중에서.

맺음말

탈북민들이 북한을 떠나 한국에 와서 정착하는 과정에서 어떤 어려움을 겪는지 살펴보는 동안 과연 대안은 있는 것인지 궁금했다. 탈북민들을 존중하고 이해하려는 노력이 가장 중요하겠지만 법적·제도적 장치 같은 현실적 대안이 있을까 고민해보았다. 합신센터의 독방 수용 및 조사 방식에 대해서 헌법소원심판청구와 북한이탈주민보호센터 개혁법 발의 같은 의미 있는 조치가 아직 성과를 거두고 있지 못한 것은 아쉬운 일이다.

국정원의 대공수사권을 폐지해야 한다는 의견도 있다. 영장주의나 증거재판주의를 지키지 않는 국정원이 수사권을 갖고 있기 때문에 허위자백 강요와 증거 조작 같은 일들이 일어난다는 것이다. 국정원의 대공수사권 폐지는 국가보안법 폐

탈북 마케팅

지와 마찬가지로 인권 침해를 방지하고 민주주의를 지키기 위해서 꼭 필요한 일인데도 '분단 공포'가 지배하는 사회 분위기가 이를 가로막고 있었다. 그나마 2020년 국정원법 개정안이 통과되었고, 이에 따라 2024년에 경찰이 대공수사권을 넘겨받게 되었다. 그러나 김덕일 씨 사건에서 보듯이 경찰청 보안수사대의 수사 역시 탈북민들에게 공정하게 이루어지지 않는 것을 볼 때 걱정이 사라지지 않는다. 그리고 북한이탈주민보호센터에서 국정원이 탈북민을 조사하는 것은 '수사'가 아니라 '조사'라고 주장하기 때문에 국정원의 대공수사권이 폐지되어도 여전히 같은 식의 조사가 계속될 가능성이 크다.

탈북민 간첩 조작 사건을 끈질기게 취재해서 알려온 〈뉴스타파〉 같은 매체가 있다는 것은 크게 다행스러운 일이다. 《한겨레》《오마이뉴스》《경향신문》도 탈북민 문제에 대해서 그나마 관심을 가지고 취재해온 매체다. 영화 〈자백〉(2016)을 통해서 탈북민 간첩조작 사건을 고발하고 탈북민의 인권 침해에 대한 문제 제기를 해준 최승호 PD, 탈북민 문제를 꾸준히 취재해온 《프레시안》의 서어리 기자 등이 큰 역할을 했다. 더 많은 매체와 더 많은 언론인들이 탈북민 문제에 관심을 가져야 탈북민을 도구화하고 배제하는 한국 정부와 한국 사회의 잘못을 바로잡을 수 있다.

탈북민 간첩 사건마다 등장하는 장경욱 변호사는 국정원이 탈북민한테서 손을 떼야 한다고 주장했다. 북한이탈주민보호센터(전 중앙합동신문센터)는 국정원이 아닌 통일부에서 운영해야 하고 통일부 공무원과 변호사, 사회복지사, 심리상담사 등이 팀을 이루어 조사가 아닌 상담 방식으로 이루어지는 것이 바람직하다는 것이다. 독방 조사는 당연히 없어져야 하며 신문이나 텔레비전 시청 등을 마음대로 할 수 있어야 한다.

북한에서 중국으로 탈출해서 한국으로 오려는 북한이탈주민들이 '브로커'를 통해야만 하는 탈북 루트를 개선해야 한다. 중국과의 외교 마찰을 피하기 위해서 세계 인권기구들의 도움을 받아 북한이탈주민들이 중국에서 합법적인 방식으로 난민 신청을 할 수 있는 제도적 장치를 마련해야 한다.

하나원의 교육 과정도 탈북민을 존중하고 그들이 살아온 북한에서의 삶을 인정하는 기조로 바뀌어야 하며, 먼저 온 탈북민들로부터 현실성 있는 조언을 들을 수 있는 기회를 많이 주어야 한다. 체제가 전혀 다른 곳에서 살아온 탈북민들이 한국 사회에 빨리 적응할 수 있는 실질적이고 구체적인 방식을 제시하는 교육을 고민해야 한다.

무엇보다도 한국인들의 인식이 바뀌어야 한다. 탈북민을 차별하고 배제하지 말고 이웃으로, 국민으로 따뜻하게 맞아주어야 한다. 인권의 기본은 사람을 수단이나 도구로 사용해서는 안 된다는 것이다. 탈북민은 우리 민족, 우리 형제이기에 따뜻하게 맞아주는 것이 당연하지만 무엇보다도 그들 한 사람 한 사람이 소중한 인권을 가진 사람이기 때문에 도구화해서는 안 된다는 것을 잊지 말아야 한다.

아직 중국에는 상당수의 탈북민들이 머물고 있다고 알

탈북 마케팅

려져 있다. 유우성 씨는 수십만 명의 탈북민이 한국에 들어온 다면 그들이 정말로 통일의 마중물 역할을 할 수 있을 것이라 고 말했다.

유우성 생각해보세요. 지금까지 한국에 온 탈북자가 3만 명이 넘었다고 하죠. 그 3만 명이라는 숫자가 북한에 있는 2,500만에 비하면 100분의 1도 안 되는 숫자예요. 독일 하고 서독이 서로 통일될 때까지 100만이 왔다 갔다 했 거든요. 거기에 비하면 아무것도 아닌 거예요. 중국을 통해서 10만이 됐든 20만이 됐든 더 많은 사람들이 들 어와야 그런 움직임이 어느 정도 영향력을 가진다고 생 각하는데, 제 생각에는 이 정도 숫자가 나온다고 해서 큰 영향력은 없고 북한의 체제나 대외 문제에 변화를 가져올 수도 없다고 봐요.

필 자 중국으로 나간 사람들은 수십만에 이르잖아요?

유우성 30만 정도 되죠.

필 자 그 사람들이 모두 남한으로 유입되지 않은 이유는 중 국에서 직접 남한으로 올 수가 없기 때문이잖아요. 북 한과 외교 마찰을 일으킬까봐 중국에서 허용을 안 하 니까.

유우성 중국에서 허용을 안 하는 게 아니라 우리 남한 정부에 서 그 사람들을 받아주지 않아서 그래요. 남한 정부에 서 그 사람들을 받아줄 용기가 있으면 중국에 있는 대

사관이든 제3국에 있는 대사관이든 통해가지고 들어오
게끔 문을 열어주면 그 사람들이 대개 그쪽으로 갈 수
있죠.

유우성 씨는 남한 정부가 중국에서 직접 탈북민들을 받
아줄 용기가 있어야 한다고 말했다. 국가보안법을 폐지하고
국가정보원을 개혁하려면 역시 용기가 필요하다. 70년 분단
체제가 지속되는 동안 이 사회에 얼음처럼 두껍게 덮여 있는
공포를 깨트릴 용기, 빨갱이 타령과 종북 타령에 넘어가지 않
을 수 있는 용기가 필요한 것이다.

탈북 마케팅

참고자료

김웅기, 〈북한이탈주민이 북한에서 범한 범죄의 형사처벌에 대한 연구: 수원지방법원 2013고합846 국가보안법 위반 사건과 관련하여〉, 《법학논총》, 제28권 제3호, 국민대학교 법학연구소, 2016.

김련희, 《나는 대구에 사는 평양시민입니다》, 도서출판615, 2017.

문영심, 《간첩의 탄생》, 시사인북, 2014.

서어리, 《나는 간첩이 아닙니다》, 한울, 2016.

서의동, 《다음 세대를 위한 북한 안내서》, 너머학교, 2018.

주성하, 《평양자본주의백과전서》, 북돋움, 2018.

주승현, 《조난자들》, 생각의힘, 2018.

쥘리에트 모리요·도리앙 말로비크, 《100가지 질문으로 본 북한》, 조동신 옮김, 세종서적, 2018.

최장집, 《민주화 이후의 민주주의》, 후마니타스, 2010.

탈북 마케팅

초판 1쇄 펴낸날	2021년 8월 18일
지은이	문영심
펴낸이	박재영
편집	이정신·임세현·한의영
디자인	조하늘
제작	제이오
펴낸곳	도서출판 오월의봄
주소	경기도 파주시 회동길 363-15 201호
등록	제406-2010-000111호
전화	070-7704-2131
팩스	0505-300-0518
이메일	maybook05@naver.com
트위터	@oohbom
블로그	blog.naver.com/maybook05
페이스북	facebook.com/maybook05
인스타그램	instagram.com/maybooks_05

ISBN   979-11-90422-78-9 03300

만든 사람들
책임편집   이정신
디자인   조하늘